俄 国 史 译 丛 · 政 治

Серия переводов книг по истории России

Россия

Александр I и декабристы:
Россия в первой четверти XIX века. Выбор пути.

俄国史译丛·政治

[俄] 谢尔盖·弗拉基米罗维奇·米罗年科/著
Сергей Владимирович Мироненко

许金秋 祝畅/译

19世纪初俄国道路的选择

亚历山大一世与十二月党人

Александр I и декабристы
Россия в первой четверти XIX века.
Выбор пути

社会科学文献出版社
SOCIAL SCIENCES ACADEMIC PRESS (CHINA)

С. В. Мироненко

Александр I и декабристы: Россия в первой четверти XIX века. Выбор пути. — М.: Кучково поле, 2016. — 400 с.

ISBN 978-5-9950-0700-5

УДК 94(47)

ББК 63.3(2)47

本书根据库奇科田园出版社 2016 年版本译出。

本书获得教育部人文社会科学重点研究基地
吉林大学东北亚研究中心资助出版

俄国史译丛编委会

著者简介

谢尔盖·弗拉基米罗维奇·米罗年科（Сергей Владимирович Мироненко），历史学博士，著名历史学家、档案学家，莫斯科国立罗蒙诺索夫大学教授，俄国档案委员会委员，《军事历史》《档案专家公报》《历史档案》等杂志编委，俄国军事历史协会学术委员，1992~2016 年担任俄罗斯联邦国家档案馆馆长，撰写和主编《专制制度秘史：19 世纪上半叶俄国政治史》《亚历山大一世与十二月党人：19 世纪初俄国道路的选择》等多部著作。

译者简介

　　许金秋　历史学博士，吉林大学东北亚研究院、东北亚研究中心教授，博士生导师。

　　祝　畅　吉林大学东北亚研究院硕士研究生。

本书作者为俄国著名历史学家、档案学家，莫斯科国立罗蒙诺索夫大学历史系教授、教研室主任谢尔盖·弗拉基米罗维奇·米罗年科。书中描绘了19世纪初的俄国政治历史，试图回答"俄国君主立宪制缘何未立，农奴制因何未废"的问题。似乎，当时俄国具备确立宪政并废除农奴制的各种先决因素。亚历山大一世意识到必须从根本上改变俄国生活中已经落后于时代的根基——无限君主专制和农奴制，暗中起草俄国宪法和解决农民问题的方案。当时俄国社会的先进群体——年轻军官——未来的十二月党人团结起来组成秘密社团，同样渴望在俄国确立宪政和解决农民问题。十二月党人并非从一开始就决定使用武力实现自己的目的。他们是在充分认识到政府已经放弃实施改革后，才决定发动武装起义的。然而，亚历山大一世和十二月党人都未能达成所愿。原因何在？本书试图解答这个疑问。

总　序

　　我们之所以组织翻译这套"俄国史译丛"，一是由于我们长期从事俄国史研究，深感国内俄国史方面的研究严重滞后，远远满足不了国内学界的需要，而且国内学者翻译俄罗斯史学家的相关著述过少，不利于我们了解、吸纳和借鉴俄罗斯学者有代表性的成果。有选择地翻译数十册俄国史方面的著作，既是我们深入学习和理解俄国史的过程，还是鞭策我们不断进取、培养人才和锻炼队伍的过程，同时也是为国内俄国史研究添砖加瓦的过程。

　　二是由于吉林大学俄国史研究团队（以下简称"我们团队"）与俄罗斯史学家的交往十分密切，团队成员都有赴俄进修或攻读学位的机会，每年都有多人次赴俄参加学术会议，每年请2~3位俄罗斯史学家来校讲学。我们与莫斯科国立大学（以下简称"莫大"）历史系、俄罗斯科学院俄国史研究所和世界史所、俄罗斯科学院圣彼得堡历史所、俄罗斯科学院乌拉尔分院历史与考古所等单位学术联系频繁，有能力、有机会与俄学者交流译书之事，能最大限度地得到俄同行的理解和支持。以前我们翻译鲍里斯·尼古拉耶维奇·米罗诺夫的著作时就得到了其真诚帮助，此次又得到了莫大历史系的大力支持，而这是我们顺利无偿取得系列书的外文版权的重要条件。舍此，"俄国史译丛"工作无从谈起。

三是由于我们团队得到了吉林大学校长李元元、党委书记杨振斌、学校职能部门和东北亚研究院的鼎力支持和帮助。2015年5月5日李元元校长访问莫大期间，与莫大校长萨多夫尼奇（В. А. Садовничий）院士，俄罗斯科学院院士、莫大历史系主任卡尔波夫教授，莫大历史系副主任鲍罗德金教授等就加强两校学术合作与交流达成重要共识，李元元校长明确表示吉林大学将大力扶植俄国史研究，为我方翻译莫大学者的著作提供充足的经费支持。萨多夫尼奇校长非常欣赏吉林大学的举措，责成莫大历史系全力配合我方的相关工作。吉林大学主管文科科研的副校长吴振武教授、社科处霍志刚处长非常重视我们团队与莫大历史系的合作，2015年尽管经费很紧张，还是为我们提供了一定的科研经费。2016年又为我们提供了一定经费。这一经费支持将持续若干年。

我们团队所在的东北亚研究院建院伊始，就尽一切可能扶持我们团队的发展。现任院长于潇教授上任以来，一直关怀、鼓励和帮助我们团队，一直鼓励我们不仅要立足国内，而且要不断与俄罗斯同行开展各种合作与交流，不断扩大我们团队在国内外的影响。在2015年我们团队与莫大历史系新一轮合作中，于潇院长积极帮助我们协调校内有关职能部门，和我们一起起草与莫大历史系合作的方案，获得了学校的支持。2015年11月16日，于潇院长与来访的莫大历史系主任卡尔波夫院士签署了《吉林大学东北亚研究院与莫斯科大学历史系合作方案（2015～2020年）》，两校学术合作与交流进入了新阶段，其中，我们团队拟 4 年内翻译莫大学者 30 种左右学术著作的工作正式启动。学校职能部门和东北亚研究院的大力支持是我们团队翻译出版"俄国史译丛"的根本保障。于潇院长为我们团队补充人员和提供一定的经费使我们更有信心完成上述任务。

2016 年 7 月 5 日，吉林大学党委书记杨振斌教授率团参加在莫大举办的中俄大学校长峰会，于潇院长和张广翔教授等随团参加，在会议期间，杨振斌书记与莫大校长萨多夫尼奇院士签署了吉林大学与莫大共建历史学中心的协议。会后，莫大历史系学术委员会主任卡尔波夫院士、莫大历史系主任杜奇科夫（И.И. Тучков）教授（2015 年 11 月底任莫大历史系主任）、莫大历史系副主任鲍罗德金教授陪同杨振斌书记一行拜访了莫大校长萨多夫尼奇院士，双方围绕共建历史学中心进行了深入的探讨，有力地助推了我们团队翻译莫大历史系学者学术著作一事。

四是由于我们团队同莫大历史系长期的学术联系。我们团队与莫大历史系交往渊源很深，李春隆教授、崔志宏副教授于莫大历史系攻读了副博士学位，张广翔教授、雷丽平教授和杨翠红教授在莫大历史系进修，其中张广翔教授三度在该系进修。我们与该系鲍维金教授、费多罗夫教授、卡尔波夫院士、米洛夫院士、库库什金院士、鲍罗德金教授、谢伦斯卡雅教授、伊兹梅斯杰耶娃教授、戈里科夫教授、科什曼教授等结下了深厚的友谊。莫大历史系为我们团队的成长倾注了大量的心血。卡尔波夫院士、米洛夫院士、鲍罗德金教授、谢伦斯卡雅教授、伊兹梅斯杰耶娃教授、科什曼教授和戈尔斯科娃副教授前来我校讲授俄国史专题，开拓了我们团队及俄国史研究方向的硕士研究生和博士研究生的视野。卡尔波夫院士、米洛夫院士和鲍罗德金教授被我校聘为名誉教授，他们经常为我们团队的发展献计献策。莫大历史系的学者还经常向我们馈赠俄国史方面的著作。正是由于双方有这样的合作基础，在选择翻译的书目方面，很容易沟通。尤其是双方商定拟翻译的 30 种左右的莫大历史系学者著作，需要无偿转让版权，在这方面，莫大历史系从系主任到所涉及的作者，克服一切困难帮助我们解决关键问题。

五是由于我们团队是一支年富力强的队伍，既懂俄语，又有俄国史方面的基础，进取心强，甘于坐冷板凳。学校层面和学院层面一直重视俄国史研究团队的建设，一直注意及时吸纳新生力量，使我们团队人员年龄结构合理，后备充足，有效避免了俄国史研究队伍青黄不接、后继无人的问题。我们在培养后备人才方面颇有心得，严格要求俄国史方向硕士研究生和博士研究生，以阅读和翻译俄国史专业书籍为必修课，硕士学位论文和博士学位论文必须以使用俄文文献为主，研究生从一入学就加强这方面的训练，效果很好：培养了一批俄语非常好、专业基础扎实、后劲足、崭露头角的好苗子。我们组织力量翻译了米罗诺夫所著的《俄国社会史》《帝俄时代生活史》，以及在中文刊物上发表了 70 多篇俄罗斯学者论文的译文，这些都为我们承担"俄国史译丛"的翻译工作积累了宝贵的经验，锻炼了队伍。

译者队伍长期共事，彼此熟悉，容易合作，便于商量和沟通。我们深知高质量地翻译这些著作绝非易事，需要认真再认真，反复斟酌，不得有半点的马虎。我们翻译的这些俄国史著作，既有俄国经济史、社会史、城市史、政治史，还有文化史和史学理论，以专题研究为主，涉及的领域广泛，有很多我们不懂的问题，需要潜心研究探讨。我们的翻译团队将定期碰头，利用群体的智慧解决共同面对的问题，单个人无法解决的问题，以及人名、地名、术语统一的问题。更为重要的是，译者将分别与相关作者直接联系，经常就各自遇到的问题发电子邮件向作者请教，我们还将根据翻译进度，有计划地邀请部分作者来我校共商译书过程中遇到的各种问题，尽可能地减少遗憾。

　　"俄国史译丛"的翻译工作能够顺利进行，离不开吉林大学校领导、社科处和国际合作与交流处、东北亚研究院领导的坚定支持和可靠支援；莫大历史系上下共襄此举，化解了很多合作路上的难题，将此举视为我们共同的事业；社会科学文献出版社的恽薇、高雁等相关人员将此举视为我们共同的任务，尽可能地替我们着想，使我们之间的合作更为愉快、更有成效。我们唯有竭尽全力将"俄国史译丛"视为学术生命，像爱护眼睛一样地呵护它、珍惜它，这项工作才有可能做好，才无愧于各方的信任和期待，才能为中国的俄国史研究的进步添砖加瓦。

　　上述所言与诸位译者共勉。

吉林大学东北亚研究院和东北亚研究中心

2016 年 7 月 22 日

目　录

绪　论

　　19 世纪初，俄国是一个疆域广阔的国家，其边界从西伯利亚、远东延展至西欧，从黑海延伸到北冰洋。但是，问题并不在于地域广袤，而在于从一个政治中心治理这样庞大帝国的任务异常复杂。亚历山大一世因热爱旅行而得到"漂泊的君主"的绰号（А. С. 普希金写道："他一生漂泊在路上，最终在塔甘罗格病逝。"），但是他一生中到访过的城市还不足俄国城市总数的十分之一。当时，俄国以农业为主，尽乎所有人口都集中在农村，只有少部分人生活在城市。农业发展水平极其低下且沿袭旧法，几个世纪以来以使用原始农具为主。只有个别地主在自己的庄园使用机器耕种，运用现代农业技术。绝大多数农民因处于对国家和地主的奴隶依附地位，缺乏转向现代经营方式的主动性。① 工业发展水平之低下有目共睹。②

---

① Милов Л. В. Великорусский пахарь и особенности российского исторического процесса. 2-е изд. , доп. М. : РОССПЭН, 2006. Часть первая. Великорусский пахарь в XVIII столетии.

② Струве П. Б. Крепостное хозяйство: Исследования по экономической истории России в XVIII и XIX веках. М. , 1913; Лященко П. И. История народного хозяйства в СССР. М. , 1956. Т. 1; Струмилин С. Г. Очерки экономической истории России и СССР. М. : Наука, 1966; Очерки экономической истории России в первой половине XIX в. М. , 1959.

彼得大帝改革所建立的工业主要使用农奴劳动，基本上是为了满足军队之需。雇佣劳动刚刚崭露头角。对于俄国的政治制度，如果不对其做过多描述，简而言之，可以说它是保守的。与从前一样，皇帝是国家权力的化身。他既是权力来源，也是权力本身。而且，在俄罗斯帝国臣民的眼中，他是行过登基涂油仪式的神圣君主。

然而，自彼得大帝时代以来，甚至是在更早时期，俄国人的目光就不再朝向东方，而是转向西方。彼得大帝不仅"握住铁缰……勒住俄罗斯……使它扬起前蹄"（A. C. 普希金的表述），而且义无反顾地、果断地把它的脸庞转向了西方。对于西方国家，俄国一些人把它们视为模仿的榜样，另一些人则逐渐把它们视为劲敌，在他们看来，西方国家力图摧毁俄国古老生活根基的独特性。但是，随着时间的推移，西方的影响日益彰显。这不仅仅体现为将老爷们与普通人分开的法语，也不仅仅体现为西方文化（文学、建筑、绘画、科学成就）的普遍影响，最重要的体现是——思想的传播。伟大的法国哲学使 18 世纪获得了"启蒙时代"的称呼，也逐渐给俄国土地带来了新的思想。在 19 世纪初，源于人民是立法的主体、法律面前人人平等、人不允许占有别人等的百科全书派思想，被本杰明·贡斯当等欧洲思想家发展成为包括代议制、分权制衡、法律至上等在内的系统政治观念，逐步渗透到俄国社会受教育群体的意识中。

当然，大部分贵族仍因循守旧，秉持古老的理想。似乎当时俄国社会各个阶层大都如此。但是，日迈月征，启蒙的趋势亦日益明显。叶卡捷琳娜二世曾与伏尔泰和狄德罗书信交流。狄德罗亲手誊抄了自己的主要著作，并恭敬地呈给"北方的曙光女神"，他甚至在女皇的邀请下到帝国的新都——圣彼得堡驻留数月。叶卡捷琳娜二世通过给法典委员会的《圣谕》为自己增光添彩，以"王座上的哲学家"之称闻名于世。即便是法国大革命极大地动摇了叶卡捷琳娜二世对这种新思想惠及众生的信念，使她重新思考自己对革命法国的态度，但她也没有对启蒙思想完全失望。① 她亲自执笔的《圣谕》中提出的那些原则并非注定会实现，但是那些曾经萌生并占据俄国皇帝和先进人士头脑的思想也并非烟消云散。俄国皇储、未来的皇帝保罗一世已经在为俄国认真思考制定宪法。遗憾的是，我们对"冯维津 - 帕宁"的宪法草案知之甚少，但有一点不容置疑：它曾经存在并占据了"俄国的哈姆雷特"② 的头脑，哪怕它是瑞典式的贵族宪法草案，哪怕它是维护国家权贵的利益，在某种程度上是继续走"最高枢密会议"③ 试图用《条件》限制安娜女皇权力的路线。实质并不在这里。最主要的是，在最高权力内部讨论了立法限制专制权力的设想。叶卡捷琳娜二世也并不完全排斥必须解放农民的思想。

　　在 19 世纪初，这些思想进一步得到发展，政权和社会对它们

① Каменский А. Б. 《Под сению Екатерины》СПб. : Лениздат, 1992; Он же. Российская империя в XVIII веке: традиции и модернизация. М. , 1999.

② Софонов М. М. Проблема реформ в правительственной политике России на рубеже XVIII и XIX вв. Л. : Наука, 1988; Эйдельман Н. Я. Грань веков. Политическая борьба в России. Конец XVIII - начало XIX столетия. М. : Мысль, 1982; Песков А. М. Павел I. М. : Молодая гвардия, 1999. "俄国的哈姆雷特"是保罗一世的绰号。——译者注

③ 最高枢密会议（Верховный тайный совет）是叶卡捷琳娜一世时期成立的最高国家权力机构，在叶卡捷琳娜一世去世后，决定选择彼得一世的哥哥伊凡五世的二女儿安娜继位，但打算限制安娜的权力。最高枢密会议成员戈利津和多尔戈鲁基秘密制定了安娜继承王位的《条件》，以此来限制沙皇的专制权力，将其置于最高枢密会议的控制之下。——译者注

的讨论具有了新的形式。至今，史学领域依然对政权和社会的改革举措分开进行研究。在苏联史学中，这种做法尤为突出。谋求为国家开辟新天地、确定国家发展新方向的先锋的殊荣，无疑被赋予了革命运动发起者——十二月党人，他们奋不顾身地与因循守旧的反动专制制度做斗争。① 乍看之下，这种将政权与社会分开研究的做法是有其内在逻辑的。毕竟1825年12月14日俄国社会一部分人尝试使国家走上新发展道路的运动遭到当权者的残酷镇压。但是，这种做法的正确性只是表面上的。研究人员力图忽视甚至忽略一些显而易见的事实——亚历山大一世希望详细研究在俄国逐步解放农奴并且在俄国引入代议君主制政体的方案。然而，我们认为，我们的任务不应是把政权与社会两者对立起来，而是要解释俄国最高政权和社会激进分子都意识到实现国家根本现代化的必要性，却未能成功使国家实现根本现代化的原因。

因此，要探讨国家政权与在19世纪初结成十二月党人秘密社团的先进贵族是如何思考国家发展道路的，以及他们为实现所拟定的改革计划做了什么（或没有做什么），必须首先冷静而审慎地分析两者的意图和行动。在这方面，皇帝亚历山大一世是首先需要关注的对象。毕竟，在庞大的俄罗斯帝国，一切都在他的指挥之下，以他的名义进行。当然，皇帝的生活和行动也并非处于真空之中。他身边围绕着谋臣和经验丰富的政治家——政府高官，他的后盾是俄国贵族和官吏（官僚）。没有这些人的认可（即使是默认），就很难指望触动俄国古老根基的变革能够取得成功。哪怕作为专制的

---

① Нечкина М. В. Движение декабристов. М. : Издательство Академии наук СССР, 1955. T. I, II.

统治者，皇帝的改革愿望还是受到了制约。法国著名作家杰曼·德·斯塔尔曾经这样形象地描述：与其说束缚限制了俄国皇帝的专制，毋宁说没有掌权的政治精英以及社会某些阶层的支持，就不可能在国内实施根本性的变革。①

　　然而，在研究上述问题时，不能无视十二月党人秘密社团在 19 世纪初俄国历史上的地位。1812 年卫国战争及随后俄国军队的海外远征，俄国在战胜拿破仑中的重要角色，深刻影响了俄国公众意识的发展。俄国社会先进分子群体发生了质变。年轻的爱国主义者意识到自己对祖国命运担负的责任，结成小组，建立组织。对于皇帝来说，社会参与讨论国家面临的迫切改革似乎违背了专制制度的古老传统，因此是不可容忍的、完全不能接受的。反之，对于十二月党人来说，起初他们支持最高政权努力改革的愿望是一种自然需求，是一种公民义务。后来，在十二月党人看来，皇帝放弃了他所声称的遵循"时代精神"改革国家的意图，他们开始思索，如何在新形势下实现自己的改革目标。于是，秘密社团中部分情绪激进的成员产生了发动军事革命改变俄国政治制度、将农民从农奴依附地位中解放出来的思想，这种思想不断得到强化。众所周知，事件的结局是彼得堡近卫军和乌克兰地区切尔尼戈夫军团发动起义，最终起义被政府坚决且残酷地镇压。

　　那些被俄国执政当局（当然不是全部，而只是由皇帝领导的一小部分政治家）和社会激进分子（秘密社团成员）看作对俄国来说迫在眉睫的改革最终未被实施。它们被推迟了几十年之久。

---

① See.: Пушкин А. С. Полное собрание сочинений. В 16 - ти т. М., Л.: Издательство Академии наук СССР, 1949. Т. 11. С. 17.

为什么会发生这种情况呢？本书的研究就是为了寻找这个问题的答案。①

---

① 本书并未致力于史料与历史编纂学研究。在近 20 年间，十二月党人研究的史料基础没有出现重大变化，但历史编纂学却并非如此。新著作、新观点和新评价不断涌现。但是，对它们的分析是我们进一步的工作。然而，在此必须列出一些经典研究，如 T. B. 安德烈耶娃的《19 世纪初俄国秘密社团：政府政策和社会舆论》（圣彼得堡，2009 年），B. M. 博科娃的《秘密社团时代》（莫斯科，2009 年），A. O. 丘巴里扬的《俄罗斯的欧洲主义》（莫斯科，2006 年），以及 A. H. 阿尔汉格尔斯基（莫斯科，2000 年）、M. П. 赖伊（莫斯科，2013 年）和 A. H. 萨哈罗夫（莫斯科，1998 年）分别撰写的亚历山大一世传记，这些作品从新视角考察时代、人物和事件。本书的出版得到作者在俄罗斯联邦国家档案馆的同事 Л. A. 罗格娃、Л. H. 马拉申科、И. C. 季霍诺夫、E. A. 奇尔科夫、И. H. 扎赛普金娜、Л. B. 科梁奇科娃、Г. Г. 托尔斯季科娃、И. A. 布登科、П. A. 斯洛维亚金等的积极支持，在这里向他们致以衷心的谢意。作者还对 C. И. 波索霍夫教授（哈尔科夫大学）提供关于 M. K. 格里波夫斯基的资料表示感谢。

第一章
亚历山大一世执政前期：思想启蒙与初掌权柄

第一节　祖母与良师

在世人看来，皇帝亚历山大一世的名字从未或者说几乎从未在俄国杰出政治家的名单上名列前茅。苏联时期，在人们心目中他是迫害 A. C. 普希金的阴郁统治者，无情地在俄国推行军屯制的暴君，他是维护欧洲反动秩序的神圣同盟的始作俑者之一，也是虚伪的政客，狡狯地将自己的真面目隐藏在自由主义的空洞辞藻背后，在很多人眼里，他甚至是一个彻头彻尾的游手好闲者。通常，人们通过 A. C. 普希金之眼来看待亚历山大一世，他抨击这位皇帝是"纨绔的秃子""劳动的仇敌""意外地获得荣誉的垂青"。苏联解体后的一段时间，历史学家专注于那些曾经被不公正地排除在历史长河之外的君主们，而亚历山大一世很少进入他们的视线之中。①

　　然而，正是在他的统治之下，俄国在世界上的影响力达到了顶峰。俄国击败了拿破仑，进行了国家治理改革，改革中建立的基本要素（如部体制）几乎被保留到当代，并且为发展教育采取了决定性的措施。那么问题在哪儿？为什么至今亚历山大一世仍是"终生未被猜透的斯芬克斯"②？不到 50 岁就在遥远的外省的塔甘罗格去世的"俄国的哈姆雷特"之子、拿破仑的战胜者和欧洲的解放者到底是什么样的人？我们不可能立即回答所有这些自然而然产生的问题，但尝试这样做却是很有必要的。

　　亚历山大出生于 1777 年 12 月 12 日 10 时 45 分③，他几乎一出生就被带离了他的双亲——王储保罗·彼得罗维奇大公和他的妻子大公夫人玛丽娅·费多罗夫娜，并被带到了祖母叶卡捷琳娜二世女皇身边加以培养。从生命之初到以后的许多年里，这位王孙都生活在女皇的身边。这样的决定在今天看来可能令人费解，但在当时并没有什么不同寻常之处。叶卡捷琳娜二世的做法与伊丽莎白女皇的做法如出一辙，伊丽莎白女皇把叶卡捷琳娜二世的儿子保罗·彼得

---

① 20 世纪 90 年代至 21 世纪，专门关于亚历山大一世的传记问世以后，情况才开始发生变化。起初，出现一些文章［例如，A. H. 萨哈罗夫关于亚历山大一世的文章发表在 1993 年国际关系出版社出版的文集《俄国专制者（1801～1917 年）》之中］，然后涌现一些专著［例如，2000 年由"瓦戈利乌斯"（Вагриус）出版社出版的 A. H. 阿尔汉格尔斯基的《亚历山大一世》］。

② П. A. 维亚泽姆斯基的诗歌《斯芬克斯》（1868 年）中的句子："终生未被猜透的斯芬克斯，关于他至今仍争论不休；在他的爱中有愤恨低语，在他的恨中有爱意闪耀。他是 18 世纪之子，是它激情的祭品，他蔑视人类，他也热爱人类。"

③ 本书中出现的俄罗斯帝国时期俄国历史事件的日期，除非特别注明，均为俄历日期。——译者注

罗维奇从她身边带走。

新生儿的名字是为了纪念当时已位居圣徒之列的亚历山大·涅夫斯基。然而，从一开始人们也谈论到世界历史上的另外一个人物——马其顿的亚历山大（亚历山大大帝），也许俄国未来的帝王注定要追随他的脚步。叶卡捷琳娜二世开玩笑地讨论了各种可能性，她更偏爱的是亚历山大·涅夫斯基（"他完美地击败了瑞典人并且声名远播"），但是她慧眼如炬，预言她爱孙的才能将"引导他走上这两者中某一位的道路"。

叶卡捷琳娜二世按照她受到的欧洲传统的教育，从一开始就培养亚历山大健康的生活方式：孩子从不穿得过暖，睡在硬的毛质床垫上，婴儿房里总是阳光充足、空气新鲜——这与伊丽莎白女皇抚养保罗·彼得罗维奇的方式截然相反。叶卡捷琳娜二世为她爱孙的培养殚精竭虑。她经常花很长时间陪他（"午饭过后，我的孩子想来就来，并且经常在我的房间里待上三四个小时"），陪他做游戏（"我们每天都学些新东西，能随时举一反三，看我们俩谁会在这方面表现出更多的天赋"，"所有人看到我们一起做游戏都不忍心将我们分开"），她为他及其胞弟康斯坦丁（生于1779年4月）创作童话故事，编制了一套道德规范（《祖母的入门课本》），还为她的孙儿们写了一部俄国简史。

亚历山大自幼就因其才能出众而出类拔萃。他异常聪敏，渴望阅读并学习新知识。叶卡捷琳娜二世在1781年7月10日写道："亚历山大先生的好奇心和求知欲胜过他的其他所有爱好，他经常花长达一两个小时看绘本，天知道这孩子还不知道什么。"五个月之后她又写道："现在我们正在做算术，除非我们自己计算出结果，否则他不会相信2乘以2就等于4。我从来没见过这样的小男孩，他是如此喜欢提问，如此富有好奇心，如此贪婪地追求知识。他能很好地领悟德语，在法语和英语学习方面更有天赋。此外，他口若悬河，喜欢讲故事，喜欢与人交谈，如果有人对他讲话，他就会全神贯注地倾听。他过目成诵。"在他掌握最高权力的祖母看来，他四岁时就有"比其他同龄孩子多一千倍的知识"。与此同时，亚历山大很快掌握了各种各样的技能：调制和研磨颜料、绘画、砍柴、犁地、割草、作畦、赶车、做木工、打磨家具。根据叶卡捷琳娜二世的说法，在这些年里，他"从来不是被强迫阅读或学习，而是他自己将阅读和学习视为一种乐趣和义务"。六岁时，他已经可以用俄语和英语阅读与写作。[1]

　　1783年末，教育亚历山大的任务从女性转交到了 Н.И. 萨尔蒂科夫将军的手中（叶卡捷琳娜二世委托照顾小大公的 С.И. 本肯道夫去世）。现存信件表明，历史学中通行的观点，即亚历山大与 Н.И. 萨尔蒂科夫关系非常复杂，并不完全符合实际。尽管直率而刻板的 Н.И. 萨尔蒂科夫与感性而温和的学生形成了鲜明的对比，但亚历山大的信件毫无疑问地显示他们之间的师生关系十分亲密，他们之间坦诚相待并且互相信任。[2] 女皇清楚地认识到，亚历山大身边应该有一个熟悉当时宫廷和国家生活现实情况的军人相伴。令人困惑的是，叶卡捷琳娜二世一点也没有因为 Н.И. 萨尔蒂科夫主管她儿子保罗·彼得罗维奇的宫殿这一事实而不安，尽管仅这一点

---

①　叶卡捷琳娜二世给格利姆男爵的信，引自 Шильдер Н.К. Император Александр I. Его жизнь и царствование. СПб., 1897. Т. I. С. 2-24.

②　См.: Барковец А.И. Письма великого князя Александра Павловича воспитателю графу Н.И. Салтыкову за 1790 - 1800 годы//Александр I. «Сфинкс, не разгаданный до гроба...» Каталог выставки. СПб.: Славия, 2005. С. 60-65.

似乎就可以成为不把爱孙亚历山大托付给他教育的重要理由。显然，叶卡捷琳娜二世正是通过 Н. И. 萨尔蒂科夫收到了瑞士人弗雷德里克·塞萨尔·德·拉加尔普（以下简称"拉加尔普"）的报告，报告中阐述了拉加尔普对应该教授大公哪些知识以及如何培养大公的看法，拉加尔普得到了叶卡捷琳娜二世的青睐，很快便成了她爱孙的导师，并且在将亚历山大培养成人和国务活动家方面厥功至伟。

拉加尔普是一位坚定的共和主义者，受到启蒙时代的人文思想熏陶，卓尔不群，并且教学有方，他将这些思想向他的学生倾囊相授。在呈送给叶卡捷琳娜二世的报告中，他开诚布公："未来的统治者不应该是物理学家、博物学家、数学家、地理学家、语言学家或律师等。但他必须是一个诚实的人、一个开明的公民，消化吸收他学习到的知识，明白它们的真正价值，对君主担负的职责了如指掌，清楚地认识到数以百万计人的幸福和痛苦都掌握在他手中。"他坚信，未来的统治者应该知晓：曾经"存在人与人之间的平等，如果从那时起情况发生了变化，这绝不是为了让被束缚住手脚的民众屈服于一个人的心血来潮中，而且有的专制君主非常慷慨和真诚，向他们的臣民宣告：我们为了自己的荣誉而庄严地声明，我们是为我们的人民而生"①。

拉加尔普向他的学生阐述的观点体系，是基于"人类个体的自由是一切公正社会秩序的基础"这一理念。当然，这指的是普遍的自由，不受任何社会、等级或其他框架的限制。从幼年起，亚历山大就深知，最适合现代国家的是代议制政体，哪怕是君主立宪制，

---

①　Там же. С. 27—28.

甚至是共和制。对拉加尔普来说，农奴制无疑是罪恶的，必须逐渐被废除。他在一次课上问他的学生："人凭什么可以肆无忌惮地压迫自己的同类，并要求他们毫无怨言地承受沉痛的苦难呢？"① 尽管这个问题听上去像是针对早已过去的时代，但是它对俄国现实的重要意义是显而易见的。让我们对此补充一点，亚历山大一世非常熟悉当时广泛流传的英国经济学家亚当·斯密的观点，其在 18 世纪 70 年代就有力地证明：自由劳动的生产效率远远高于强制劳动。

当然，拉加尔普能给未来的皇帝灌输的只是最普遍的观点。但是，众所周知，少年时期领悟的思想最为根深蒂固。后来，成为皇帝的亚历山大一再强调拉加尔普在他的生活中发挥的决定性作用。亚历山大在 1811 年对 M. K. 奥金斯基伯爵说："我的一切都归功于他。"② 他甚至更明确地表达："如果没有拉加尔普，就没有亚历山大。"③ 1795 年 5 月两人分别时他对导师说："除了出生，我的一切都归功于您。"④

无论如何都不能否认，在共同精心培养之下，亚历山大一世接受了出色的教育。他的具有独创性的敏锐思维、博学多识和贯穿一生的阅读习惯，使他后来在欧洲最高雅的沙龙中熠熠生辉。他可以轻松地就各种政治、哲学和文学话题侃侃而谈，当时最睿智之人都

---

① Сухомлинов М. И. Фридрих Цезарь Лагарп, воспитатель Александра// Журнал Министерства народного просвещения. 1871. № 2. C. 165.

② Memoires de Michel Oginski sur la Pologne et les polonais depuis 1788 jusqu'à la fin 1815. Paris, 1826. Vol. 3. P. 35.

③ Шильдер Н. К. Указ. соч. Т. I. C. 227（прим. 57）.

④ Цит. по: Андреев А. Ю. Император и его учитель: личные и политические аспекты взаимоотношений Александра I и Ф. С. Лагарпа//Филаретовский альманах. Вып. восьмой. М., 2012. C. 84; см. также: Correspondance de F. -C. de La Harp et Alexander l-er. Neuchatel, 1978. Vol. 1. P. 139.

毫不掩饰对这位俄国皇帝的钦佩。

亚历山大一世非凡的能力有目共睹。熟知他的人都承认（即使说略有夸张），亚历山大一世这样的人千年一遇。拉加尔普说："大自然从来没有对一个凡人如此慷慨过。"①

当然，亚历山大一世不是一个天使，他身上也存在着即使是最天赋异禀之人也常有的弱点。随着系统课业的开始，严格的拉加尔普和其他老师开始注意到，他们的学生并不那么勤奋，经常偷懒，"逃避劳动"。拉加尔普在谈到九岁的亚历山大时写道："亚历山大大公在有主观意愿去做什么的时候才华横溢……他不仅聪慧，善于思考和记忆，而且可以跟得上思路……但是，遗憾的是，我必须补充，这些优秀的天资正在被粗心大意和贪图玩乐的倾向所埋没。"这个瑞士学究一刻也未忘记，他正在教导的是世界上最伟大的帝国之一的未来统治者。意识到等待着亚历山大一世的未来是什么后，他警告他的学生，要防止被随从玩弄于股掌之中："如果皇帝软弱，逃避劳动，如果他在可以而且应该亲自行动的地方假手于人，难道不是冒险给亲信创造作恶的机会吗？"拉加尔普还补充道，在这样的情况下，任何比如"我被欺骗了"或"我不知道"的借口都无济于事。②

然而，长期伴随皇帝左右的同时代人证明，亚历山大一世根本不是"好逸恶劳者"。例如，皇帝的副官 A. И. 米哈伊洛夫斯基·达尼列夫斯基在他的日记中写道（他在外国远征期间陪伴亚历山大一世，每天都能见到皇帝的日常生活）："午夜，整个城镇都在

---

① Шильдер Н. К. Указ. соч. Т. I. С. 29.

② Государственный архив Российской Федерации（далее-ГА РФ）. Ф. 728.
　 Оп. 1. Д. 290. Л. 120 об. -121.

酣睡中，我在君主的房间和窗户对面坐着，他的桌子上燃着两根蜡烛，他穿着制服在伏案写作……现在他放下笔……在思考……再次奋笔疾书。他没有固定的工作和睡眠时间；有时他一天都忙于各种杂事，尤其是处理军务琐事；他经常不知疲倦地在深夜工作。他写了很多东西，他不讲求辞藻华丽，但用语清晰简洁，特别是使用法语……君主在离开一座城市前夕或者前两天时工作更多，这时他会整晚伏案处理事务……午夜两点，皇帝从办公桌前站起来，大概是去休息了。"①

大公的兴趣广泛。例如，少年时代亚历山大一世在音乐上花了很多时间。众所周知，他拉小提琴、吹单簧管，这些爱好引起了母亲的反对。母亲责备他太痴迷于音乐，"要把音乐当成他的主业了"。亚历山大在一封信中为自己辩解说，这毕竟比把闲暇时间浪费在纸牌游戏上要好。②

用亚历山大的一位老师 А. Я. 普罗塔索夫的话说，到了十五岁，他进入了"憧憬爱情"的时期。叶卡捷琳娜二世洞若观火，女性会对亚历山大构成危险，"因为他会被追求，不能指望他不被追求，因为他的容颜是如此诱人心魂"③。因此，在意识到亚历山大已经到了结婚的年龄时，叶卡捷琳娜二世立即着手为她的爱孙寻找新娘。新娘在与法国交界的德意志小公国巴登被选中。巴登-杜拉赫的卡尔·路德维希侯爵有五个女儿，其中之一路易莎成了亚历山

---

① Цит. по: Файбисович В. М. Александр – человек на троне//Александр I. «Сфинкс, не разгаданный до гроба ...» Каталог выставки. СПб. , 2005. С. 72.

② ГА РФ. Ф. 728. Оп. 1. Д. 357. Л. 11.

③ Шильдер Н. К. Указ. соч. Т. I. С. 54, 63.

大的新娘。1792 年秋天，她抵达圣彼得堡。两个年轻人一见钟情。档案中保存有他们在招待会或舞会期间交换的热情信件。亚历山大："您爱我吗？哪怕只有一点点？"路易莎："当然。"亚历山大："我会爱您一辈子。"路易莎："我也会爱您一生一世。"[1] 1793 年 9 月 28 日，他们举行了婚礼。遗憾的是，他们的家庭生活并不和顺。几年后他们开始分居，尽管他们还是严格遵守了宫廷礼仪。直到他们生命的最后阶段，他们才复合。

在史学中（自 M.И. 波格丹诺维奇、A.H. 佩平和 H.K. 希利杰尔的作品问世以来），关于亚历山大一世盛行的是一种错误的观点，把他看成一个不真诚、虚伪甚至口是心非的人。同时代的一些人也持这种观点。在 A.C. 普希金的诗歌《致征服者的雕像》中他就是这样的形象，诗中最后一行（"在脸上在生活中都是丑角"），似乎包括了对皇帝个性严厉的审判。据一位当代有关亚历山大一世皇帝的传记的作者说，这位伟大诗人的指责，以及他同时代人的类似意见，"显然并非空穴来风"。[2] H.K. 希利杰尔是认为亚历山大一世是这种性格的最坚定的支持者之一，他证明自己这种观点的论据是，当时宫廷的局面需要亚历山大在冬宫和加特契纳之间，也就是在统治者祖母和父亲之间进行周旋。在他看来，亚历山大在和叶卡捷琳娜二世交流时是一副面孔，在和父亲交流时，是截然不同的一副面孔。[3] 这个观点乍一看很有吸引力，却根本经不起推敲。证实这一观点需要事实，然而并不存在这种事实。实际上，事情并不完全是这样，甚至根本不是这样。保罗一世真心实意地深爱着他的

---

① ГА РФ. Ф. 728. Оп. 1. Д. 385. Л. 5, 8.

② Файбисович В. М. Указ. соч. С. 67.

③ Шильдер Н. К. Указ. соч. Т. I. С. 92.

长子。档案中保留下来的两人的信件可以证明这一点。① 亚历山大一世也用同样的感情回报父亲。他没有必要强迫自己时而选择一个面具，时而选择另一个面具。他与祖母、与父亲沟通时都感觉良好。在加特契纳，他享受地投入军事训练中，并终生都保持着他对军事演习、部队操练和阅兵的热情。加特契纳的机械式练兵与他的细腻的天性并未发生矛盾，而保罗一世广博的教育也避免了他们父子之间的交流仅限于换岗仪式上。

我们这里并不打算探析造成叶卡捷琳娜二世、保罗一世和亚历山大一世之间微妙关系的心理因素，但皇帝的同时代人和他的传记作者对亚历山大一世的性格的理解似乎犯了同样的错误。他们把他与周围人打交道时的警觉以及他天生的城府看作为人不真诚、两面三刀、虚伪狡黠。拉加尔普回忆说，在教育未来的皇帝时，他"努力向他灌输皇帝不能拥有真正朋友的想法"。他刻意在学生的性格中塑造了统治者不能信任他周围的人的信念。他写道："通过这些规则，我引领皇帝只依靠自己而不是依赖他周围的人。"对于一个被众多"罗森克兰茨和吉尔德斯特恩"② 包围的君主来说，这种谨慎是必要的，随着时间的推移，这种谨慎发展成了不信任，而不信任发展成为怀疑和警觉。前文已经提到的亚历山大一世的传记作者仿佛是在总结自己的看法般指出，"对每位谈话者亚历山大都有自己的假面孔"。他援引 Ю. М. 洛特曼的研究来论证自己的看法，亚历山大一世所有的"保护主义"被他同时代的人视为"狡猾诡诈，

---

① ГА РФ. Ф. 728. Оп. 1. Д. 282, 285.
② 莎士比亚的《哈姆雷特》中的两个人物，是阿谀奉承、谄媚小人的形象。——译者注

缺乏真诚"。①

然而，父子之间不能避免冲突。政治阴谋在其中占很大因素。导致保罗一世和亚历山大之间关系变冷的重要因素是：叶卡捷琳娜二世打算将王位越过儿子传给爱孙。这方面的谣言在圣彼得堡甚嚣尘上。拉加尔普后来回忆道："自 1793 年末以来，人们一直津津乐道，说剥夺引起广泛憎恨的保罗·彼得罗维奇大公的继承权，及女皇去世后由她的长孙亚历山大继承王位。"而为做到这一点，首先要经过亚历山大本人的准许，所以为了达成所愿，叶卡捷琳娜二世决定通过皇位继承人的导师付诸行动。1793 年 10 月，他们之间进行了一次长谈，却一无所获。拉加尔普断然拒绝了为他准备的角色——他对强行剥夺保罗·彼得罗维奇的俄国王位继承权的计划怒气冲冲。② 毫无疑问，亚历山大知道女皇的这种计划。有一种说法是，亚历山大自己把这一切都告诉了他的父亲。难道不是这件事推动他在当时就初次形成了这样的想法：不登上俄国王座，而是与妻子一起离开祖国并在莱茵河畔的某个地方定居，过着普通人的安静生活？无论如何，有一点是明确的——去父留子的计划并没有实现。当叶卡捷琳娜二世在 1796 年 11 月突然去世后，保罗一世登基。

第二节 改革蓝图与登基之路

随着长大成人，亚历山大一世开始越来越多地思考俄国的状

---

① Файбисович В. М. Указ. соч. С. 66–67.

② Шильдер Н. К. Указ. соч. Т. 1. С. 104.

况。起初，他梦想着放弃皇位，与妻子在莱茵河畔某个角落过着普通人的安静生活。1796 年 5 月 10 日，当叶卡捷琳娜二世还在世时，他通过他信任的朋友转交给他最亲密的朋友之一——时任君士坦丁堡特使的维克托·巴甫洛维奇·科丘别伊（以下简称"B. II. 科丘别伊"）一封信，信中写道："我的状况一点也不令我满意。对于我的性格来说它过于辉煌了，我更喜欢沉默和安静。宫廷生活不适合我。每当我必须出现在宫廷的舞台上时，我都会痛苦不堪，看到别人为了获得在我眼里一文不值的外在荣誉，一步步做下的卑鄙勾当，我就会血脉偾张。"作为拉加尔普的得意门生，他"在这样的人的包围下郁郁寡欢，他不希望自己有这样的奴仆，但环顾四周，这样的达官显贵比比皆是"。亚历山大接着写道："总之，我亲爱的朋友，我自感生来不宜占据今天的位置，特别不宜登上有朝一日非我莫属的高位。我已经发誓将采用某种方式放弃高位。"当然，大公并非少不更事，他也预见到 B. II. 科丘别伊可能对他这个当时被他视为不可动摇的决定持讽刺和不信任态度（"您可以随意嘲笑我，说这个意图不现实"）。然而，在他看来，当时他的这个决定是经过深思熟虑的："我已经全方位考虑了这个问题。应当说，在我认识您之前，我就有了关于这个决定的最初想法，而且我要很快就做出真正的决定。我们的事务处于难以想象的糟糕状况，腐败肆虐，混乱不堪，秩序全无，而帝国只是在寻求扩大其边界。在这种状况下，仅凭一个人能治理好国家吗，更遑论能消除国家中根深蒂固的滥用权力现象吗？这不仅是像我这样天赋普通的人所不能做到的，即使是天才也力所不及。我一直坚持这样的原则：与其做不好，毋宁不做。按照这个原则，我做出了我告诉您的以上决定。我的计划是，一旦放弃这个举步维艰的位置（我现在还不能确定决定何时放弃），就同我的妻子到莱茵河畔去定居，作为一个普通人，我的生活会恬静、安定，我将以与友人往来和研究自然为一生的乐事。"①

然而，在叶卡捷琳娜二世去世并且他的父亲登上王位之后，亚历山大对自己的决定已经不如当初那么坚决。渐渐地，其登上王位的渴望占了上风。为了使祖国摆脱因保罗一世的任性而陷入的无尽荒唐的深渊，亚历山大在 1797 年 9 月 27 日给拉加尔普的一封信中坦诚写道："我的父亲登基后，打算义无反顾地改变一切。他的第一批举措是辉煌的，但随后的事件却与之背道而驰……我不幸的祖国处于一种无法描述的境地。农民在遭受苦难，贸易受到限制，自由和个人幸福被破坏。"这封信还是绕过官方渠道，通过他另一位最亲密的朋友尼古拉·尼古拉耶维奇·诺沃西利采夫（以下简称"Н. Н. 诺沃西利采夫"）伯爵转交的。亚历山大向拉加尔普坦言，他放弃法律赋予他的王位和离开祖国的计划（拉加尔普很清楚这些计划）现在已经全然改变。他继续说："我想，如果有一天轮到我统治，到那时，我将不再打算离开祖国，而是要努力给予我的国家自由，从而防止它再度沦为疯子手中的玩物。我考虑这个问题很久了，得出的结论是，这将是最好的革命，因为它将由合法的统治者完成，而且一旦宪法通过，国家选举其代表，就会结束。"随即，亚历山大一世承认，他与亲近的人分享了他的想法。② 然而，即便在统治的最初几年中，亚历山大一世也没有放弃他最终会退位的想

---

① Корф М. А. Восшествие на престол императора Николая I. Третье издание （первое для публики）. СПб., 1857//14 декабря 1825 года и его истолкователи （Герцен и Огарев против барона Корфа） / Издание подготовлено Е. Л. Рудницкой и А. Г. Тартаковским. М. : Наука, 1994. С. 215-216 （оригинал на франц. яз.）, 310-311 （перевод）.

② Шильдер Н. К. Указ. соч. Т. I. С. 161-164.

法。在他给拉加尔普的一封信中，他与导师分享了这样一个梦想：上帝保佑他"使俄国达到他想要的幸福程度"之后，他要做的第一件事就是甩掉统治的负担，"退居到欧洲的某个角落"，将在那里"宁静地享受在祖国建立的美好生活"。①

亚历山大一世对 18 世纪末俄国的状况做出如此批判性的、实质上亦是公正的评价，有他自己的实际根据。这时，他已经积累了行政经验。在 1796 年，大公被任命为圣彼得堡警备司令，每天向他的父亲汇报首都的事件。此外，他还是谢苗诺夫近卫军团团长、圣彼得堡和芬兰师的骑兵和步兵督察。后来，他成为参政员，并被任命为接管了首都管理所有职能的委员会的主席。在他周围形成了一个所谓的"年轻朋友"圈子，他们都是圣彼得堡上流社会精英并梦想改革的知识分子。在亚历山大一世最亲密的朋友中有亚当·恰尔托雷斯基（以下简称"A. 恰尔托雷斯基"）公爵、巴维尔·亚历山德罗维奇·斯特罗加诺夫（以下简称"П. А. 斯特罗加诺夫"）伯爵、Н. Н. 诺沃西利采夫伯爵和 В. П. 科丘别伊伯爵。他们后来都成为重要的政治家，并在不同时期担任国家要职。必须根据"时代的精神"进行改革的思想是他们谈话的日常主题。亚历山大甚至委托 A. 恰尔托雷斯基为其起草一份登基诏书草案，其中谈到了未来君主的改革意图。A. 恰尔托雷斯基在回忆录中对他起草的这份文件持明显的讽刺态度。因为它并不太适用，在亚历山大一世生前从未被公开过，但亚历山大一世却很高兴。这份草案阐述了"俄国迄今存在的治理形式的弊端，以及亚历山大一世打算赐予俄国的另一种治理形式的所有优点，在消除阻碍俄国幸福安康的因素

---

① Корф М. А. Указ. соч. С.214.

后，国家将享有自由和公正的安康生活"等思想。① 应该指出的是，A. 恰尔托雷斯基的回忆录中充满了对亚历山大一世意图的怀疑，原因有很多，其中重要的一个是，公爵对皇帝冷落自己及皇帝与 M. M. 斯佩兰斯基的亲近不满，后者在若干年内（从 1807 年起）成为皇帝在改革方案制定中最亲密的助手。

也许，保罗一世已经知道了王位继承人和他的年轻朋友们的不满情绪。他曾经试图将亚历山大和他的知己朋友分开。A. 恰尔托雷斯基被"荣誉流放"，到撒丁岛担任俄国特使。圈子中的其他成员也在冠冕堂皇的借口下被赶出了首都。

在说明保罗一世与亚历山大当时关系的特点方面，一个趣闻非常有代表性。据说，有一天，保罗一世偶然进入亚历山大的房间，发现他的桌案上有一本伏尔泰的悲剧《布鲁图》，这本书的结束语是："罗马自由了，他（凯撒——作者注）死了……我们虔诚地感谢上帝。"保罗一世从书中看到对当时的影射，他的做法很符合他的行事方式——给他儿子送了（一种说法是给他儿子看了）彼得大帝处死王储阿列克谢的法令。②

直至今日，弑君并登上王座这起事件的全貌仍然模糊不清。而谋反者们自信地笃定，亚历山大一世领导了谋反。Л. Л. 别尼格森在回忆录中写道，当 П. А. 祖博夫邀请他参与谋反时，他立刻提出了一个问题："由谁担任领导？"Л. Л. 别尼格森继续写道："当告诉我这个人时，我就毫不犹豫地加入了谋反活动，确实，这是危险的一步，但也是为了使国家跳出在保罗一世统治下

---

① Шильдер Н. К. Указ. соч. Т. I. C. 166.
② Шильдер Н. К. Указ. соч. Т. I. C. 214.

无法脱离的深渊所必需的一步。"① Л. Л. 别尼格森没有直接写出亚历山大的名字，但毋庸置疑，这里指的就是他。实际上，亚历山大一世不是谋反的真正领导者。毫无疑问，他知道谋反的存在。但是，在他与 Н. П. 帕宁谈话时，Н. П. 帕宁谨慎地向他表达，为了拯救国家必须剥夺他父亲的权力，他对这种想法不敢说是，也不敢说否。②

阴谋家们想要的是什么？他们只是想让保罗一世退位？还是从一开始就准备谋杀他？这些问题至今仍备受争议。只有一点不言而喻，亚历山大的立场让他们放开手脚。如一些同时代人所说的，"亚历山大同意，仅在他的父亲毫发无损的情况下，他才会即位"③，这已经不那么重要，有趣的是，他自己相信会有这样的结局吗？

1801 年 3 月 11 日，保罗一世被谋反者杀害，于是 23 岁的亚历山大登上俄国王位。在米哈伊洛夫城堡当值的 19 岁谢苗诺夫军团少尉 K. M. 波尔托拉茨基给亚历山大带来了他父亲死亡的消息。亚历山大当时"没有穿制服，坐在椅子上，身着紧身裤和白衬衫，白衬衫上挂有蓝色绶带。他一看到我，就面色惨白地站起来。我向他行军礼，第一个称呼他'皇帝陛下'。——'你说什

---

① 沙皇在 1801 年 3 月 11 日被暗杀。Репринтное воспроизведение издания 1907 г. M.，1990. C. 117.

② Об этом см. подробнее：Эйдельман Н. Я. Грань веков. Политическая борьба в России，Конец XVIII-начало XIX столетия. C. 184-340.

③ А. Ф. 兰热隆伯爵的札记记载了帕连伯爵的话语："为了真相我必须说，亚历山大大公要求我预先发誓不会谋害他父亲的性命，否则就不会同意；我向他做了保证。"（Лонжерон А. Ф. Из записок графа Ланжерона//Цареубийство 11 марта 1801 г. СПб.，1907. C. 135.）

么？你说什么，К. М. 波尔托拉茨基？'他结结巴巴地说"。这时，帕连和 Л. Л. 别尼格森进来，他们遣走了 К. М. 波尔托拉茨基，帕连"非常平静地和皇帝说了几句话"。亚历山大一世激动地回答，按 К. М. 波尔托拉茨基的表述，"带着悲伤的激动"："你们怎么敢这样？我从来都没有要求也没有允许你们这样做！"——接着他昏倒在地上。借助氯化铵的药效新皇才得以恢复了意识，于是，帕连跪着对新皇说："陛下，现在间不容发……4200 万人依赖着您的坚强。"十分钟后，新皇帝出现在保卫宫殿的近卫军面前，并说出了可以作为象征"亚历山大一世时代美好的开端"的话语："我的父亲因中风逝世，在我统治时，一切都会像我祖母统治时一样。"①

拉加尔普立即就圣彼得堡的悲剧性事件写了一封非同寻常的信，在信中他把保罗一世称作"亚历山大第一个也是最忠诚的朋友"。接着，他重复了那些他已经和学生分享过多次的想法："我不庆祝您现在成为 3600 万人民命运的主宰者，但是我和他们一起欢欣鼓舞，现在他们的福祉掌握在一个相信人权（拉加尔普重点强调的——作者注）不是空洞的幻想、国家元首是第一公仆的君主手中。"②

---

① Полторацкий К. М. История, рассказанная генералом Полторацким мадемуазель Хомутовой//Михайловский замок. Страницы биографии памятника в документах и литературе. М. , 2003. С. 197-198.

② Император Александр I и Фредерик Сезар Лагарп. Письма. Документы/Составление, вступительная статья и комментарии А. Ю. Андреева и Д. Тозато - Риго. Перевод с франц. яз. В. А. Мильчиной. М. : РОССПЭН, 2014. Т. 1. С. 378; ГА РФ. Ф. 728. Оп. 1. Д. 359. Ч. 1. Л. 94.

第三节　秘密委员会与斯佩兰斯基改革方案

亚历山大一世的最初举措受到了公众的热烈欢迎。这些举措证明了与前朝截然不同的统治，并且表明国内政策已明显转向自由化。1801 年 3 月 15 日法令大赦政治犯。"尤其希望缓和那些因秘密处的案件而被关押人员的悲惨状况……并命令我们的参政院立即将他们从目前的居住场所释放出来，允许他们回到他们想去的地方，取消对他们的监视。"① 秘密处在案的 700 人中有 536 人恢复了自由。4 月 2 日，秘密处被撤销，其所有案卷都被命令"交给国家档案馆永久封存"②。在被赦免的人中有 А. Н. 拉吉舍夫和 А. П. 叶尔莫洛夫等各类人。总的来说，根据同时代人所述，在保罗一世统治四年半期间蒙难的大约 1.2 万名军官和文官的权利得以恢复。

国家治理制度也发生了重大变化。1801 年 4 月，成立常设会议——未来国务会议的原型。根据亚历山大一世的设想，它由帝国最高官员组成，应成为讨论所有来自君主的立法倡议的机构。为了起草法律草案，成立了法律制定委员会。1802 年 9 月 8 日，废除旧的委员会，成立八个部。行政权力制度似乎变得更加有效，并符合时代的要求。在前一个统治时期充斥国家治理的混乱逐渐消失。

主要的改革还在前方。一个被称为"秘密委员会"，由皇帝最亲密的朋友组成的非官方机构秘密讨论这些改革。亚历山大一世登基后，立即将 А. 恰尔托雷斯基召回俄国。Н. Н. 诺沃西利采夫从

---

① Полное собрание законов Российской империи（далее-ПСЗ）. СПб.，1830. Т. 26. С. 584-585.

② Там же. Т. 38. С. 604.

英国返回，В. П. 科丘别伊重新出现在宫廷。他们与 П. А. 斯特罗加诺夫一起结成小组，定期在皇帝的房间里开会，他们彼此开玩笑地称这个小组为"救国委员会"。虽然革命中的法国与亚历山大一世统治下的俄国迥然不同，但在这里不能忽视这些改革者形象的自我认知，他们将自己与法国大革命时代的政府相提并论，哪怕是自嘲性的。然而，并非只有他们自己认为其与年轻的雅各宾派相似，秘密委员会活动的影响力也扩展至独居的皇太后玛丽娅·费多罗夫娜周围，他们把秘密委员会的成员称为"雅各宾匪帮"。① 圣彼得堡许多人仍然清楚地记得，秘密委员会成员之一 П. А. 斯特罗加诺夫在 1789 年欧洲旅行期间到过巴黎，在那里他目睹了革命事件。他和自己的导师一起拜访了雅各宾俱乐部和国民议会，之后，他以"公民奥切尔"之名加入"法律之友"俱乐部。叶卡捷琳娜二世的干预才迫使他在 1791 年返回俄国。

亚历山大一世和他的年轻朋友们起初真诚地相信，国家有可能迅速而轻松地进行改革。事实证明，情况要复杂得多。亚历山大一世面前一次又一次地出现一堵墙，正如后来的经验所表明的那样，只有对自己的支柱——高级官僚及其背后的大量官员和地主采用暴力，才能打破这堵墙。亚历山大一世还没有为暴力做好准备。在他看来，他前面还有足够的时间进行改革，不需要发动戏剧性的战争，只通过他坚定的行动就能推行改革。他需要做的只有与自己的志同道合者深入讨论局势并制订改革计划。秘密委员会应该做的就是这样的事情，根据皇帝的计划，它要为"国家管理无形大厦的改革"做准备。

---

① Федоров В. А. Александр I // Вопросы истории. 1990. № 1. С. 58.

　　秘密委员会的工作持续了四年半，但是在短时间里，其成员没能成功地制定任何一个具体的改革方案。这在很大程度上是因为，从一开始就没有确定总体工作计划。缺乏总体工作计划，秘密委员会很快就变成了一个讨论俱乐部。这在很大程度上也是由亚历山大一世本人造成的。在史学上被称为秘密委员会会议记录的 П. А. 斯特罗加诺夫的日记，让我们能够详细地研究"年轻朋友们"会面期间发生的事情。

　　甚至在例会开始之前，П. А. 斯特罗加诺夫就试图弄清楚，新皇帝想要的到底是什么。然而，他并没有得到一个清晰明确的答复。皇帝口中的想法缺乏确定性和系统性。П. А. 斯特罗加诺夫写道："必须让他再重复自己的观点，使之更为详细，更有条理。"亚历山大一世不能或不想更明确地表达，最后 П. А. 斯特罗加诺夫不得不代他为之。П. А. 斯特罗加诺夫不断解释说，他只能大致传达皇帝的观点，他将亚历山大一世的立场的实质概述如下。改革的根基应该是确定公民的权利，其中最重要的就是自由权和私有财产权。皇帝的权限应该受到法律的制约。新法律应该使国内形成这样的局面，即杜绝"随意"变更现行规定的可能性。所有改革的领导者只能是亚历山大一世本人，不能是其他人。最后，整个事件需要高度保密。① 工作的目标似乎已被拟定，尽管过于笼统，但足够明确。剩下的只是小事——实施拟定的目标。然而，这并没有发生。皇帝的"年轻朋友们"无法超越理论讨论的框架并提出具体建议。由于缺乏制定出来的改革方案，秘密委员会成员别无选择，只能随

---

　　①　Великий князь Николай Михайлович. Граф Павел Александрович Строганов（1774 – 1817）. Историческое исследование эпохи императора Александра I. СПб. , 1903. Т. 2. С. 8 и след.

意地讨论个别局部措施，1805 年外交问题使国家改革问题搁置之前，他们都是这样做的。

　　到 1804 年末，欧洲政治事件成为亚历山大一世的头等要事。拿破仑主宰世界的野心越来越明显。1804 年 5 月 18 日，法国元老院宣布拿破仑为皇帝。1804 年 12 月 2 日，他的加冕仪式举行。1804 年 12 月 6 日，亚历山大一世迈出了意义深远的根本性一步——与法国的宿敌英格兰签署第一项条约。这项条约意味着俄国开始转向拿破仑敌对阵营。1804 年 4 月 11 日，俄国与英格兰又签署了一项新条约，这意味着建立了第三次反拿破仑同盟，在这里俄国、英国与奥地利联合起来，后来普鲁士加入。

　　俄国加入同法国的战争已然不可避免。亚历山大一世在 1805 年秋天离开圣彼得堡前往战区。但是，他这种做法适得其反。1805 年 12 月 2 日，奥斯特里茨战役爆发，拥有 9.2 万名士兵的俄奥军队完败给拿破仑的 6.8 万人的军队。亚历山大一世在这里的过错是显而易见的。他毫不客气地干预俄军统帅 М.И. 库图佐夫的指令，迫使他放弃了他所选择的非常适合的阵地。目睹失败的 A. 恰尔托雷斯基在一年后向亚历山大一世提到当时的状况："在奥斯特里茨战役期间，您的参与没有带来任何好处，哪怕您亲自坐镇的部队，也迅速被击败，您自己，陛下，不得不匆匆逃离战场……有必要为将军说句公道话，还在早些时候，在悲剧之前，他们就感觉到，陛下您的存在对他们的行动造成很大的阻碍和复杂局面，因此不断恳求陛下：第一，离开军队；第二，不要让自己面临不必要的危险。"① 亚历山大一世吸取了这一惨痛的教训，再也没有试图扮演

---

① Мемуары князя А. Чарторыйского. Т. 2. М. , 1912. С. 113–114.

指挥官的角色。1807 年 6 月 2 日，在弗里德兰的再次失败迫使他同意与法国议和。

1807 年 6 月 13 日，亚历山大一世与拿破仑在涅曼河心的木筏上进行了历史性会晤。在接下来的两周内两位皇帝每天会面，面对面地讨论欧洲政治的各种问题。30 岁的亚历山大一世给 38 岁的拿破仑留下了良好的印象。后者给他妻子约瑟芬的信中写道："我刚刚与亚历山大皇帝会面，我对他极为满意！这是一个年轻的、非常善良而且英俊的皇帝，他比人们想象中要聪明得多。"① 出人意料，赢家和败者之间的外交决斗以亚历山大一世的胜利告终，俄国实现了它所渴望的一切。俄国并没有沦入同样战败的普鲁士和奥地利所处的那种境地，前者失去了重要领土，后者退居次要地位并面临拿破仑的新一轮打击。法国已经从一个危险的敌人转变为一个盟友，尽管是暂时的。俄国唯一的实质性损失是它加入了对英国的大陆封锁，这对国家经济产生了负面影响。"上帝拯救了我们，"亚历山大一世在蒂尔西特给妹妹叶卡捷琳娜·巴甫洛夫娜公主的信中写道，"我们不仅什么都没有牺牲，而且可以说，我们荣耀地走出了战争。"② 尽管在当时的社会舆论中，蒂尔西特会晤被视为俄国的失败，只是助长了反法情绪，但历史证明，亚历山大一世是一个比他同时代大多数人更有远见、更高明的政治家。如此，亚历山大一世赢得了他对拿破仑的第一次胜利。后来，已经在圣赫勒拿岛流亡的拿破仑抱怨亚历山大一世的虚伪。他甘心承认，他被"愚弄"了，亚历山大一世"精明、虚伪、工于心计"，但他不得不承认俄国皇

---

① Цит. по: Сахаров А. Н. Александр I. М.: Наука, 1998. С. 218.
② ГА РФ. Ф. 728. Оп. 1. Д. 784. Л. 32.

帝的能力。拿破仑说："如果我死在这里，他将是我在欧洲真正的继承者，当他率领他的鞑靼大军出现时，只有我能够阻止他。"①

翌年，两位皇帝在埃尔福特举行的新会晤，进一步巩固了亚历山大一世的地位。拿破仑同意将芬兰、摩尔达维亚和瓦拉几亚并入俄国。俄国为其盟友普鲁士向法国争取，使普鲁士战败赔款数目减少。为亚历山大一世着迷的拿破仑甚至酝酿与俄国皇帝的妹妹叶卡捷琳娜·巴甫洛夫娜结婚的计划。但是他却被拒绝了。一年后，他又提出要娶亚历山大的另一个妹妹安娜·巴甫洛夫娜，但是等待他的依然是失败。亚历山大一世更有远见，他不想用与自己未来对手的姻亲关系束缚自己。

欧洲几年的和平局势，使亚历山大一世得以回到自己家里进行改革。现在 M. M. 斯佩兰斯基成为皇帝在这个舞台上最亲密的同事，他是俄国几个世纪历史上最杰出的政治家之一。神职人员出身的 M. M. 斯佩兰斯基凭借自身出类拔萃的能力而飞黄腾达，到1808 年末，他成为皇帝在俄国改革事业中最亲密的顾问。皇帝委托他制定将在很大程度上改变国家制度的改革草案。1812 年，在他突然被贬谪流放到彼尔姆之后，他给亚历山大一世写信："1808 年末，在负责管理各种局部事务之后，沙皇陛下开始让我关注最高管理层问题，让我了解陛下的思想方式，让我看陛下以前收到的各种奏章，陛下经常整夜与我一起阅读各种相关文献。通过与陛下无数次的探讨、思考，我们终于形成了一个整体的方案。国家全面改革的方案由此产生。"② M. M. 斯佩兰斯基创作的著名的《国家法典

---

①　Валлоттон А. Александр I. М.：Прогресс，1991. C. 97.

②　Шильдер Н. К. Указ. соч. СПб.，1897. Т. Ⅲ. C. 517.

导言》，完全可以被认为是两位作者——М. М. 斯佩兰斯基本人和他的庇护者皇帝的作品。如果作品中阐述的激进改革得以实施，则意味着俄国在向君主立宪制国家转化道路上迈出了决定性的一步。

М. М. 斯佩兰斯基的方案的摘录于 1847 年就被 Н. И. 屠格涅夫发表在他的著名作品《俄罗斯和俄罗斯人》① 中，该方案的草稿于 19 世纪末 20 世纪初出版。而《国家法典导言》的最终版本在苏联时代才被发现。1961 年它被发表在 С. Н. 瓦尔克编辑的《М. М. 斯佩兰斯基方案和奏章集》中。②

1810~1811 年进行的所有的国家治理改革显著改变了国家机构体系，对这些改革不能脱离改革的总体规划来理解。

М. М. 斯佩兰斯基在《国家法典导言》中专门用一章来阐明进行根本改革的必要性，这章的标题为"论国家法典的意义"。М. М. 斯佩兰斯基阐述了促使当权者走上改革之路的原因，这有力地表明，当时的亚历山大一世已经深刻地意识到了改革的必要性。М. М. 斯佩兰斯基研究了世界历史，尤其是欧洲历史，试图从中寻找促使管理形式发生变化的规律性，并得出结论："时代是首要的基础，是导致所有政治更新的源泉。"他写道："与时代精神不相适应的任何政府，在时代精神的强大影响面前都会无法站稳脚跟。"在 М. М. 斯佩兰斯基看来，欧洲政治生活发展的进程，就是"从封建管理向共和管理的转变"，没有人能抵挡得住这个不可逆转的进程。他肯定地指出："专制制度保住自己权力的任何努力都是徒

① См. современное издание: Тургенев Н. И. Россия и русские. М.: ОГИ, 2001. С. 588–589，597–605.

② Сперанский М. М. Проекты и записки. М.，Л.: Издательство Академии наук СССР，1961. С. 143–221.

劳无功的，抗拒时代的精神只能引发激情，爆发冲突，却不能阻挡这种转变。"

M.M. 斯佩兰斯基继续写道："我们国家的历史正向我们呈现出一系列相同的事件。"在他看来，俄国走着与西欧同样的道路。令人惊异的是，M.M. 斯佩兰斯基是如此深刻并且正确地评价了当时的局势，体会到了俄国和欧洲历史命运的共性，他明白，俄国没有其他的发展道路。对他和皇帝来说，毫无疑问，必须及时进行根本改革。M.M. 斯佩兰斯基分析了国家现状，指出人民对专制权力态度的变化，专制权力的威信明显下降，显然不能只"通过局部的修复"来应对，他直接表示，当前是"普遍的不满"，人们"强烈渴望另一种事物秩序"，并得出明确的结论："……现行的管理制度已经不再适应现在的社会精神，是时候去改变它了，应建立一种新的事物秩序。"这种新的事物秩序，其实不是别的，就是用宪法制约专制，即转行君主立宪制。

《国家法典导言》中规定了三权分立原则。立法权集中在一个新的机构——国家杜马，行政权移交给各部，司法权转交给参政院。《国家法典导言》中指出："如果一种专制权力既制定法律又执行法律，那么就不可能实现法治管理。"M.M. 斯佩兰斯基提出明确划定各领域权力的范围："第一，立法组织的设置，要使其在履行自己的职责时不能脱离专制权力，但要让其保持思想的自由，反映人民的思想。第二，司法组织的设置，要使其存在取决于自由选举，只是对司法形式的监督权力和维护普遍安全的权力属于政府。第三，所有的行政权力应完全委托给政府，但是，因为行政权力可能在执行法律的名义下通过自己的指令对法律进行歪曲，甚至完全将法律化为虚无，所以应该使行政权力受制于立法权力。"

国家杜马应该成为限制君主权力的民选机构："任何法律如果不是由立法机构制定则不能生效。" M. M. 斯佩兰斯基在另一个奏章——《国家组织概述》中更为明确地说明了这一原则："没有国家杜马的尊重（即批准——作者注），任何新法律都不能被颁布。新税种和赋役的设立要由国家杜马批准。被国家杜马批准的法律再被提交给皇帝御批。不经过大多数人投票同意的法律是无效的。"不经国家杜马通过，皇帝只能做出有关战争与和平的决定。国家杜马每年9月召开。国家杜马开会的时间长短由提交到国家杜马的事务数量决定。皇帝所拥有的权限只能令国家杜马延期召开一年，以及将所有国家杜马成员解职，指定新的选举，但他无权停止国家杜马的活动。除了国家杜马之外，还设想建立完整的杜马选举体系——从乡杜马到区杜马再到省杜马。

公民权利和政治权利的概念，在西方已经耳熟能详，但对俄国人来说是全新的，它们被引入俄国的国家政治生活中。M. M. 斯佩兰斯基设想通过选举制实现它们。他建议将俄罗斯帝国公民分为三类：贵族、中等阶层和劳动人民。其中，劳动人民包括"地主农民、手工业者以及手工业者的工人和家仆"。

国家所有居民，包括农奴，都拥有确定的公民权利。只有前两类居民享有政治权利，即可以参加国家管理的权利。只是拥有不动产的人有权参与诉讼程序、立法活动，监督行政权力正确执法。毫无疑问，实现《国家法典导言》中所宣布的权力机制，只是接下来起草《国家法典》文本本身的工作中予以关注的对象。但在这里指出它们是很有意义的。同样，在这里指出资产阶级法律的最重要的原则之一，即任何人都不能未经司法审判就受到惩罚，也具有重要的意义。

按照设想，参政院也成为一个选举机构，保留它最高司法机构的地位。参政院的判决被认为是终审判决。最高政权所保留的权力只是监督在全国范围内遵守统一的司法形式。

行政权力被完全移交给各部以及省级和区政府机构。各大臣的活动受杜马的监督。因此，在 M. M. 斯佩兰斯基与亚历山大一世制定的方案中，实现了行政权对立法权负责的原则。M. M. 斯佩兰斯基认为，1802 年部体制改革的主要"弊端"恰恰在于"责任不明"，活动权限界定不清，对部本身的组织秩序缺乏明确规定。

新国家组织体系的顶端应该是国务会议。国务会议，一方面将成为皇帝与各权力分支之间的联系环节，另一方面它相当于上议院，在这里对最重要的国家事务进行初步讨论。按照计划，国务会议的成员将由皇帝任命。

改革的总体规划就是如此。其本质在于试图从法律上确定专制权力的界限。虽然皇帝手中仍保留了管理国家的全部权力（"在俄国所有行政权应该归属专制政权"），他还拥有特殊的立法倡议权（"立法的倡议权应该只归属政府"），并且没有他的批准，不能颁布任何法律，但是他的权力明显受到代表机构——选举产生的杜马的限制。没有杜马，皇帝一条法律也不能颁布。除此之外，皇帝无权参与司法程序。他只保留监督法院严格遵守现行法律的权力（"最高权力在法院的影响应该仅限于监督和维护司法程序"）。

让我们再次回顾一下，M. M. 斯佩兰斯基的《国家法典导言》是在与亚历山大一世长期讨论改革计划（"无数次的探讨、思考"）的基础上撰写的，因此，有充分的理由认为这份文件是他们共同创作的成果。《国家法典导言》的文本不仅获得了皇帝的许可，而且被他认为是准备实施的，可间接证明这一点的是，M. M. 斯佩兰斯基还编撰了一份奏章《对改革的总体考虑以及改革的时间分配》。其中包含逐步实施所设想的改革计划。毫无疑问，循序渐进的改革思想是皇帝向 M. M. 斯佩兰斯基授意的。奏章中指出："在从目前的规章转向实行新的规章之时，应该这样进行，使这种转向看起来是相当简单的、最为自然的，新的规章似乎是在旧的规章之上形成的，这种转向似乎不会改变任何东西，永远有方法完全保留和维护以前的秩序，如果万一事与愿违，那么新的事物将面临某些不可逾越的障碍。"① 很显然，M. M. 斯佩兰斯基准确地预见到了而且后来被证实的事实，大多数的保守贵族对任何创新都顽固抵制，更不用说试图改变在他们看来不可动摇的俄罗斯国家存在的基础了。这就是为什么初期国家权力制度改革不应该暴露整体设想。

M. M. 斯佩兰斯基建议改革应从改革国务会议入手，国务会议在 1802 年成立，但在众所周知的事件发生后，即其成员不支持亚历山大一世提出的关于农奴制的措施，实际上已经不发挥作用。为此他建议必须以研究民法典与国家财政状况为借口（"有两个借口可以使这场改革看起来是非常自然的"）对其加以改革。M. M. 斯佩兰斯基计划改革后的国务会议开始工作的时间为 1810 年 1 月 1日，并且到 1809 年 12 月 15 日之前，应该制定出"这个机构的组织法，使它们看起来似乎自然地成为国家法典的一部分"。在这个期限之前，应该拟定"这个机构的成立仪式和开幕形式"。国务会议一旦开始工作，应该先讨论新的《民法典》和"财政计划"，财政计划应该在 1810 年 1 月底被通过，并以"诏书的形式完成"。

根据 M. M. 斯佩兰斯基的看法，国务会议在继续讨论《民法

---

① Сперанский М. М. Указ. соч. С. 233.

典》的同时，应该讨论"行政机构的体系"，并在 1810 年 5 月 1 日前完成这项工作。在 1810 年 5~9 月，国务会议将讨论"司法机构改革"，并通过《民法典》。M. M. 斯佩兰斯基进一步写道，在四个月之内，国家法典不仅要被编写出来，而且要在各地，无论是在国内，还是在国外（如果认为有必要的话），完成对它的全部内容的讨论。因此，从 1810 年 5 月 1 日起，"可以开始制订法典实施的最初原则"（这里自然指的是部体制改革）。

为了讨论并实施《民法典》，M. M. 斯佩兰斯基提议颁布诏书，在 1810 年 8 月 15 日前"从各等级之中"选举代表。他提议将代表大会称为国家杜马，并于 9 月 1 日召开杜马会议。他写道："同时，应该以适合的方式观察和培养代表们的情绪。如果未遇到某些难以逾越的障碍，那么，上帝保佑，就提出《国家法典》。"在宪法（《国家法典》）通过之后，国家杜马应该批准司法改革和参政院新章程。M. M. 斯佩兰斯基的结语是："如果上帝保佑这些创举，那么到 1811 年，本王朝统治的第十年年底，俄国将成为一个全新的存在，完成各个领域的全面革新。"①

随后发生的事情，似乎意味着俄国开始实施 M. M. 斯佩兰斯基提出的行动规划。1810 年 1 月 1 日，如计划设想，宣布改组后的国务会议开始工作，并召开了它的第一次会议。M. M. 斯佩兰斯基起草了在新的原则下改革国务会议的诏书和规定其活动的专门文件——《国务会议章程》。他还撰写了亚历山大一世在召开第一次会议时的演讲稿。诏书中指出，国务会议要讨论的问题，是《民法典》方案和即将启动的部体制改革，以及研究国家收入和支出

---

① Сперанский М. М. Указ. соч. С. 231-237.

状况。

正如 M. M. 斯佩兰斯基所建议的那样，诏书中完全没有提及国务会议应该承担的巨大任务，尽管指出，除其他事项外，它应该起草《民法典》。改组后的国务会议成为由皇帝任命的国家最高官员组成的立法咨议机构。文件中明确规定了改革后的国务会议的任务及其权限："在国家机构体系中，国务会议是这样一个组织，所有管理部门在这里讨论它们主要的立法文件，通过这里呈递给最高统治者沙皇。"① 国务会议被剥夺了立法倡议权。其中讨论的所有法律在得到皇帝批准后才生效，并以皇帝的名义颁布，尽管也规定，所有"法律、章程和条例"在被最高权力通过之前都必须在国务会议上讨论。规定颁布新法律时应指明，皇帝"听取国务会议的意见"通过这些法律，这就强调了国务会议的重要性。

然而，事情接下来的发展轨迹与 M. M. 斯佩兰斯基所计划的完全不同。首先，国务会议没有对《民法典》进行任何讨论，直到亚历山大一世统治结束，从未进行过这样的讨论。在档案中也没有发现对有关《民法典》文本工作过的痕迹。

发生这种情况的隐秘原因至今还没有被解释清楚。但有一点显而易见——这是皇帝的意愿。亚历山大一世再次谨慎行事，在有影响力的大多数反对改革者的对抗面前退缩了。亚历山大一世统治时期最反动的活动家之一 Д. П. 鲁尼奇的话鲜明地表达出守旧者的情绪和恐惧："鼠目寸光的人都能看出来，很快随之而来的是一种新秩序，会完全颠覆现行体系。对这一切已经可以开始公开讨论，尚不清楚其中蕴藏着什么样的危险。但是拥有农奴的富有地主一想到

---

① ПСЗ-I. Т. 31. No 24064. С. 4.

宪法将要取消农奴制，贵族要向平民让步，就会气愤得丧失理智。当时上流社会对此可谓怨声载道。"①

Н. М. 卡拉姆津是俄国社会保守（如果说不是反动）团体情绪的代言人。Н. М. 卡拉姆津是亚历山大一世同时代最有文化、最具智慧的人之一，他持保守观点，是 М. М. 斯佩兰斯基的政敌。作为一个深具诚信和独立精神的人，他非常清楚俄国所处的不幸状况。Н. М. 卡拉姆津在1811年给亚历山大一世的奏章《论古代和近代俄国政治和公民关系札记》中写道："到处在掠夺，可谁受到惩罚呢？人们期待着派参政员去调查告密、罪证，可收效甚微！告密的都是骗子，诚实的人在忍耐和沉默，因为他们热爱安宁。揭穿手法高超的小偷——法官并非易事，特别是在我们这种受贿者和行贿者将受到同样惩罚的法律之下。这些掠夺者为千夫所指，却官阶、绶带等级节节攀升，人们期待着有朝一日有人对他们上诉。这些不称职的官员，依赖圣彼得堡那些与他们一丘之貉的靠山的庇护，目无法纪，丧失廉耻，对名声不屑一顾，他们也早已名誉扫地。以前一无所有的人，在两三年内，可以积累起数十万家财，买下数个村庄！"②

所计划的根本改革被简化为行政改革——部体制改革，确定国务会议在国家管理机构系统中的地位，将其职能与参政院分离。然而，这些局部的举措无法从根本上改变现状。与此同时，"十二年风暴"在迅速逼近。俄国与法国的关系急剧恶化，战争已然不可避免。卫国战争中的事件众所周知，并且不止一次成为详细历史分析

---

① Рунич Д. П. Записки // Русская старина. 1901. № 2. С. 355–356.
② Карамзин Н. М. Записка о древней и новой России. СПб. , 1914. С. 121.

的主题。我们在这里只指出两个似乎能使亚历山大一世的形象更具鲜明特点的例子。

在战胜拿破仑的过程中，亚历山大一世决定不干预军事行动，甚至不出现在军事行动的舞台上，起到了重要作用。这对于他来说并不是一个很轻松的决定，这个决定也证明了他对自己指挥能力的正确评估。历史上也有其他的例子。一个世纪后，尼古拉二世仍没能禁受住在艰难时期领导军队的诱惑。众所周知，他自己承担最高指挥的致命决定导致了什么结局。俄国军队的失败被直接归咎于他自己，皇帝的权威直线下降，当首都爆发动乱时，沙皇无法从统帅部所在的莫吉廖夫返回首都，事件以皇帝退位和俄国君主制的倾覆而告终。当然，历史上所有的相似事件都是相对的。但是，亚历山大一世放弃俄国军队指挥权，并将对抗拿破仑的领导权交给 М. И. 库图佐夫这一事实无疑成为战争胜利的决定性因素之一。

还有一件众所周知的事，不管在战争的最初几个月里遇到什么样的挫折，但亚历山大一世坚定不移地相信会取得最终的胜利。然而，人们很少注意到，他是如何优雅而精致地展示他的信念的。这里我只举一个例子。米肖上校向亚历山大一世报告放弃莫斯科的消息时，亚历山大一世注意到，米肖是以多么"悲伤"的心情执行 М. И. 库图佐夫的命令的，于是皇帝在给总司令的专门敕令中请求，在有"第一个好消息"时一定还派"这位值得尊敬的军官"来通知他，而在这位军官回到军队时一定会有这样的好消息。①

战争结束了。拿破仑被推翻并被流放。亚历山大一世骑着白马，在他胜利的军队的簇拥下，庄严地进入了战败的巴黎。他——

---

① ГАРФ, Ф. 679. Оп. 1. Д. 7. Л. 7.

是使欧洲摆脱暴君的枷锁的解放者。他不只是受到巴黎人民的热烈欢迎，所有欧洲国家的人民一起热烈欢迎他。战后世界秩序重建很大程度上取决于他的决定。根据他的意愿，宪法被颁布，王位被归还。"人们为了赋予他什么样的称号而议论纷纷，" B. Ю. 克柳德涅尔男爵夫人的女儿在日记中写道，"有人提出称他为'伟大的人''慷慨的人''欧洲人'，最终大家达成共识：称他为'最美好的人'。"① 似乎，在国内实施计划已久的改革，现在已经没有阻碍了。

　　然而，让我们暂时离开沐浴在荣耀的光芒中的亚历山大一世，他在维也纳会议上决定当时世界各国和其统治者的命运，忙于处理欧洲问题，不急于返回俄国。让我们看看 1812 年卫国战争和海外远征事件是如何影响俄国社会的，当然不是整个社会，而只是其中的一小部分——未来的十二月党人。

---

① Там же. Ф. 967. Оп. 1. Д. 9. Л. 1 об.

第二章
革命面纱之下：十二月党人首个秘密社团

第一节　救国协会创始人供词与回忆录之一

出现在所有历史教科书上的经典名句"我们是 1812 年的产儿"无人不晓。① 这句话出自"最后的十二月党人"马特维·伊万诺维奇·穆拉维约夫-阿波斯托尔（以下简称"М. И. 穆拉维约夫-阿波斯托尔"，逝于 1886 年），他是被绞死的谢尔盖·伊万诺维奇·穆拉维约夫-阿波斯托尔（以下简称"С. И. 穆拉维约夫-阿波斯托尔"）的亲兄弟。这句话清晰地反映出，人们认识到 1812 年卫国战争在塑造俄国社会先进分子的世界观方面所起到的决定性作用。年轻的军官们是拿破仑的战胜者，使欧洲摆脱"暴君"（当时对法国皇帝的称呼）统治的解放者，他们充满了爱国情怀，为祖国身上打着"奴隶制桎梏的烙印"（А. С. 霍米亚科夫之语）

---

① Якушкин В. Матвей Иванович Муравьев-Апостол//Русская старина. 1886. № 7. С. 159.

感到耻辱。1826 年，被囚禁在彼得保罗要塞的 A. A. 别斯图热夫回忆说："还有一场战争在继续，当战士们回到了家乡，他们会最先在人民中发出抱怨的声音，他们会说：'我们抛洒了热血，现在又要迫使我们服徭役流淌汗水。我们使国家摆脱了暴君，现在老爷们又对我们施加暴政。'"① 十二月党人伊万·德米特里耶维奇·И. Д. 雅库什金（以下简称"И. Д. 雅库什金"）在其精彩的回忆录中提到了从欧洲返回俄国后参战青年在圣彼得堡"令人窒息的"处境。年轻军官参加了反拿破仑战争，这种"令人窒息的"的处境与他们对改变世界历史进程事件的那种参与感形成强烈对比。"在两年的时间内，我们不仅目睹了许多决定人民命运的重大事件，也以某种方式参与了这些事件，"И. Д. 雅库什金回忆道，"可如今，却要忍无可忍地看着圣彼得堡空洞的生活，听着那些炫耀一切腐朽陈旧事物、谴责任何前进运动的老者的喋喋不休。我们领先他们一百年。"② 这些话里蕴含着对陈旧的过去的无尽蔑视以及对未来变革的强烈预感。十二月党人谢尔盖·彼得罗维奇·特鲁别茨柯依（以下简称"С. П. 特鲁别茨柯依"）的话充满了真正的、朴实的爱国主义，对祖国的自豪感："拿破仑在 1812 年对俄国的进攻激起了俄国人对祖国的无限热爱；这场战争圆满结束，先皇亚历山大·巴甫洛维奇获得的无与伦比的荣耀，俄国武器上泛起的辉煌，使所有俄国人都为自己的名字感到骄傲，使每个有幸立下战

---

① 　Из писем и показаний декабристов/Под ред. А. К. Бороздина. СПб., 1906. С. 35-36.

② 　Якушкин И. Д. Мемуары. Статьи. Документы//Серия «Полярная звезда». Документы и материалы/Издание подготовлено В. И. Порохом и И. В. Порохом. Иркутск: Восточно-Сибирское книжное издательство, 1993. С. 79.

功的人都相信，他们中的每个人都为自己的祖国建功立业。"① 正是他们对祖国的热爱，对秉承"时代精神"改革俄国的渴望，促使年轻的爱国者们努力改变俄国生活的基础。对拿破仑的胜利在他们心中灌输了这样的信念：俄国值得有更好的命运，而不是处于不受约束的独裁统治下，大部分人口饱受奴役地生活。

西欧与俄国现实生活的对比，强烈地触动了年轻军官的思想。M. A. 冯维津的回忆录中的以下话语表达了这种思想："在远赴德国和法国的征程中，我们的年轻人熟悉了欧洲文明，这令他们心生向往，他们会把在国外看到的一切，与在国内遇到的一切进行对比：大多数俄国人处于无权的奴隶状态，上级对下级的粗暴态度，各种滥用权力的现象，到处笼罩着专断独裁——所有这一切使有文化的俄国人忍无可忍、怒不可遏，他们的爱国情感喷薄而出。"②

对迫切问题的讨论成为圣彼得堡的客厅和军官会议的日常主题。在"亚历山大一世时代美好的开端"的日子里，"公众似乎整体上觉醒了，甚至女士们也开始参与司法辩论，讨论法律，热衷于宪法"③，这种情况在战后继续存在。离开几年后回到俄国的 Ф. B. 布尔加林惊讶地注意到了这一点："每个人都在参与政治，他们畅所欲言，他们谈论宪法，谈论俄国特有的治理方式，等等。我在

---

① Восстание декабристов. Материалы. М., Л.：Государственное издательство, 1925. Т. I. С. 23.

② Фонвизин М. А. Обозрение проявлений политической жизни в России// Фонвизин М. А. Сочинения и письма//Серия «Полярная звезда». Документы и материалы / Из дание подготовлено С. В. Житомирской и С. В. Мироненко. Иркутск：Восточно - Сибирское книжное издательство, 1982. Т. 2. С. 182.

③ Долгорукий И. М. Записки//Русский библиофил. 1916. № 4. С. 68.

1809 年离开俄国时，完全不是这种状况。以前从来没有注意过政治的年轻人，怎么会突然成为煽动者呢？我清楚地看到，俄国军队进驻法国，以及盟国对法国的宣言，其中充满把自由还给人民、给予人民宪法的承诺，使人们的思想发生了这种转变。"[1] M. A. 冯维津也写道："在俄国，从来没有过像在亚历山大时期，特别是在法国战争之后这样的思想表达自由。"[2]

人们自然而然地会产生疑问：为什么在完全的思想表达自由之下还要成立秘密社团呢？难道就不能创设某种合法的组织吗，尤其是皇帝似乎已经明确宣称了他改革俄国的意图。但问题就在于，在当时的俄国，现役军官没有任何公开的可能性来建立任何具有政治目标和任务的协会。因此，年轻的爱国者不得不以秘密社团的方式行事。亚历山大一世甚至无法想象社会对国家政治生活的任何参与。И. Д. 雅库什金回忆说，皇帝对近卫军中成立的任何协会，甚至是最无恶意的友好协会都持某种怀疑态度，例如，他下令解散谢苗诺夫军团中并无恶意的军官团体。[3]

顺便指出，我们不应忘记，这个时代被正确地称为"秘密社团的时代"[4]。当时共济会分会及其秘密会议和活动普遍传播。在意大利有烧炭党人的秘密社团，在希腊有为国家独立而斗争的秘密社团，等等。

救国协会是这些秘密社团之一，它于 1816 年初成立，奠定了

---

[1]　Цит. по: Бокова В. М. Эпоха тайных обществ. Русские общественные объединения первой трети XIX в. М. : Реалии-пресс, 2003. C. 15.

[2]　Фонвизин М. А. Указ. соч. C. 185.

[3]　Якушкин И. Д. Указ. соч. C. 79.

[4]　Бокова В. М. Указ. соч.

俄国解放运动的开端。创建秘密社团的想法源于近卫军团参谋部的亚历山大·尼古拉耶维奇·穆拉维约夫（以下简称"А. Н. 穆拉维约夫"）上校。А. Н. 穆拉维约夫与近卫军团参谋部军官尼基塔·米哈伊洛维奇·穆拉维约夫（以下简称"Н. М. 穆拉维约夫"）以及参谋部中尉 С. П. 特鲁别茨柯依分享了这个想法，前者是他的亲戚，从小一起长大的密友，后者也是他的老相识，一起参加 1812 年卫国战争、海外战役的战友。在讨论了这个想法之后，朋友们决定再邀请 А. Н. 穆拉维约夫三个相熟的亲戚加入社团，他们是：谢苗诺夫近卫军团军官 М. И. 穆拉维约夫-阿波斯托尔和 С. И. 穆拉维约夫-阿波斯托尔兄弟，以及同一团的 И. Д. 雅库什金少尉。由此首个十二月党人秘密社团开始形成。①

很少有文件能告诉我们这个秘密协会是什么。协会章程没有被保存下来，也没有关于协会成员会面时讨论内容的记录。我们也没有发现协会成员关于协会事务的来往书信。因此，研究人员在复原救国协会以及其他十二月党人秘密社团的历史时，基本使用的只是较晚期的资料，如审讯中的供词和回忆录。批判性地审视这两类资料，我们不能不承认，由于它们来源的性质，它们是具有高度主观性的。但是别无他法，除了极少数例外，只有通过它们才有可能尝试复原救国协会的历史，以及随后十二月党人秘密社团的历史。

这两类材料中哪一类应该被优先考虑，他们的作者在哪类材料中的说法会更真实和准确？乍一看，回忆录的优势更为明显。在审讯期间，受审者的主要目的，是隐瞒一切可能损害他们在政府眼中

---

① Нечкина М. В. Указ. соч. Т. I. С. 142.

荣誉的事情。对比十二月党人的回忆录和他们在受审期间的供词，应该优先考虑的正是回忆录，这似乎是无可争议的。毕竟，回忆录的写作通常是为了让作者的子孙，以及所有其他人与他们一起，了解他们先辈的生活和活动的真相。当然，事情过去了几十年，回忆录作者在叙述过往事件时比受审期间更为自由。但回忆录中的记载也不是最终的真相。其作者的主观性是显而易见的。而且人类的记忆是不完美的：多年过后，除了人的主观意志外，遥远的过去的事件有时会呈现与事实完全不同的轮廓。似乎没有必要谈论回忆录作者的主观倾向，他们有时是不知不觉地美化现实，对一些东西避而不谈，或者反之，对一些东西言过其实。因此，只有对现存资料的综合研究才能帮助研究者更接近真相。

救国协会历史的事实方面已经被研究得很详尽。但问题是：历史学中现有的对这个秘密社团的评价有多准确？它是否如 H. M. 德鲁日宁院士在 1929 年所写的那样，是"一个严格意义上的秘密战斗组织"①，还是如 M. B. 涅奇金娜所定义的那样，是"俄国第一个革命组织"②？或者救国协会根本就是其他的组织？

有几种方法可以回答这一系列问题，但在我看来，只有其中一种方法可以通向真相。我们必须依次将十二月党人自己在接受审讯期间关于救国协会的一切说法与他们在回忆录中所写的有关内容进行对比。我们下面就这样来做。

---

① Дружинин Н. М. К. истории идейных исканий П. И. Пестеля//Дружинин Н. М. Революционное движение в России в XIX в. М.: Наука, 1985. С. 321. Впервые работа была опубликована под названием «Масонские знаки П. И. Пестеля» в 1929 г. Эта часть работы в 1829 г. с 《П. И. Пестеля гоу共济会特征》 为名首次出版。

② Нечкина М. В. Указ. соч. Т. I. С. 150, 152 и др.

十二月党人被捕后，对他们的初审工作由御前将官 B. B. 列瓦绍夫进行，救国协会的发起人 A. H. 穆拉维约夫在回答他的问题时供称："在 1816 年或 1817 年，我是秘密社团的创始人之一。我的同伙是 H. M. 穆拉维约夫、C. П. 特鲁别茨柯依公爵、И. Д. 雅库什金、C. И. 穆拉维约夫-阿波斯托尔、П. И. 佩斯捷利，还有许多其他我不记得的人。1817 年或 1818 年初，社团完全建立，并拟定了章程。社团的宗旨是为国家立宪做准备。实现宗旨的手段是传播启蒙、美德和扩大成员数量。"[1] 这份简短的供词令人难以置信地概括了我们所知道的关于十二月党人首个秘密社团的基本情况。也许，A. H. 穆拉维约夫只能因为一件事受到指责，那就是他没有提到凝聚秘密社团创始人的最重要的思想不仅有宪法，还有对农奴制的憎恨，以及应该一劳永逸地摧毁奴隶制枷锁的坚定信念。然而，"为国家立宪做准备"这一宽泛的表述也可能包括为解放农民而进行斗争。

在同一份供词中，A. H. 穆拉维约夫讲述了救国协会历史上的另一个事件，其已经出现在十二月党人运动的历史中，在侦讯委员会的笔下被随意地称为 1817 年"莫斯科密谋"。这种称法后来在历史学中被确定下来，尽管事实上，从对这一事件参与者的供词和回忆录的进一步分析中可以看出，并不存在任何真正意义上的密谋。一些秘密社团的成员聚集在 A. H. 穆拉维约夫在哈莫夫尼切斯基兵营的房间（这所房子今天仍然存在，矗立在莫斯科共青团大街的街

---

① Восстание декабристов. Материалы. М., Л., 1927. Т. Ⅲ. С. 6.

头）里，因有关祖国命运的争论而激动，产生了弑君的想法。① 这种想法快速地出现，又立刻被否定，只是在几年后又重新被提起。

事情的经过是这样的。据 A. H. 穆拉维约夫说，他从圣彼得堡得到消息，据说皇帝打算把波兰被瓜分后成为俄罗斯帝国领土的省份重新并入波兰王国，他认为这是对他们民族尊严的侮辱，秘密协会的几名成员一怒之下提议以背叛俄国利益的罪名杀死皇帝。A. H. 穆拉维约夫告诉正在记录十二月党人供词的御前将官 B. B. 列瓦绍夫："1817 年，一些社团成员听说要把波兰各省重新并入波兰王国的情况下，在我那里集会，他们在寻找阻止祖国出现这种分裂的方法，在无计可施的情况下，就想到了刺杀君主。И. Д. 雅库什金主动要求执行。事情怎样中断的，我不记得了。"②

在 A. H. 穆拉维约夫的这一口供之后，侦讯委员会开始了查明十二月党人弑君计划的漫长工作，这几乎构成了其工作的主要对象。③ 在侦查人员看来，对刺杀皇帝意图的坦白是确定每个受审者罪行程度的关键。侦查人员不遗余力地详细查明所谓的 1817 年"莫斯科密谋"的所有细节，确定谁参与了这一密谋又是如何表现的。应该指出的是，苏联历史学家特别关注这一事件，在他们看来，这为将救国协会成员归为真正的革命者提供了充分的依据。

---

① См. об этом специальную статью: Артамонов Д. С. Из истории «московского заговора» 1817 года//Освободительное движение в России. Саратов, 2006. Вып. 21. С. 55–67.

② Артамонов Д. С. Указ. соч. С. 55–67.

③ Подробнее см. об этом: Эдельман О. В. Следствие по делу декабристов. М.: Колеров, 2010. A. H. 穆拉维约夫于 1826 年 1 月 8 日被捕，并于 1 月 13 日被送到圣彼得堡主要禁闭室。次日他被移至彼得保罗要塞并在那里受到 B. B. 列瓦绍夫的审讯。

А. Н. 穆拉维约夫后来在回答侦讯委员会的问题时，进一步说明了他在第一次受审时所说的话。他说，这个秘密社团"只持续了很短的时间"，而且"没有采取任何行动"，并且它被"彻底解散"。他比较了十二月党人最初的两个秘密社团——救国协会和幸福协会，指出前者中存在几个"等级"，在这些等级中"逐步培养新加入者；而最高等级者才能知晓社团最隐秘的目标，正如上述，即为立宪做准备"。

А. Н. 穆拉维约夫和他的许多同志一样，不认为十二月党人最初两个秘密社团之间存在根本区别。在他的认知中，一个秘密社团只存在了很短的时间，然后平稳地转化为另一个秘密社团，并与之融合为一个整体。这就是为什么在他的供词中，有时很难领会他说的是哪个社团。例如，当侦讯委员会要求说明秘密社团想用什么手段来"拉拢军队并进行革命，以及在这种情况下计划"对统治王朝成员采取什么措施时，А. Н. 穆拉维约夫回答说，社团"只想增加成员的数量，传播美德和启蒙思想"。并进一步补充说，秘密社团"不打算进行任何行动，也没有想过要拉拢军队，或进行革命，以及绝对没有想过要反对至尊沙皇家族的神圣人物"①。很明显，这些论断同样适用于救国协会和幸福协会。

А. Н. 穆拉维约夫上述供词的最后一席话可能会引发一些困惑——那么谋杀皇帝的计划呢？这不是与他关于秘密社团完全合法与和平的行动方式的供词有矛盾吗？但这种矛盾是表面上的。А. Н. 穆拉维约夫将年轻军官们一时迸发的愤怒与协会通过刺杀亚历山大一世实现目标的意图清楚地区分开来。人们可能会怀疑这位

---

① Эдельман О. В. Указ. соч. С. 18–19.

十二月党人的不真诚，怀疑他力图在受审时隐瞒一些可能对他今后命运产生不利影响的事情。但事实并非如此，他的战友们的供词和回忆录证明了这一点。

我们知道，А.Н.穆拉维约夫曾经动笔撰写回忆录，但并没有完成，而是停在了对1812年卫国战争事件的描述上。因此，我们无法将他在受审中的供词与他的回忆录进行比较。

А.Н.穆拉维约夫的朋友С.П.特鲁别茨柯依则是另外一种状况，他是А.Н.穆拉维约夫最早与之分享其建立秘密社团的隐秘想法的人之一。除了С.П.特鲁别茨柯依在接受审讯期间的大量供词外，我们还有他的回忆录，是他19世纪40年代在西伯利亚写的。对比С.П.特鲁别茨柯依在审讯中的供词和他的回忆录，我们发现两者之间没有明显的分歧。

根据С.П.特鲁别茨柯依在接受审讯期间采取的策略——为自己参与秘密社团而认错，但不到万不得已（也就是说在被问到之前）不会提到触及危险的事实，他在回答侦讯委员会的问题时小心翼翼。①

С.П.特鲁别茨柯依被捕后立刻在尼古拉一世那里受审，1825年12月15日立即亲手写下供词。他首先承认，首个秘密社团"计划在俄国建立君主立宪制"。但他又补充道，它"曾经存在过，然后被解散了"。除了这份供词，С.П.特鲁别茨柯依还告诉侦查人

---

① Ср.: Павлова В. П. Декабрист С. П. Трубецкой//Трубецкой С. П. Материалы о жизни и революционной деятельности. Т. I. Идеологические документы, воспоминания, письма, заметки//Серия «Полярная звезда». Документы и материалы/Издание подготовлено В. П. Павловой. Иркутск: Восточно-Сибирское книжное издательство, 1983. С. 58-65.

员救国协会成立的地点和时间，甚至说出了成立的确切日期："社团于 1816 年 2 月 9 日在圣彼得堡进行了首次活动。"但他补充说，"这个社团的主题还没有被确定"。这里，乍一看，存在一个明显的矛盾。一方面，С. П. 特鲁别茨柯依说，社团希望在俄国建立君主立宪制；另一方面，社团的目标（"主题"）没有被确定。在我们看来，这种矛盾很容易被消除，如果我们假设，С. П. 特鲁别茨柯依所明确指出的这个日期是指初次讨论，当时只是产生建立秘密社团的想法，并没有建立秘密社团的组织。据其他参与者说，这发生在后来，即决定起草社团章程的时候。应该指出的是，在这份供词中，С. П. 特鲁别茨柯依对秘密社团产生的原因只字未提。

谈到秘密社团的宗旨和实现这些宗旨的手段，С. П. 特鲁别茨柯依肯定地说："试图尽可能地增加成员的数量，要求选择具有强大的心理素质和强烈的道德感的人，以便他们能够通过自己的行为引起上级的注意。成员们彼此间承诺将竭尽全力反对官员们的非法行为，揭露这些行为。"①

直到十天后，在 12 月 26 日和 27 日两次接受审讯时所写的大量新供词中，С. П. 特鲁别茨柯依才指出，成立秘密社团的主要动力是，年轻军官们希望协助皇帝实现他明确表露出来的根据新原则改造俄国的计划。С. П. 特鲁别茨柯依写道："我们每个人在战争事业中陪伴自己的君主，应该……在陛下的和平功绩中，尽可能地协助他。"据 С. П. 特鲁别茨柯依说，正是出于协助皇帝行善举的愿望，才诞生建立秘密社团的想法。社团成员联合起来，"为共同的利益"而行动，为此必须支持政府或私人的"有益事业"，如果

---

① Восстание декабристов. Материалы. Т. I. С. 9.

可能的话，为其提供协助；"阻止一切罪恶，并为此目的揭发官员的滥用职权行为"和"私人的任何舞弊行为，曝光这些行为"。

秘密社团的成员追随皇帝，"应该向那些外行人阐明什么是宪政，以及解释把农民从农奴制中解放出来的必要性"[1]（C. П. 特鲁别茨柯依显然又没有区分救国协会和幸福协会的区别）。

正如 C. П. 特鲁别茨柯依自己所写的那样，他努力让"赐予"他恩典的皇帝和侦讯委员会的成员看到，他既不是"人类的恶棍"，也不是"某种邪恶的鬼蜮，而是一个因自己的错误观念而卷入犯罪的可怜人"。他一次又一次地重复这样的观点：他的所有行动，就像他的同志们一样，都是因为要以亚历山大一世皇帝为榜样而引发的。他的推理过程似乎相当有说服力。在谈到自己自由思维方式的形成时，C. П. 特鲁别茨柯依写道，1812 年卫国战争结束后，他试图"获得一切可能对他为祖国服务有用的知识"，但完全"没有想到在俄国存在宪政的可能性"。然而，后来的事态发展和亚历山大一世对欧洲宪政改革的明确支持，使他改变了自己的想法。用 C. П. 特鲁别茨柯依自己的话说，使他深化这种想法的是："法国宪政的进程，先皇赐予波兰王国宪法，在德意志对不同君主承诺宪法，许多人认为亚历山大一世打算为在他的治下的帝国实行同样的政府形式做准备。"[2] 对皇帝的改革意图的怀疑后来才开始出现在 C. П. 特鲁别茨柯依的脑海中。

1826 年 1 月 10 日，C. П. 特鲁别茨柯依就他那封引起所谓的"莫斯科密谋"的信件接受了侦讯委员会的审讯。C. П. 特鲁别茨

---

[1] Восстание декабристов. Материалы. Т. I. С. 23–26.
[2] Там же. С. 33–34.

柯依承认，的确，他从 П. П. 洛普欣公爵那里得到了关于皇帝打算将波兰被瓜分后成为俄国领土的一些省份重新并入波兰王国的消息，他向莫斯科寄出了一封信，这"对成员的思想产生了致命的冲击""几个人几乎要决定弑君"。"但上帝宽恕他们和我，"С. П. 特鲁别茨柯依写道，"这封信没有进一步的影响。"这里甚至看不出一点儿迹象，十二月党人首个秘密社团成员考虑将弑君作为使俄国转行君主立宪制的一种手段。

总的来说，С. П. 特鲁别茨柯依和 А. Н. 穆拉维约夫一样，在审讯中的供词没有对十二月党人首个秘密社团的活动给予过高评价。"它没有采取行动。"С. П. 特鲁别茨柯依简短而明确地总结了它的短暂存在。①

现在让我们转向 С. П. 特鲁别茨柯依的回忆录，看看其中是如何描述十二月党人秘密社团历史的初始阶段的。在详细阐述了救国协会的产生后，С. П. 特鲁别茨柯依用与受审期间几乎相同的话语重复了他对促使年轻人组建秘密社团主要动机的看法。这就是协助亚历山大一世皇帝实施改革计划的愿望："在卫国战争结束时，亚历山大皇帝的名字响彻整个开明世界。各国人民和君主被他的慷慨打动，把自己的命运交给了他的意志：俄国为他感到骄傲，并期待他为自己带来新的命运。"皇帝承诺，一旦战后欧洲的布局完成，"就会从事上帝委托给他统治的庞大国家的内部福祉的构建"，"年轻人在荣誉的战场上为他们的祖国和沙皇而战，希望在和平的舞台上成为他们领袖的忠实随从"。根据 С. П. 特鲁别茨柯依的说法，秘密社团的创始人认为他们的作用是协助皇帝"完成他为人民谋福

---

① Восстание декабристов. Материалы. T. I. C. 25.

利的所有计划"。

在 C. Π. 特鲁别茨柯依看来，十二月党人打算这样实现他们的意图。"加入这个小社团的人"，第一，要"严格履行工作职责"；第二，要"在私人生活中表现得高尚和无可指摘"；第三，要"用言语支持君主为共同利益而采取的所有措施和设想"；第四，传播官员的"值得称赞的事迹"或强烈谴责他们的滥用职权的行为。但他对刺杀皇帝作为实现目的的方式只字未提。

由于"确信"亚历山大一世"真诚地希望为俄国造福"，未来的十二月党人决定支持他的良好意图，并成立秘密社团，"确定行动的方式"。由于不确切知道皇帝准备做什么，C. Π. 特鲁别茨柯依写道，因而"起初，年轻人只限于彼此之间的讨论"。他们希望通过这种方式支持政府与"许多将会反抗皇帝改革意图的政府官员和私人"对抗。C. Π. 特鲁别茨柯依指出，在讨论"农民的自由"问题时，就发生了这种情况。

神奇的是，在 C. Π. 特鲁别茨柯依受审时的供词中，在描述十二月党人第一批秘密社团时，他把建立君主立宪制与解放农民联系起来。而在回忆录中，他只提到救国协会和幸福协会成员希望协助皇帝实现解放农奴的意图，但完全没有提及立宪是这些社团的目标。这或许可以用 C. Π. 特鲁别茨柯依的观点来解释，即他认为，在秘密社团存在的所有时间里，它只有一个目标，那就是用宪法，也就是人民代表机构限制专制权力。虽然关于手段的想法发生了变化，但最初的秘密社团以及后来出现的秘密社团，其目标始终不变。在救国协会和幸福协会时期，以暴力方式改革社会的想法还没有占据十二月党人的思想，他们不希望发生革命，而是希望通过和平演变实现其目标。

第二节　救国协会创始人供词与回忆录之二

　　A. H. 穆拉维约夫分享创建秘密社团想法的另一位朋友是 H. M. 穆拉维约夫。他和 A. H. 穆拉维约夫一样，没有留下他关于参与秘密社团的回忆录，但在审讯中应要求，他写了《社团进程历史评论》。其中他描述了十二月党人首个社团出现的历史："1816年，A. H. 穆拉维约夫向我提议成立一个社团，目的是在俄国建立君主立宪制。为此，他邀请 M. И. 穆拉维约夫-阿波斯托尔、C. И. 穆拉维约夫-阿波斯托尔、И. Д. 雅库什金和我到他那里去。经过多次协商后，这一事件无果而终。过了不久，И. Д. 雅库什金加入了军队，并被分配到 M. A. 冯维津将军（当时他还是上校）的团里，和团队一起在切尔尼戈夫省，很快又随团移至莫斯科。这时我遇到了 П. И. 佩斯捷利，并在他身上发现了同样的想法，于是让他与 A. H. 穆拉维约夫加强联系，A. H. 穆拉维约夫同时与 C. П. 特鲁别茨柯依公爵建立了关系。П. И. 佩斯捷利着手撰写社团的章程，这个社团于 1817 年 2 月产生，名称为'救国协会'。"在早些时期，在审讯时回答问询清单中的一个问题时，H. M. 穆拉维约夫写道，这个社团于"1816 年和 1817 年冬天在圣彼得堡"成立，并"在三四个月后解散"。这一供词证实了上文的推断，即 C. П. 特鲁别茨柯依指出的这一秘密社团的成立日期——1816 年 2 月 9 日，实际上只是 C. П. 特鲁别茨柯依记忆中印象较深刻的对建立秘密社团的必要性进行初次讨论的时间。

　　H. M. 穆拉维约夫也没有略过所谓的"莫斯科密谋"，他在有关于此的叙述中加入了生动的细节。他说，这是由 C. П. 特鲁别茨柯依的一封信引起的，信中说"皇帝决定将波兰各省从俄国分离出去"，并断言："由于他知道这项事业的实施一定会受到阻力，因此他会与整个皇室家族一起去华沙，并在那里发表关于农奴与农民自由的宣言。届时，人民将拿起武器反对贵族，那么在这种普遍的混乱中，波兰各省将被并入新王国。"根据这名十二月党人的说法，这个"荒谬"的消息"产生了爆发性的效果"。供词中写道，И. Д. 雅库什金热爱祖国，认为国家不可分割，为此痛不欲生，甚至数次试图自杀，他决定牺牲自己，刺杀皇帝。他说，"杀人犯不能活着"，"我看到，命运选择了我做出牺牲：我会刺杀沙皇，然后开枪自杀"。И. Д. 雅库什金的朋友发现，С. П. 特鲁别茨柯依的信中提出的"指责"很荒谬，并说服И. Д. 雅库什金等待解释。С. П. 特鲁别茨柯依被叫到莫斯科，但他"无法为这些可怕的预测的真实性提供任何证明，因此他的信可能引发的所有后果都没有发生"①。

这实际上是可以从 Н. М. 穆拉维约夫的供词中得到的关于"救国协会"的全部信息。值得注意的是，《社团进程历史评论》只字未提秘密社团的创始人希望以何种方式实现其计划，却明确指出目标是君主立宪制。侦讯委员会对 Н. М. 穆拉维约夫在早期秘密社团的活动并不特别感兴趣，而是将注意力集中在十二月党人历史的后期阶段。因此，他没有被问及更多关于救国协会的问题。

现在让我们来转向秘密社团的另一位创始人 И. Д. 雅库什金的供词，他和 С. П. 特鲁别茨柯依一样，留下了自己作为十二月党人的青年时代的回忆录。这一次，我们将从这位十二月党人的回忆录

---

① Восстание декабристов. Материалы. Т. I. С. 305–306.

开始，把对他在审讯中的供词留待稍后进行分析。

　　И. Д. 雅库什金在他回忆录的开头，重复了 С. П. 特鲁别茨柯依和其他十二月党人的话，回忆 1812 年卫国战争和海外战役给俄国人民的生活所带来的民族热情，写道："1812 年的战争唤醒了俄国人参与到生活中来，并成为其政治生活的重要节点。"正是在这个时候，亚历山大一世皇帝处于辉煌时期。"当然，他之前和今后都没有像这时一样与他的人民亲密无间；这时他们（人民——作者注）爱戴和尊重他。"И. Д. 雅库什金继续说，当时皇帝"呼吁每个人追求自由……在德国很好，但 1814 年我们来到巴黎时更好"。通过坚持让法国成为一个君主立宪制国家，并且把颁布宪法作为波旁家族重返王位的条件，亚历山大一世证明了他对自己年轻时的理想的忠诚。И. Д. 雅库什金感叹道，"此时，共和主义者拉加尔普只能为他的君主弟子的行动而欢呼雀跃"。但是，皇帝的形象和他的行动所带来的希望逐渐消散。在这方面，И. Д. 雅库什金与 С. П. 特鲁别茨柯依产生了分歧，后者一直坚持的立场是：救国协会和幸福协会的成员在其活动中受到亚历山大一世榜样的鼓舞。而 И. Д. 雅库什金认为，正如他所写的那样，在德国和法国逗留了近一年半，回来后受到了俄国笼罩的秩序的冲击，这是导致他们对皇帝改变现状的意图失望的第一个因素。

　　但皇帝"仍然被热爱着，他的美好还被记得"。然而，亚历山大一世的回归却令人大失所望。军队中流传的关于亚历山大一世憎恨所有俄国事物的谣言更是火上浇油。因此，И. Д. 雅库什金引用了穆拉维约夫-阿波斯托尔兄弟的一个亲戚御前将官奥扎罗夫斯基伯爵的讲述，他"有一次从皇宫回来，告诉他们，皇帝在谈到俄国人整体时说，他们每个人不是骗子就是傻瓜，等等"。И. Д. 雅库什金痛苦地断言，"他的灵魂在欧洲"。在他看来，沙皇在国内把国家所有管理权都交给了阿列克谢·安德烈耶维奇·阿拉克切耶夫（以下简称"А. А. 阿拉克切耶夫"），并且"最关心的是增加军队的数量"。在军队中"全力以赴操练步法"。

先进军官不能接受这样的情况。1816 年在圣彼得堡时，И. Д. 雅库什金、С. П. 特鲁别茨柯依、А. Н. 穆拉维约夫和Н. М. 穆拉维约夫兄弟、М. И. 穆拉维约夫-阿波斯托尔和 С. И. 穆拉维约夫-阿波斯托尔兄弟经常聚集在一起，谈论祖国的困境。"在这里讨论了我们祖国的主要症结，"И. Д. 雅库什金回忆说，"人民的顽固不化，农奴制，士兵所遭受的残酷待遇，他们服役 25 年相当于苦役；无处不在的贪污受贿和敲诈勒索，最后是对人们普遍的蔑视。"他们决定"组建一个在广义上以俄国的幸福为目标的社团"。他情感的鲜明性和用词的精确性令人惊叹。公民的耻辱感催生了公民的责任感——舍我其谁？

至于社团实现预期改革的手段，И. Д. 雅库什金回忆说，这些手段包括支持进步事业（不一定来自皇帝），以及用 С. П. 特鲁别茨柯依的话来说，与保守派和反动派争夺"年轻人"（或 И. Д. 雅库什金所说的"青年"）的思想。我们在他的回忆录中读到了这样一段话，"我们云集响应，为了抵制顽固贵族的旧信仰并能影响青年的思想，最好的手段是建立一个秘密社团，社团中每个成员知道自己并非孤军奋战，彼此交流思想，可以更有信心和决心地采取行动"。

И. Д. 雅库什金认为，对亚历山大一世的声誉造成特别大损害的是他对军屯制的真正狂热坚持。最后，1817 年颁布波兰宪法，其中指出，就像 И. Д. 雅库什金所写的——"任何土地都不能从波兰王国中剥离，但根据最高权力的斟酌和意愿，从俄国剥离的土地可以并入波兰，由此可见，根据皇帝的意愿，俄国的一部分土地可以成为波兰的土地"，这彻底破坏了人们对皇帝的信任。И. Д. 雅库什金认为，所有这一切汇集，在"那些准备为俄国的幸福而牺牲自己的人们心中埋下了对皇帝憎恨的种子"①。

　　И. Д. 雅库什金在其回忆录中详细介绍了所谓的1817年"莫斯科密谋"。从 А. Н. 穆拉维约夫的供词中我们已经清楚地知道秘密社团成员会面时发生的细节。我只想提请大家注意，И. Д. 雅库什金和 С. П. 特鲁别茨柯依对亚历山大一世的态度的根本区别。如果后者在审讯中的供词和回忆录中都强调了他对政府和皇帝改革创举的支持，那么 И. Д. 雅库什金则相反，他坚信亚历山大一世从欧洲回来后所采取的路线危害俄国的利益。"А. Н. 穆拉维约夫再次宣读了 С. П. 特鲁别茨柯依的信，然后开始闲谈，哀叹亚历山大一世统治下的俄国的悲惨境遇。"И. Д. 雅库什金回忆说："我不寒而栗；我在房间里踱来踱去，问在场的人，他们是否真的相信 С. П. 特鲁别茨柯依信中所说的一切，以及俄国不可能比仍然在当前皇帝统治下更悲惨。每个人都开始向我保证，这两件事都是毋庸置疑的；我说，在这种情况下，秘密社团在这里没什么可做的，现在我们每个人都应该凭自己的良心和信念行事。"据 И. Д. 雅库什金描述，А. Н. 穆拉维约夫说有必要结束亚历山大皇帝的统治，并建议抽签，以"知道打击沙皇的行动落在谁的身上"。И. Д. 雅库什金回答说，他已经"决定不用任何抽签，他要牺牲自己"，不会把这一"荣誉"让给任何人。

---

　　①　Якушкин И. Д. Указ. соч. С. 77–86.

　　М. А. 冯维津开始劝说 И. Д. 雅库什金放弃这个想法。但 И. Д. 雅库什金仍然坚持，并决定在皇帝抵达莫斯科时，他"带着两把手枪去圣母升天大教堂，当沙皇去皇宫时，用一把手枪射杀他，用另一把手枪射杀他自己"。在这一行为中，И. Д. 雅库什金看到的"不是谋杀，而只是一场让两人都死掉的决斗"。第二天，朋友们再次会面，最终说服 И. Д. 雅库什金放弃他的计划，证明皇帝的死亡"在目前对国家没有任何好处"，他的顽固将毁掉的"不仅是他们所有人，而且是刚刚成立的秘密社团"。И. Д. 雅库什金"向他们保证，不着手施行他的计划"，他说，"如果昨天他们如此坚决地相信的一切不过是胡说八道，那么昨天他们的轻率诱使他犯下了最大的罪行；但如果真的没有什么能比去除亚历山大皇帝更能造福俄国的了，那么今天，他们的犹豫和要求剥夺了他完成自己最伟大的事业"，并宣布他将退出秘密社团。①

　　И. Д. 雅库什金有关"幸福协会"章程的简短叙述，对了解十二月党人首个秘密社团的历史至关重要。这个秘密社团逐渐扩大了它的队伍。为了让新加入的成员更清楚地了解他们加入的组织，正如 И. Д. 雅库什金在他的回忆录中写到的那样，他们决定撰写协会的章程。下面我们将完整地引用这段阐述。"П. И. 佩斯捷利为我们的秘密社团起草了第一份章程，"И. Д. 雅库什金写道，"在这一章程中值得注意的是，首先，那些加入秘密社团的人有义务在任何情况下都不离职，这样做的目的是，假以时日，军事和民政部门的所有重要职务都将由秘密社团把握；其次，如果在位的皇帝不给他的人民任何独立性权利，那么他的继任者要是不限制其专制，就在

---

① Якушкин И. Д. Указ. соч. С. 86-88.

任何情况下都不得向他宣誓。"

　　И. Д. 雅库什金在审讯中的供词没有那么详尽，但是同样非常坦诚。关于救国协会的目标，他指出，"社团的意图是拉近贵族与农民之间的距离，并试图说服前者解放后者"，并且"除此之外，通过增加他们的成员数量来扩大他们的分支机构，并使国家所有等级为施行代议制政体做好准备"。在第一次受审时，И. Д. 雅库什金拒绝供出他的同伴的名字，"我不能告诉您我的同伴是谁，因为我承诺过不能这样做"，但他还是承认了他企图刺杀皇帝的意图。[1]他特别谈到了社团的章程。"在我的记忆中，"И. Д. 雅库什金写道，"这个章程中规定了四个等级，且每个等级各有不同的公开的目标，逐渐向主要目标靠拢：让国家准备施行代议制政体。"И. Д. 雅库什金继续说："这个目标，以及当在位皇帝去世时，在皇位继承人不同意推行立宪之前不向他宣誓的打算，只有最高等级的成员才知道。"[2]

　　章程的文本在社团解散时被烧毁，没能保存下来。历史学家不得不付出大量努力来重现其主要条款。М. В. 涅奇金娜对重建救国协会章程做出了最大的贡献。她令人信服地证明，章程中所述的秘密社团的两个主要目标是：将俄国转变为君主立宪制和废除农奴制。然而，这位历史学家的结论，即"章程毫无疑问包含了一个关于皇位更迭期间秘密社团发起公开行动以要求立宪的条款"[3]，引起了人们的严重怀疑。人们很难同意这种绝对的断言。首先是因为，这种断言并没有这份纲领性文件作者的证明来支持。众所周知，

①　Восстание декабристов. Материалы. Т. Ⅲ. С. 42.
②　Восстание декабристов. Материалы. Т. Ⅲ. С. 49.
③　Нечкина М. В. Указ. соч. Т. Ⅰ. С. 157.

章程的起草工作被委托给 С. П. 特鲁别茨柯依和新成员 П. И. 佩斯捷利、И. A. 多尔戈鲁科夫。П. И. 佩斯捷利负责制定"入会仪式和内部组织"，И. A. 多尔戈鲁科夫负责制定社团目标及其实现方法，С. П. 特鲁别茨柯依负责制定"接纳成员的规则"，并规定"他们在社团中的行动"。① 但在 И. A. 多尔戈鲁科夫、П. И. 佩斯捷利或 С. П. 特鲁别茨柯依的审讯供词中，以及 С. П. 特鲁别茨柯依的回忆录中，都没有类似 И. Д. 雅库什金的说法的提法。为了证明自己的观点，М. B. 涅奇金娜提到了 И. Д. 雅库什金的回忆录以及他在审讯中的供词。事实上，正如我们所看到的，И. Д. 雅库什金在他的回忆录中重复了他在接受审讯期间所说的话。

但仅凭这一点就足以断言 И. Д. 雅库什金所说的被列入了救国协会的章程了吗？假设十二月党人确实讨论了当权力从一个皇帝手中转到另一个皇帝手中之时似乎有利于提出在俄国实行代议制政体的要求。至少有一个证据表明，在近卫军在莫斯科停留期间，秘密社团成员有一次在莫斯科 A. H. 穆拉维约夫的寓所会面时讨论过这一点。前面曾经提到，正是在 A. H. 穆拉维约夫的房间内，И. Д. 雅库什金自愿要去刺杀皇帝。救国协会的一名成员，П. П. 洛普欣公爵，国务会议主席 П. B. 洛普欣公爵之子，在审讯期间坦白只参加了两次秘密社团的会议，有一次在 A. H. 穆拉维约夫寓所举行的会议上（"但不是以社团的形式"），主人"认为，随着时间的推移，无论以何种方式，特别是在王位更替时，要迫使政府接受代议制"②。

---

① Трубецкой С. П. Указ. соч. С. 217-218.

② Восстание декабристов. Документы. М. : РОССПЭН, 2001. Т. XX. С. 438.

然而，不仅仅是在章程作者的供词中，我们没有发现任何迹象表明，幸福协会章程中提到意图在皇位交接时提出代议制要求。十二月党人首个秘密社团其他成员也对此只字未提。这难道不能表明，И. Д. 雅库什金对这件事的记忆出现偏差了吗？难道不是他把А. Н. 穆拉维约夫寓所里的闲话误记为是秘密社团的纲领性原则？年轻军官们正在寻找实施他们理想的方法。有激烈的争论，有时就像诗人所说的，"在喝拉斐特和克利科的时候"①。但这些争论和争论中表达的想法在这个早期阶段很难说会形成正式的纲领文件。

救国协会章程本身也没有让秘密社团成员满意。И. Д. 雅库什金回忆说，它看起来"不便于初步行动"②。许多人对有关成员入会的共济会仪式、严格的宣誓、要求新入社的成员无条件服从"波雅尔"（章程中对社团管理核心成员的称呼）等感到不满。С. П. 特鲁别茨柯依表达了一个普遍的观点，他回忆说："在召开会议和接纳成员时实行的共济会仪式阻碍了社团的运作，并导致了某种隐秘性，这与大多数成员的性格相悖；他们想光明正大地行动，尽管他们已经决定不宣传他们联合起来的意图，以免引起居心叵测的人来反对自己。"С. П. 特鲁别茨柯依强调："因不利于施行，过一段时间后，章程的这方面应该做出修改。"③

下面，我们来分析十二月党人首个秘密社团的其他三位创始人——П. И. 佩斯捷利、С. И. 穆拉维约夫–阿波斯托尔和 М. И. 穆拉维约夫–阿波斯托尔在审讯中的供词。

---

① "拉斐特"和"克利科"是法国香槟酒名，此话出自普希金的《叶甫根尼·奥涅金》一诗。——译者注
② Якушкин И. И. Указ. соч. С. 84.
③ Трубецкой С. П. Указ. соч. С. 219.

　　П. И. 佩斯捷利把"关于在俄国建立秘密社团"的最初讨论归结到 1816 年秋天。可以说，这是另一个证据，它使我们有可能断言，几乎无法确定秘密社团成立的准确日期。如果事件的参与者本身在说出救国协会产生的时间方面都如此混乱，那么历史学家就更难辨别：关于俄国灾难的友好讨论在哪里结束，而秘密社团从哪里开始。"1817 年 1 月，"П. И. 佩斯捷利继续说，"在圣彼得堡成立了祖国忠诚子弟协会。"关于成立协会的目的，他所说的与其他同伴所说的基本相同，即"从一开始就谈到了给予农奴自由的愿望"，并且"随着祖国忠诚子弟协会的建立，产生了立宪的想法"。① 就像他在首个秘密社团里的同伴们一样，在谈到实现社团目标的方法时，П. И. 佩斯捷利此时也主张和平演化。"起初，社团的意图是解放农民，"他在圣彼得堡的第一次受审时表明，"实现这一目标的方法是说服贵族支持并且整个阶层以最谦卑的方式向皇帝请愿。"② 在审讯结束时，П. И. 佩斯捷利就被问及，首个十二月党人社团的目标是什么，因为十二月党人在这个问题上的供词并不统一：一些人肯定地说，其目的是"实行君主立宪制政府，另一些人则说是将农民从农奴制中解放出来，还有一些人说仅仅是为了实行一种新的秩序"。П. И. 佩斯捷利非常肯定地回答说，"首个社团的真正目的是建立君主立宪制政府"，这一目标是"与社团组织章程同时"通过的，而不要求立宪只要求农民解放仅是社团"在最初期、很短时期"的目标。③

　　С. И. 穆拉维约夫-阿波斯托尔对侦讯委员会审讯的回答也与

---

① Восстание декабристов. Материалы. М., Л.: Государственное издательство, 1927. Т. IV. С. 101.

② Восстание декабристов. Материалы. Т. IV. С. 80.

③ Там же. С. 154.

П. И. 佩斯捷利的供词相吻合： "我于 1817 年在圣彼得堡被 Н. М. 穆拉维约夫介绍加入秘密社团，社团的目的是在国家实行宪政。方式还没有被确定。"① М. И. 穆拉维约夫-阿波斯托尔对秘密社团的早期历史记忆模糊，和其他十二月党人一样，把救国协会和幸福协会混淆。当被侦讯委员会问及 "第一批秘密社团在什么时候成立，在什么地方，以什么名字存在，它们的目标是什么" 时，他回答说： "我所属的社团于 1817 年在圣彼得堡成立。1818 年，在莫斯科，А. Н. 穆拉维约夫、М. И. 穆拉维约夫-阿波斯托尔、И. Г. 布尔采夫和 Н. М. 穆拉维约夫撰写了这个协会的章程。这个协会以 '绿皮书协会'（因其章程的封皮为绿色）的名称而闻名——正式的名字一直是幸福协会。秘密的目标只有一个——在俄国建立代议制政体，公开的目标是推动启蒙。"②

第三节　救国协会是革命组织吗？

在十二月党人首个秘密社团创始人本身提供了如此清楚、明确的供词之后，没有成见的读者是否还在怀疑这一论断，即救国协会从来都不是一个革命组织。

它也不是一个 "战斗的、严格意义上的秘密组织"。在 1817～1818 年近卫军在莫斯科停驻期间，Л. А. 佩罗夫斯基被 А. Н. 穆拉维约夫介绍成为社团成员，他在接受审讯时的供词中形象地描述了当时在十二月党人社团中笼罩的主要气氛，社团的会议往往与单纯

---

① Восстание декабристов. Материалы. Т. IV. С. 256.
② Там же. М. , 1950. Т. IX. С. 224-225.

的友好交流如出一辙。虽然 Л. А. 佩罗夫斯基很可能赶上的是救国协会转变为幸福协会的时期，但他的供词完全可以适用到这个秘密社团存在的前一个时期。Л. А. 佩罗夫斯基写道，皇帝亚历山大一世在华沙举行的波兰议会第一届会议开幕式上的演讲让俄国社会震惊，社会"认为很有可能"皇帝打算"给俄国一部类似于波兰的宪法"。Л. А. 佩罗夫斯基断言，波罗的海各省农奴制的废除被看作俄国立宪的"先声"。因此，当 А. Н. 穆拉维约夫告诉 Л. А. 佩罗夫斯基，他打算建立一个慈善性的社团，其目的是"为通过宪法做好思想准备，并尽可能号召地主给予他们的农奴自由"，并邀请其加入这个社团时，后者觉得"没有什么可担心的，因为一切似乎都归结为协助政府意图的愿望"。据 Л. А. 佩罗夫斯基说，即使在招募新成员的方式上，也没有任何可疑之处。"对 А. Н. 穆拉维约夫上校来说，"Л. А. 佩罗夫斯基写道，"只要稍微熟悉一个军官，就可以直截了当地立即邀请他加入社团，而他唯一的愿望似乎就是增加成员的数量，他不加选择地接受这些人。"顺便说一下，这一点得到了其他十二月党人，特别是 С. П. 特鲁别茨柯依的供词的证实——他写道，该社团的目的是"尽可能"增加成员的数量。① 据 Л. А. 佩罗夫斯基说，在社团的会议上"没有丝毫的神秘感"。会议白天在 А. Н. 穆拉维约夫在哈莫夫尼切斯基兵营的房间里进行，这个房间在近卫军团指挥官罗森将军的房间楼下。Л. А. 佩罗夫斯基继续说，"在 А. Н. 穆拉维约夫家举行的会议没有明确的计划或目的；在那里讨论了在我国必须进行哪些改进，还讨论了各种形式的宪政"。Л. А. 佩罗夫斯基坦率地写道，"因为我深信，如果亚历

---

① Восстание декабристов. Материалы. Т. I. С. 9.

山大皇帝陛下想给俄国制定一部宪法，他不会征求任何一个社团成员的意见，所有这些讨论在我看来都是可笑的，特别是因为正如我所看到的，一些社团成员过于夸大了它们的意义"①。

研究过审讯材料的人知道，侦讯委员会本身试图夸大秘密社团的规模和重要性，夸大其所谓成员的组织性和纪律，试图把一些只在友好谈话中讨论，但从未被大多数成员赞同的想法赋予所有社团成员，等等。从这方面来看，П. П. 洛普欣给御前将官 В. В. 列瓦绍夫的一封信中的证词是很有意义的。"您已经向我指出，"П. П. 洛普欣对 В. В. 列瓦绍夫说，"只要认识其中一个成员，与他交流并发表过于自由的见解，就有可能成为这个犯罪社团的成员。"② 以此类推！如果审讯者的立场是这样的，那么当苏联历史学家在努力证明第一批十二月党人社团的革命性质时，也乐于加深这种倾向就不足为奇了，在他们的笔下，第一批十二月党人秘密社团几乎成了坚持民主集中制原则的组织，少数服从多数，会员资格明确，等等。

然而，尽管侦讯具有倾向性，但即使是侦讯委员会也不得不承认，第一批十二月党人秘密社团——救国协会和幸福协会的成员没有一个应该受到惩罚，除非他们参与了弑君计划的讨论，并参与了后来的秘密社团的活动。根据皇帝的命令，这些被捕的成员被释放，并获得了免罪证书。此外，在弄清情况后，侦讯委员会决定不再逮捕这些成员。

总而言之，不能不承认，十二月党人首个秘密社团，即救国协会，人数不多。它的宗旨是把俄国变成一个君主立宪制国家，并把

---

① Восстание декабристов. Документы. Т. XX. С. 457–458.
② Восстание декабристов. Документы. Т. XX. С. 440.

农民从奴隶制的枷锁下解放出来，其成员会寻求实现这一目标的途径。所谓的"莫斯科密谋"，只是在一些社团成员的一次聚会中有一名成员出现杀死皇帝的冲动，这绝不能被看作有意识地选择革命道路。革命道路在当时并没有被确定。而且，长期以来，秘密社团成员将和平演化视为实现其理想的唯一手段。救国协会的活动几乎没有明显的结果。例如，社团成员中没有人解放他们的农奴，尽管有些人（И. Д. 雅库什金、С. П. 特鲁别茨柯依）也试图这样做。但首个秘密社团的重要意义在于，它对俄国的发展道路进行了思考，并制定了第一批纲领性文件。

第三章
亚历山大一世统治后期：改革设想
与初探试验

第一节　宪政改革设想与试验

1812 年卫国战争胜利结束，将欧洲从拿破仑的枷锁下解放出来，俄国在国际关系中占据了主导地位。但是，一言以蔽之，此时期俄国所取得的这些标志性的成就，并不能掩饰国内矛盾和尚未解决的问题的尖锐程度。皇帝本人也意识到改革的必要性。

在这方面，宣告俄国对拿破仑胜利的诏书的撰写过程值得关注。诏书草案由以保守主义思想而闻名的国务秘书、海军上将 A. C. 希什科夫起草，他当然反对地主与农民的关系发生任何改变。A. C. 希什科夫代表多数农奴主的立场，在诏书中写入了赞扬农奴制以及地主与农民宗法制关系的话语。诏书草案中写道："我们相信，农奴的主人对他们的庇护要早于我们对他们幸福的关怀。主人和农奴之间那种建立在互利互惠基础上的关系，是俄国风俗和美德所特有的关系，在以前和现在都有丰富的事例表明这种关系以他们之间的相互关爱和对祖国的共同热爱而著称。这使我们确信：一方面，地主对农奴就像对自己的孩子一样，施以父亲般的关爱；另一方面，农奴就像忠诚的孩子一样，履行着儿子般应尽的义务和职责，这使他们处于一种身在平和安康家庭中的幸福状态。"① A.C. 希什科夫本人的回忆录中讲述了这段有关农奴制的话语引起了沙皇什么样的反应。

看完草案后，亚历山大一世将文件推到一边，涨红着脸说："我无法签署这种违背自己良心的东西，我完全不同意这一切。"然后他坚决地用笔划掉了"在互惠互利基础上"的话语。② 沙皇在做这一切的时候神情激动，行动决绝，后来历史学家 H.K. 希利杰尔形象地指出了这一点，A.C. 希什科夫"尽管固执己见，也勇敢无畏，但当时并没有敢于张嘴说话"③。

值得我们关注的是 A.C. 希什科夫本人对他与沙皇这种冲突的看法。这场冲突最终使他确信，亚历山大一世心中形成了"反对俄国农奴制、反对贵族，以及反对整个传统制度和秩序的不幸偏见"。A.C. 希什科夫正确地指出，皇帝的反对不仅仅是指向农奴制，而且指向"整个传统制度和秩序"。A.C. 希什科夫的话中表达出当时俄国社会相当一部分人的想法，认为对农奴制的每一次，哪怕是最轻微的触碰都是向宪法迈出的一步；反之亦然。对于因循守旧的大多数人来说，任何提到代议制的话语都听起来像农奴制衰落的预

---

① Якушкин И. И. Указ. соч. С. 84.

② Шишков А. С. Записки, мнения и переписка адмирала А. С. Шишкова. Берлин, 1870. Т. 1. С. 308–309.

③ Шильдер Н. К. Указ. соч. Т. Ⅲ. С. 257.

兆。耐人寻味的是，А.С.希什科夫把沙皇的这种举动主要归咎于他的导师拉加尔普的有害影响。他写道，这种"偏见"，"是由他那里的法国人拉加尔普（А.С.希什科夫弄错了，拉加尔普是瑞士人——作者注），以及他周围一群受法国教育的年轻人灌输给他的，这些人的眼睛和心灵都脱离了俄国的服装、脱离了俄国的语言、脱离了俄国的道德，一句话，脱离了俄国所有的一切"①。

然而，诏书其余的文本保持不变。这样，关于农奴制的永恒性，地主和农奴的关系有机地存在于俄国的生活中且是俄国生活中不可分割的部分（"自古以来存在的……俄国风俗和美德所特有的关系"）等对专制政权来说传统的观点，再次得到保留，并且在俄国人民看来，农奴制重新获得了最高统治者的赞同。地主对农奴的态度再次被田园诗般地描写为如同对"自己的孩子"施以"父亲般的关爱"。总之，描绘农奴制的传统修辞再现。

亚历山大一世内心早就深信改革农奴制的必要性。但沙皇还没有准备好公开承认这一点。然而，亚历山大一世与А.С.希什科夫的谈话不是在私下进行的。在准备这份重要的国家文件的时候，沙皇不只是向А.С.希什科夫上将，而且向国务秘书讲了自己的观点。讨论诏书方案之时А.А.阿拉克切耶夫也在场，据А.С.希什科夫所说，在讨论草案期间，А.А.阿拉克切耶夫一言不发，并且当他们一起走出沙皇办公室的时候，А.С.希什科夫想说服他赞同自己的立场，但А.А.阿拉克切耶夫对他的努力无动于衷。

1815年，А.Б.库拉金公爵证实说，亚历山大一世公开宣称，

---

① Шишков А.С. Указ. соч. Т. 1. С. 309.

近期内他的"主要事务"将是国家内部的管理制度"问题"。①
А.Д. 巴拉绍夫在自己未出版的文件中也提到过类似的公开声明。②
十二月党人 С.П. 特鲁别茨柯依在其回忆录中写道，皇帝在结束了
与法国的战争后，"许诺在欧洲实现普遍的和平并且建立秩序之后，
要着手实现神意授予他统治的地域辽阔的帝国的国内安康"③。

　　1815 年所发生的种种事件，证实了亚历山大一世的这些声明的
严肃性。而且与以前只实施国家行政改革不同，这时最高统治者要
对国家政治制度进行根本性的改革。从历史上看，在大部分前华沙
公国的土地以波兰王国之名并入俄罗斯帝国之后，俄国自身的宪法
问题实际上与波兰问题紧密地交织在一起。维也纳会议的最终决
定，使亚历山大一世在俄罗斯帝国境内建立一个宪政国家的意图得
以实现，5 月 13 日，亚历山大一世宣告授予波兰王国居民宪法与自
治权，他们还可以拥有自己的军队和出版自由。④

　　亚历山大一世亲自研究了提交给他的宪法草案，几乎针对每一
条款都用铅笔做了批注。所有这些批注，都是致力于扩大专制者的
权力，缩小代议机构的独立性。后来，亚历山大一世对提交给他的
修订文本进行了再次校正，于 1815 年 11 月 15 日批准了波兰王国
宪法。⑤

　　随后发生的事件表明，在波兰王国实行立宪制对亚历山大一世

---

① Российский государственный исторический архив（далее—РГИА）. Ф. 1409
（Собственная Е. И. В. канцелярия）. Оп. 1. Д. 1750. Л. 1.

② Балашов А. Д. Записки касательно моей жизни//Архив СПбИИ РАН. Ф. 16
（А. Д. Балашова）. Оп. 1. Д. 18.

③ Трубецкой С. П. Указ. соч. С. 217.

④ ПСЗ-1. Т. 33. № 25842.

⑤ Аскенази Ш. Царство Польское. 1815-1830. М., 1915. С. 28.

来说有着相当重要的意义。这不仅仅是波兰作为帝国一个新的、特殊地区的立法制度，他把这看作促使俄国走向立宪道路的第一步。

1815 年 11 月初开始，沙皇与波兰贵族的显赫人物之一，俄国西部省份波兰地主利益的代表 M.K. 奥金斯基，在华沙进行了一场引人注目的谈话。在谈话中，亚历山大一世明确地向 M.K. 奥金斯基表示，他打算不仅在波兰，而且要在俄国确立宪政制度，从而解决西部省份的问题，不是通过让他们并入波兰的方式，而是让这里的居民与波兰人民一样根据宪法获得平等的权利。他对 M.K. 奥金斯基说，"你们不满意目前的处境，是的，在你们未能与自己的同胞同等地享有宪法之前，你们有不满意的理由，在享有宪法之时，把你们并入俄国将会确保和增进两个民族之间的相互信任与完全和谐"①。

M.K. 奥金斯基的回忆使人们有理由得出一个重要的原则性结论，即亚历山大一世在 1815 年就萌生了这种想法，即在波兰王国实施宪政制度以后要将此推广到整个俄罗斯帝国。因此，在他的设想中，1815 年波兰宪法只是一个前奏，一个庞大计划的第一幕。史学界低估了这一事实的重要意义，实际上忽略了皇帝最重要的一步，这一步在某种程度上就好似他对自己意图的宣言。我们了解这一事实之后，就比较容易理解亚历山大一世接下来的所作所为了，特别是对他在 1818 年 3 月波兰王国第一届议会开幕式演讲中的公开声明，即准备将"法定的自由的章程"（这是对亚历山大一世在代表面前法语发言中"宪法的"一词的翻译方式）推广到其所管

---

① Oginski M. Memoires sur la Pologne et les polonais depuis 1788 jusqu'a la fin de 1815. Paris, 1827. T. 4. P. 229–242.

理的所有地区，就不会感到突如其来了。

同时，对于亚历山大一世来说，在波兰王国立宪是其一个独特的试验。波兰成为沙皇检验自己所设想的宪法与专制制度相结合的可行性的对象。作者认为，这就是亚历山大一世为什么会如此积极地参与波兰宪法的制定，并确保宪法能够保障专制权力对代议机构的监督。在波兰进行的试验被置于严格的监督之下。亚历山大一世亲自参与修订宪法草案，亦是致力于此。

1818 年 2 月 5 日，法令宣布将召开波兰王国第一届议会。最初就计划，议会的开幕将以亚历山大一世的演讲开始。沙皇从年初就开始琢磨这次演讲的内容。亚历山大一世命令 И. 卡波季斯特利雅伯爵参与演讲文本的起草工作，后者在回忆录中详细阐述了这个文本的起草过程。И. 卡波季斯特利雅的回忆录中描述这个场景的一个片段，即《1798~1822 年公务活动札记》，由 М. Н. 博格达诺维奇从外交部的档案中发现，并引入了学术界。①

И. 卡波季斯特利雅回忆说，亚历山大一世在莫斯科与他一起研究比萨拉比亚体制问题之时，提到了即将开始的华沙之行。他预先告知说，И. 卡波季斯特利雅应该陪他到华沙参加议会开幕式。亚历山大一世委托他收集萨克森国王管理华沙大公国之时在波兰议会上的演讲。亚历山大一世对 И. 卡波季斯特利雅说："请仔细阅读并研究这些演讲，然后决定我应该讲的内容。这是我的想法。"从 И. 卡波季斯特利雅的下列话语中可以清楚地得知，亚历山大一

---

① Богданович М. И. История царствования императора Александра I и России в его время. СПб. , 1871. Т. 5. С. 369-371；Н. К. 希利杰尔在自己著作第四卷的附录中刊载了这个片段的全文（见：Шильдер Н. К. Указ. соч. СПб. , 1898. Т. IV. С. 495- 496）。

世交给他萨克森国王的演讲文件的同时，还交给他自己对即将发表的演讲内容的基本想法。这位外交家回忆道："他允许我讨论这些想法，就两点向他提出意见，而我认为，这两点非常不适合：第一点，演讲内容要涉及比较，陛下想对波兰和俄国进行比较；第二点，演讲内容要涉及许诺，即会将已经属于俄罗斯帝国的一些省份重新并入波兰王国。"

亚历山大一世对 И. 卡波季斯特利雅所表达的反对意见感到不满，对他回应说："我们还有时间对这些问题加以思考。您先根据自己的理解撰写演讲稿，然后我们见面谈。"几天后，他准备好演讲稿并呈给沙皇。沙皇把稿子留下，同时说："我们到华沙再谈论这个问题。"И. 卡波季斯特利雅认为，这意味着沙皇对他所呈交的作品不满意。1818年3月1日，亚历山大一世抵达华沙，但在两周之内没有对演讲稿问题下达任何指示。只是在议会开幕的前两天，沙皇让 И. 卡波季斯特利雅阅读了他亲手写的讲话稿，并且说："我给您充分的空间按照语法理顺语句，添加句号和逗号，但不允许做任何其他的更改。"

И. 卡波季斯特利雅完成了委托，对交给他的文本进行了编辑，但是，他完全不同意这篇演讲稿的内容，在保留这篇讲稿内容不变的同时，再次向亚历山大一世提交了自己起草的演讲稿版本。亚历山大一世阅读了两份文本，用 И. 卡波季斯特利雅的话讲，他在片刻的沉默之后说道："您还是坚持自己的立场。这是固执己见。我对您为此付出的劳动感到遗憾，不过，与您的版本相比，我更喜欢我的版本。"И. 卡波季斯特利雅勇敢地再次维护了自己的观点。然而，他的所有尝试均告失败，亚历山大一世说："虽然这个也很好，但我不会改变我的决定。不过，我到明天再看看，会不会根据这两个版本写出第三个版本。那时我会下令召见您。"第二天，沙皇交给了И.卡波季斯特利雅被沙皇自己称为"最后通牒"的版本。亚历山大一世只是从И.卡波季斯特利雅的版本中借鉴了一些语句，原封不动地保留了自己演讲稿的实质。

我们不知道，亚历山大一世是否还与其他什么人讨论过他的演讲内容。然而，有一点毋庸置疑，沙皇的咨询对象中有一位他年轻时的朋友，秘密委员会成员，当时任俄国在波兰王国的行政首脑，H.H.诺沃西利采夫。考虑到H.H.诺沃西利采夫在完成沙皇所设想的波兰试验，以及在随后制定俄国宪法方案中所起到的特殊作用，这一点也就顺理成章了。亚历山大一世不可能不询问波兰王国总督、他的兄弟康斯坦丁·巴甫洛维奇（以下简称"康斯坦丁"）大公的意见，尽管康斯坦丁在随后的"制宪"活动中根本没有参与。

无论如何，亚历山大一世还是决定坚持己见，并于1818年3月15日发表了一篇令他的同时代人目瞪口呆的演讲，并且在这次演讲中，他自执政以来第一次揭开了他对未来改革俄国基础计划的神秘面纱。

亚历山大一世是用法语演讲的。他发言结束之后，当场对这个演讲进行了波兰语翻译。之后，这个演讲又立刻以惊人的速度被翻译成俄语，发表在俄国报纸之上。这一事实证明，沙皇赋予这次演讲以重大的意义，希望这次演讲内容能被广泛公开。亚历山大一世发表过很多演讲，但那些演讲全文从来没有被登上报纸的版面。在那一天，波兰代表们，以及整个俄国又从最高统治者的口中听到了什么？

亚历山大一世说道："在你们的土地上所存在的教育，允许立即施行我赐予你们的法定的自由的章程，你们要遵循这些章程准则，它们是我不断思考的对象，我希望能以此摆脱困境，并将这一效应扩展到上帝委托我庇护的全国。这样，你们赐予我机遇，向我的祖国展示我已经为她筹谋多年的一切，当如此重要的事务的各方面条件达到适当的成熟度后，我们的祖国也会享有这一切。"俄国人民惊讶地从沙皇那里听到，"法定的自由的章程的准则"是他"不断思考的对象"，他认为这不是别的，而是"能以此摆脱困境"，而且，希望将这一摆脱困境的"效应"扩展到他所统治的所有地区和人民。亚历山大一世首次承认，他对在俄国立宪"筹谋多年"。当然，对于沙皇的一些最亲密的朋友来说，这些想法绝非横空出世，但是，沙皇面向全俄国，乃至整个世界公开说出这些想法，就有了完全不同的意义。接下来沙皇面向议会代表说道："你们的义务，是给予把目光聚焦到你们身上的欧洲一个伟大的范例。这些法定的自由的章程（les institutation liberales），有人把它们的神圣原则与正在威胁我们这一时代社会制度的、有可能造成灾难性堕落的破坏性学说混为一谈，你们要向自己的同时代人证明，实质上，危险的并非这个理想，相反，当人们出于内心的公正去执行这些规章，出于纯洁的意图致力于造福人类，达到引领人类摆脱困境的目的之时，这些规章会与普遍的秩序和进步相协调，实现人民真正的幸福。你们现在要做的就是用试验来展示这个伟大的、能引领人类摆脱困境的真理。"①

---

① Московские ведомости. 1818. № 29. C. 575 – 577；Северная почта. 1818. № 26.

亚历山大一世的这次演讲展现出他是宪政制度的真诚支持者。他坚决反对通过暴力的方式实行宪法，反之，他建议进行"自上而下"的立宪试验。他直言不讳，他所建议的创新是一场试验，整个俄国未来的改革的成功取决于这场试验的成功。总的来说，在评价亚历山大一世的演讲时，不得不承认，皇帝表达得很明确，对自己的意图言之凿凿。

然而，对将宪政制度推广到整个俄国的阐述，亚历山大一世的措辞则非常谨慎，表述简洁而概括。但是，尽管如此，他还是提到了在俄国实行宪法的可能性和适当性。

关于将俄国西部省份并入波兰的可能性一事，他在演讲中压根没有提及。然而，关于亚历山大一世有此打算的传闻还是在社会中流传。前一章已经提到过，这些传闻是导致秘密社团的一个年轻成员号召杀死皇帝的原因。虽然这只是一时的冲动，在弄清楚收到消息的荒谬性后就结束了，但是整个事件本身就是非常有征兆性的。

亚历山大一世的演讲闪电般地传遍了俄国，产生了惊天动地般的影响，社会各阶层的反应各不相同。

在亚历山大一世发表演讲后，随行的 A. И. 切尔内舍夫将军立即写信给 A. A. 阿拉克切耶夫："皇帝陛下在这个庄严肃穆、人数众多的会议上所演说的每一句话都让波兰人欢欣鼓舞，让所有人热血沸腾。君主开诚布公地向他的人民和整个世界阐释他思想的全部秘密，是史无前例的。这位君主亲自构思的演讲包含了对波兰人的高度期望，以及将引发的俄国管理领域的重要变革，这不能不给人留下最深刻的印象。不仅在我国，而且在整个欧洲，那里目前的局势以及由于人们更倾向于自由主义体制，对宪法的普遍要求还无法得到最终的落实。"① 这封信的内容符合寄信人和收信人的身份。它充满了对皇帝的奉承，这是可以理解的——要知道这封信是寄给谁的呢。但与此同时这封信也表明，一些俄国精英准备支持皇帝的创举。

与皇室接近的达官显贵惊异莫名，甚至有些不知所措。他们几乎立刻产生了一个疑问，即沙皇的许诺在多大程度上是严肃的。陪同沙皇到波兰的御前侍卫 А. И. 米哈伊洛夫斯基-达尼列夫斯基在自己的日记中写道："沙皇在议会开幕式上的演讲中提出，准备在俄国实行政治自由，从专制者的口中听到类似的话语令人大跌眼镜，身在华沙的俄国人对这次演讲的关注度与日俱增。但我想，需要关注的是，这些设想是否会被践行。彼得大帝从来没有事先声明俄国人是野蛮的，他准备教化他们，但他在对此没有预先告知的情况下对俄国人进行了教化。"②

在对沙皇意图的严肃性产生怀疑的同时，很多人回应指出此次演讲侮辱了俄国人的尊严。例如，俄国驻高加索部队的指挥官，1812 年卫国战争的英雄 А. П. 叶尔莫洛夫在 1818 年 4 月 30 日给他的朋友、参谋部的值班将军 А. А. 扎克列夫斯基写信说："我觉得，命运不会让我们屈辱到以波兰人为榜样的地步，一切会仅仅停留在对全面改革的单纯许诺上。"他在探讨俄国实行立宪制度的可能性后果时指出，这将不可避免地导致农民的解放和贵族地位的降低，А. П. 叶尔莫洛夫敏锐地指出："认为变革会给俄国贵族造成巨大损失是毫无根据的：普通人民有自己的需要，但他们自身没有文

① Дубровин Н. Письма главнейших деятелей в царствование императора Александра I（1807–1829 гг.）. М.；ГПИБ, 2006. С. 217.
② Цит. По：Шильдер Н. К. Указ. соч. Т. IV. С. 92.

化，因而无力依靠自己来满足这些需要，贵族会想方设法凭借自己的地位利用这一点来赚取利益，只有统治者自身会有所损失，他们将失去作为支柱的贵族，因为贵族将自己的利益与人民更为紧密地结合在一起，会从人民那里寻求利益，在法律禁止人民在统治者的意志面前卑躬屈膝之时，统治者的手中就只剩下一种打击力量，即用武力强迫人民屈从自己的意志！"这位功绩卓越的将军的话语中包含了对权力机制的深邃理解，人民代议制度与无限专制不可能结合。А. П. 叶尔莫洛夫对自己观点的总结，反映了他不希望亚历山大一世的计划能够实现，他写道："我坚信，在我的有生之年不会进行任何改革，也就是说君主在自己的有生之年也不会希望看到这一点。"①

一些人预料到亚历山大一世的演讲将带来灾难性的后果。1818年3月31日，А. А. 扎克列夫斯基从华沙给 П. Д. 基谢廖夫将军写信说："君主在议会上所发表的演讲是美好的，但对于俄国而言后果可能是恐怖的，您从演讲所表达的思想中能轻易地察觉到这一点。"② А. А. 扎克列夫斯基补充道："出乎我的意料，他这么急于宣布自己对这个问题的看法。"② П. Д. 基谢廖夫在1818年4月11日从蒂拉斯波尔给 А. А. 扎克列夫斯基的回信中指出，亚历山大一世的演讲在第二军中激发了对可能发生变革的希望（"连当地人也对他们未来的幸福产生了很多幻想"），但他预言，"传闻将是众说纷纭的"。П. Д. 基谢廖夫在结语中写道："这种坦率给你带来的惊异，我感同身受，但似乎我们已经不习惯于这种惊异了。"③ 耐人

---

① Сб. РИО. СПб. , 1890. Т. 73. С. 280-281.

② Там же. СПб. , 1891. Т. 78. С. 192.

③ Там же. С. 2.

寻味的是，与亚历山大一世关系非常密切的将军们，所感到惊奇的并不是他对宪法的忠诚坚定，而是他敢于如此坚决地，在他们看来——如此急切地说出这一点。

地主或农奴主阵营肯定地把亚历山大一世的声明视为即将采取解放农奴的措施。他们敏锐地洞察到社会和政治解放进程之间相互依存和相互制约的关系。虽然亚历山大一世在华沙对农奴改革的前景只字未提，但当时有关政府将迅速解放农奴的传闻却在俄国各地蔓延。1819 年 5 月编写的《人民精神评论》中直接指出，人民中流传着一种说法，似乎在 1818 年 8 月，将要颁布关于解放农奴的法令。①

传闻亚历山大一世准备将"法定的自由的章程"推广到俄国，是指他立刻要解放地主农民，这种说法也在莫斯科流传。用 M. M. 斯佩兰斯基的话讲，这一切造成了那里"恐惧和忧郁情绪的爆发"。他在 1818 年 5 月 2 日从奔萨给 A. A. 斯托雷平写信说："这种情绪也蔓延到了这里，随着距离的增加，爆发的程度也在加重，尽管现在这里一切还平静，但在平静的背后蕴藏着风险，无法保证长期的平静。危险，并不在于问题的实质，因为不可能想象（尽管许多人在这样想象），政府在断然决定开启如此重要的改革之前，会不事先制定出渐进的、完善有效的法规来应对各种情况，就毫不犹豫地、迫不及待地去操作。危险，恰恰在于如今四处蔓延的恐惧。很难假设，如此关切而焦虑的感觉只会秘而不宣地停留在地主群体之中？如果这种感觉很快在农村中蔓延（日益临近的事件），那该

---

① Толки и настроения умов в России по донесениям высшей полиции в С. - Петербурге с августа 1818 по 1 мая 1819 г. //Русская старина. 1881. № 11. С. 669.

怎么办？那时在平民中就会产生一种看法，或者，用比较准确的说法，这种普遍的看法会被确认（因为其已经存在），即认为政府不仅想要给予他们自由，而且已经赐给了他们自由，只是地主不允许他们获得自由，或者是地主对农奴的自由隐而不宣。这之后将会发生什么呢？想起来就不寒而栗，但是大家都心知肚明。……但是，您会问，或者更为确切地说，我们一些目光短浅的自由主义者会问，华沙演讲的两三句话怎么可能造成如此巨大的、与这些话本身的意义并不相称的后果呢？……如果说地主，他们无疑是最有文化的阶层，从这次演讲中不会看出任何更多的东西，譬如解放农奴，那么如何要求平民能够从中看出一些别的东西呢？在所有的国家，能够分清政治自由和公民自由的人都寥寥无几，在我们这里这种人更是屈指可数。非常可能（值得注意，甚至是 M. M. 斯佩兰斯基也认为在这种情况下必须做出补充说明——作者注），这次演讲的意义，只涉及前者；后者，只可能，或者说是至少，应该是它长期、逐渐发展的结果。"[1]

Φ. B. 罗斯托普琴伯爵也提到了圣彼得堡社会对亚历山大一世演讲的类似理解，他给 C. P. 沃龙采夫伯爵写道："圣彼得堡的人们在秘密地传播皇帝在华沙的演讲，他对波兰人民的偏爱，以及波兰人的粗鲁令人们的头脑发昏，年轻人请求皇帝立宪。所有这一切以一群搬弄是非者被罢免而宣告结束；因为他们只会喊叫，只会以语言表达愤怒，但不会奋起反抗。他们认为宪法所指的是违背贵族的意愿解放农奴，但他们不希望自己的权力被限制，使自己隶属于

---

① Русский архив. 1869. № 10. Стб. 1697–1703.

司法和理智的统治之下。"① 与大多数同时代人一样，Ф. В. 罗斯托普琴认为亚历山大一世不可能做出自愿限制自己权力的决定。

沙皇的立宪声明给社会进步分子留下了相反的印象。Н. М. 卡拉姆津在 1818 年 4 月 29 日给 Н. Н. 德米特里耶夫写信说："华沙演讲在年轻人的心中激起了强烈的反响——他们在睡梦之中也幻想着宪法；他们品头论足，侃侃而谈；他们开始撰文，如在《祖国之子》中、在乌瓦罗夫的演讲稿中；一部分已经准备完毕，另一部分正在准备过程中。这既是可笑的，也是可惜的！但预先注定的迟早会来到。"② 十二月党人 С. Г. 沃尔孔斯基在回顾亚历山大一世华沙演讲留给他的印象时这样写道："沙皇有关他试图在俄国推广并实现宪法管理制度的话语，让我刻骨铭心，这既是出于我对国家的热爱，也是出于我希望国家走出其内部生活所陷入的泥沼。"③ 众所周知，沙皇的演讲在十二月党人中引起了怎样的希望。④

同时代人对亚历山大一世华沙演讲的反应明显地展露出，他们认为农民解放即将到来，农民起义不可避免，最高统治者过于仓促地宣布了自己的意图，一方面，他们不相信这些意图有被贯彻的现实性，另一方面，他们充满着恐惧和希望。但是，他们中没有人怀疑，沙皇做出这种声明是他深思熟虑的结果。当时在华

---

① Архив князя Воронцова. М., 1876. Т. 8. С. 363.

② Письма Н. М. Карамзина к И. И. Дмитриеву. СПб., 1866. С. 236-237.

③ Волконский С. Г. Записки//Серия «Полярная звезда». Документы и материалы/ Издание подготовлено А. З. Тихантовской, Н. Ф. Караш, Б. Н. Капелюш. Иркутск: Восточно-Сибирское книжное издательство, 1991. С. 354-355.

④ Ланда С. С. Дух революционных преобразований... Из истории формирования идеологии и политической организации декабристов. 1816 - 1825. М.: Мысль, 1975. Глава 1. От «древней свободы» к представительному правлению; Глава 2. Государство в государстве.

沙 Н. Н. 诺沃西利采夫办公室任职的 П. А. 维亚泽姆斯基最清楚地表达了这一点。他当时整体上对最高政权持怀疑态度，但同时渴望利用每一个机会推动它采取任何变革措施，他在 1818 年 6 月 3 日给 А. И. 屠格涅夫的信中写道："不能把这些话语看成夸夸其谈：这是他发自肺腑之言，抑或要蓄意愚弄世界。以防万一，我作为你们的代表，阿尔扎马斯的全权听众，在这里做他的翻译官。如果他要忘记了，可以提醒他。"① 有代表性的是，П. А. 维亚泽姆斯基在那些年还没有完全确定自己在社会斗争中的位置（С. Н. 杜雷林恰如其分地称他为"没有十二月的十二月党人"），然而，在一定的条件下他可能去"提醒"皇帝未履行的诺言，似乎并不是什么天方夜谭。

由于 П. А. 维亚泽姆斯基在 Н. Н. 诺沃西利采夫办公室任职，我们似乎可以从整体上复原亚历山大一世在波兰第一届议会开幕式讲话后所发生事件的全貌。П. А. 维亚泽姆斯基的回忆录和他给留在圣彼得堡的朋友们的大量通信，为我们保留了有价值的信息。

我们已经提到，1818 年 3 月 15 日亚历山大一世的演讲以异乎寻常的速度被翻译成俄语，П. А. 维亚泽姆斯基直接参与了这项翻译工作。他对此回忆道："Н. М. 卡拉姆津在给 Н. Н. 德米特里耶夫的信中写道，应该为我对沙皇亚历山大一世在波兰第一届议会上演讲的翻译揪我的耳朵；自然，他谴责的是文法错误。我有一些为自己辩解的理由。并非全部演讲文稿都由我亲自翻译。Н. Н. 诺沃西利采夫在半夜时分把演讲的法语原本交到办公室并要求立刻将其

---

① 　Переписка князя П. А. Вяземского с А. И. Тургеневым. 1812 – 1819// Остафьевский архив князей Вяземских. СПб. , 1899. Т. 1. С. 105.

翻译成俄语。很多政治意义的术语及纯宪法的表述，在俄语中都是创新表达，需要对这些词句进行仔细琢磨。为了赶速度，我们把文本分成了几个部分，在办公室官员之间分配。每一个人竭尽所能地进行翻译。但我是演讲稿翻译的正式负责人。君主对翻译感到满意。顺便告诉您，之后我在 H. H. 诺沃西利采夫办公室是俄语编辑的主要负责人。"①

第一次翻译之后，接下来的是对亚历山大一世在议会闭幕式上演讲的翻译。在议会闭幕式上的演讲中，亚历山大一世高度赞扬了议会的工作，并声明自己坚持要对国家重要事务进行公开、自由的讨论。他说："在提交给你们的法律草案中，只有一项没有被两院多数票通过。你们秉承内在信仰，坦诚直爽地做出这个决定。我对这一点非常喜欢，我从中看到了你们思想的独立性。自由选举产生的人，就应该自由地进行讨论。我希望以你们为中介听到社会思想真诚的、充分的表达，只有像你们这样的议会，才能够给政府以保障，所颁布的法律才能符合人民的迫切需要。"②

这样，似乎最初的宪政经验相当成功，给亚历山大一世以良好的印象。他并没有感到尴尬，议会在第一次会议期间就行使了自己的否决权，推翻了由司法部出台的关于婚姻的法案。他非常乐意对自己的权力做出这种限制，他看到，议会"除了立法热情之外，竭尽全力地展现了对政府法律草案的友善态度"。沙皇在演讲结束时说道："我非常珍视自己的意图，并力图去实现它，这些意图你们

---

① Вяземский П. А. Автобиографическое введение//Поли. собр. соч. СПб. , 1878. Т. 1. С. XXXV; ср. примечания, сделанные Вяземским к его «Исповеди» в «Старой записной книжке» (Там же. СПб. , 1884. Т. 9. С. 106) .

② Богданович М. И. Указ. соч. С. 376.

是知道的。"这听起来就像对他三周之前所做许诺的重申。俄罗斯帝国一部分的宪政制度成为事实。

第二节 宪法方案秘密制定

在波兰第一届议会期间，H. H. 诺沃西利采夫分配给 П. A. 维亚泽姆斯基的任务是将亚历山大一世的演讲稿译成俄语。在两次翻译中他都遇到了不少困难：俄语中没有与在法国政治生活中已经相当发达的宪法术语相对应的词语。对亚历山大一世第一次讲话翻译的质量，引起了前文提到过的 H. M. 卡拉姆津不太友善的评价，这并不奇怪。然而，H. M. 卡拉姆津于 1818 年 4 月 8 日给 П. A. 维亚泽姆斯基的信中，在对翻译的评价方面则表述得相当委婉（"翻译是不错的，随着时间的推移，您在表达的处理上会更为轻松"），只就一些术语的翻译提出了意见。H. M. 卡拉姆津坚决反对把"libéral"译成"法定的自由的"。他写道，"libéral"在这里的意思是"自由的"；而"法定的自由的"，是一种补充说明。古人说，在生活中法律与自由的关系就如同猫与狗的关系。任何（民事）法律实质意味着没有自由。但这一点过于深刻，也离题太远。① 从他的信中可以看出，这些意见并不是要对已完成的译本进行修改，而是泛泛而谈，以备日后使用。

П. A. 维亚泽姆斯基立刻借机与 H. M. 卡拉姆津这位俄语大师讨论起复杂的用词问题。接下来 H. M. 卡拉姆津于 5 月 20 日和 30 日的两封

---

① Письма Н. М. Карамзина к князю П. А. Вяземскому//Старина и новизна. СПб. , 1897. Кн. 1. С. 49.

信明显是对 П. А. 维亚泽姆斯基所提问题的回复（可惜，П. А. 维亚泽姆斯基给 Н. М. 卡拉姆津的去信没能保存下来），信中重新提到了术语问题。令我们特别感兴趣的是后一封信。Н. М. 卡拉姆津写道："您大胆地把 'regence' 和 'regent' 译成 'правление'（管理）和 'правитель'（管理者），而将 'gouvernement' 译成 'правительство'（政府）、'administrative' 译成 'управительный'（管理者的），但是，'attribution' 最好译成 'принадлежность'（归属），而不是 'присвоение'（占有），因为 'присвоение' 表示的是其他的含义。'Fonciere' 不是 'поземельная'（土地的）的意思，而是 'недвижимая'（不动产的）的意思。我不会译成 'узакониться'（合法化）或者是 'укорениться'（扎根于），最好是译成 'вступить в подданство'（加入国籍）或 'сделаться гражданином'（成为公民）等。'Туземец'（当地人）译得很好。"① 显而易见，这些都是对 П. А. 维亚泽姆斯基在某项翻译工作过程中向他所提出问题的回复。Н. М. 卡拉姆津信件的语境表明，他翻译的是宪法文件。

　　П. А. 维亚泽姆斯基可能在 5 月开始翻译什么文件呢？他自己在 1829 年所写的《自白书》中对这个问题回答得很明确。他这样阐述事件的进程："我被委托翻译沙皇发表的演讲。……之后，我又被委托把波兰宪法及其补充组织章程翻译成俄语。一段时间后，君主委托 Н. Н. 诺沃西利采夫编写俄国宪法方案。"② 如果说，П. А. 维亚泽姆斯基在 4 月 17 日结束了亚历山大一世闭幕式上演讲的翻译工作，那么无疑，在那之后，他能够翻译的只是波兰宪法及

---

① Письма Н. М. Карамзина к князю П. А. Вяземскому. Кн. 1. С. 54.
② Вяземский П. А. Указ. соч. СПб., 1879. Т. 2. С. 86.

其补充文件，这是为俄国立宪工作做准备。因此，1818 年 7 月 22
日，П. А. 维亚泽姆斯基写给 А. И. 屠格涅夫的信件中所指的是对
波兰宪法俄语翻译工作的完成："因为在沙皇动身时办公室还没有
开始工作，所以我在自己家里进行宪法翻译工作。我匆忙搞完。如
果可能，把 М. М. 斯佩兰斯基方案的打印版发给我；他是遣词造句
的行家，而我现在正在对词语进行推敲。"①

　　遗憾的是，我们手中没有任何数据可以让我们明确地判断
Н. Н. 诺沃西利采夫办公室开始制定俄国宪法草案的时间。然而，
П. А. 维亚泽姆斯基的回忆录（他的作品全集的"自序"），尽管
只是一些片段，仍然可以让我们重现俄国宪法草案的制定情况：
"在办公室里，有一个法国人 П. И. 佩沙尔-德尚，他是律师和政论
家。Н. Н. 诺沃西利采夫把自己的想法告诉了他，这个法国人在法
国准备和编辑类似的方案时积累了经验，可以说，他撰写的文稿如
行云流水，不需要誊清。这些作品的俄文重铸工作交给了我。"②

　　如上所述，在 П. А. 维亚泽姆斯基的回忆录之中，虽然没有细
节描写，但将整体情况介绍得很清楚。这个方案的思想无疑属于亚
历山大一世和 Н. Н. 诺沃西利采夫，这些思想的具体发展和体现由
П. И. 佩沙尔-德尚负责，"俄文重铸工作"由 П. А. 维亚泽姆斯基
负责。

　　Н. Н. 诺沃西利采夫，虽然不乏缺点，但无疑是当时重要的国
务活动家，头脑敏锐，意志坚强。他学识渊博而精深（虽然是家庭
教育），精通历史、法律、外交和政治经济学。用 А. 恰尔托雷斯基

①　Остафьевский архив. Т. 1. С. 109.
②　Вяземский П. А. Указ. соч. Т. 1. С. XXXV-XXXVI.

的话说，亚历山大一世统治初期，"在国家管理领域的知识方面 Н. Н. 诺沃西利采夫可谓首屈一指，他掌握的这些知识只能从法国和英国的最新文献中获得"①。18 世纪末，Н. Н. 诺沃西利采夫到过英国，在那里亲身了解了英国的议会制度。Н. Н. 诺沃西利采夫从母系方面论是斯特罗加诺夫家族的亲属，他在法国大革命期间前往巴黎，将他以"公民奥切尔"身份加入雅各宾俱乐部的表弟 П. А. 斯特罗加诺夫带回俄国。正是后者后来介绍 Н. Н. 诺沃西利采夫与 А. 恰尔托雷斯基相识，从而把他引入未来沙皇亚历山大一世的"年轻朋友"圈子中。

亚历山大一世掌权后，从秘密委员会开始活动起，Н. Н. 诺沃西利采夫就是其中最有影响力的成员之一，是"年轻朋友"所有创新的参与者。他在 1803~1808 年担任司法部副大臣，后来又担任了一些国家要职。受亚历山大一世委托，他积极参加波兰宪法的起草工作，后来被任命为华沙的"钦差大臣"，负责监督 1815 年宪章生效的进程及其实践。

П. И. 佩沙尔-德尚，此时已在 Н. Н. 诺沃西利采夫手下工作了约 20 年。② 1807~1808 年，П. И. 佩沙尔-德尚曾担任法律编纂委员会第一科呈文官的助理。③ 得知 П. И. 佩沙尔-德尚去世的消息后，А. И. 屠格涅夫在给 П. А. 维亚泽姆斯基的信中追思道，"他是我在法律编纂委员会的助手"④。

---

① Чарторыйский А. Мемуары. М., 1912. Т. 1. С. 284.
② Schiemann Th. Eine Konstitutation für Rußland vom Jahre 1819 Historische zeitschrift. 1894. Bd. 72. S. 65.
③ Остафьевский архив. Т. 1. С. 650.
④ Там же. С. 340.

俄国宪法的起草工作是在绝密的状态下进行的。П. А. 维亚泽姆斯基不了解所有细节，只是执行 Н. Н. 诺沃西利采夫的一些委托。这导致了 П. А. 维亚泽姆斯基在这一时期的书信中反映出来的情绪起伏。[①] 当他感到自己被需要时，他就会兴奋起来，然后陷入沮丧，并在他认为宪法工作"停滞不前"时考虑辞职。

1819 年春天，从 П. А. 维亚泽姆斯基的信件来看，为俄国制定宪法的工作再次活跃起来。1819 年 3 月 17 日，他写信给 А. И. 屠格涅夫："我们的政府，如同一个孩子，有时会调皮胡闹，并说：'没有人会看见。'是时候让人民代议制给他当叔叔了；哪怕这个叔叔可能是愚蠢的，但孩子将会顺从得多。"接下来 П. А. 维亚泽姆斯基把他的推理从宪法原则的理论方面转移到实际应用领域，"灾难仅仅在于，叔叔忘记了他是奴隶出身，开始对一切颐指气使：'这是你们主人的意志。'我只担心这一点，而愚蠢却不会让我感到害怕"[②]。

欧洲国家借助其外交人员密切关注着华沙的事件。例如，1819 年 5 月 2 日，在华沙的普鲁士领事施密特，向外交事务大臣伯恩斯托尔夫报告："在这里俄国宪法早已由 Н. Н. 诺沃西利采夫身边的一个法国人完成。"[③] 后来的事实证明，施密特所急于宣称的宪法已经准备就绪，只是指宪法的《基础原则概要》被拟定。

1819 年 10 月，亚历山大一世来到华沙参加波兰第二届议会的

---

①　Подробнее см. : Мироненко С. В. Самодержавие и реформы. Политическая борьба в России в начале XIX в. М. : Наука, 1989. С. 188-184.

②　Остафьевский архив. Т. 1. С. 243.

③　Цит. по : Вернадский Г. В. Государственная уставная грамота Российской империи 1820 года. Историко-юридический очерк. Прага, 1925. С. 57.

开幕仪式。皇帝的到来是俄国宪法工作的一个重要里程碑。施密特在自己 1819 年 10 月 15 日发给柏林的报告中写道："10 月 16 日（俄历 10 月 4 日）夜晚，在出发之前，沙皇再次审视了宪法草案。在与 H. H. 诺沃西利采夫伯爵研究和讨论之后，陛下最终决定了方案的基础原则，我在这份报告中有幸恭敬地向阁下附上这些内容，方案的真实性我可以保证，因为我看见了君主的御批。现在，我们这里应该在此基础上制定伟大的文件，预计两个月后就能提交给沙皇陛下。"用施密特的话说，亚历山大一世"迫不及待地"期待着此项工作的完成。这项工作是在"如此秘密的情况下进行的，以至于瞒着康斯坦丁大公"①。

从施密特的报告中可以看到，到 1819 年 10 月，宪法草案的基本原则已经在 H. H. 诺沃西利采夫的办公室中被制定出来并得到了皇帝的批准，皇帝给了 H. H. 诺沃西利采夫办公室两个月的时间来完成宪法的全文。

施密特成功获得了由亚历山大一世批准的《基础原则概要》的副本，并将其发送到柏林。这份文件被命名为"Precis de la charte constitutionelle pour l'Empire Russe"，即《俄罗斯帝国法定文书基础原则概要》。

《基础原则概要》用法语写成，完全符合其标题——文本只有两页半打印纸的篇幅。文件分成七章，每章都有自己的标题。

阅读《基础原则概要》时给人印象最为深刻的，是对沙皇的权限做了严格的规定。第二章的标题为"政府"（Gouvernement），其主旨思想是沙皇被赋予行政权力。他被宣布为教会和国家的最高首

---

① Schiemann Th. Op. cit. S. 65.

脑，对他的职能的界定是："他独自负责领导所有军事力量、宣战、缔结条约、任命帝国所有职位，等等。"非常重要的是，在"立法"一章中，没有一句话提到沙皇的特权。但是，文件中包含这样的表述："最高权力是不可分割的，属于君主个人。"这就留下了广泛的空间，可以在未来的宪法，尤其是在它的实践应用中不可预知地扩大沙皇的权力。《基础原则概要》其他章节包含的一些表述也体现了这一点。例如，沙皇保留赦免权，这就使他凌驾于整个司法系统之上（我们还记得，M. M. 斯佩兰斯基在自己 1809 年的方案中坚决反对这一点，提出取消就司法判决向沙皇上诉的权力）。此外，文件中指出："有关议会（这个文件中仿照波兰宪法使用的术语是'Сейм'）的召开、延期、解散以及代表的更新等问题，将与波兰宪法对这些问题的规定类似。"与波兰宪法一样，沙皇保留了个人确定初步预算的权力，尽管接下来要由议会对预算进行批准。在全俄和地方议会代表选举时，沙皇有权最终从被选出的候选人中确定代表人选。

立法权力被赋予全俄议会（"全体议会将讨论法律"）。然而，与此同时，文件中对立法倡议的归属权问题只字未提。整体而言，《基础原则概要》的这一部分内容最为薄弱。"立法"一章对法律文件进行了等级分类。其中指出："立法权力包括：

第一，法律，即建立在不可动摇原则基础上的法律规定；

第二，关于国家秩序和管理的条例、章程和规章；

第三，关于局部事务和偶然问题的法令、指示、命令和规定。"

这些表述直接表明，《基础原则概要》的编写者熟悉 M. M. 斯佩兰斯基起草的宪法方案。

此处所研究文件的一个重要特征，是其中明确体现了法律面前人人平等原则（"法律平等地保护所有公民，无一例外"）。

国家政治生活的根本改革，首先体现在成立代议机构——全俄议会。它应该由两院组成：上院——参政院，成员（参政员）由沙皇任命；下院——代表议院，成员由选举产生。

这个宪法方案与其他一些宪法方案，如十二月党人的宪法方案的原则性区别在于国家的联邦制度原则。根据《基础原则概要》，俄国被分为十个总督管区。相应地，总督管区下划分为省，省下划分为县，县下划分为区。在每个总督管区成立总督管区议会。后者的职能在文件中没有被确定。文件只提到了其中一种活动："地方议会记录对政府公职人员的诉讼，将其上交总督管区议会，再转交全国议会，最后呈交沙皇。"很显然，它被赋予了类似于地方议会的职能，讨论所有地方问题。

地方议会也计划实行两院制。"总督管区"议会的上院应该是改组后的参政院的一个司，下院由选举代表组成。《基础原则概要》中指出："为了形成总督管区议会，每个县从贵族中选举 3 名代表，从市民中选举 3 名代表。"然而，在这 6 名被选举出来的成员中只有 4 人能够成为代表："沙皇从这 6 名候选人中任命 4 人出席总督管区议会的会议。"如果考虑到，"资产阶级"也有可能"选举贵族作为自己的代表"，那么，帝国统治阶级在议会选举中将获得什么样的优势就显而易见了。而且，沙皇对全俄议会下院的形成影响更大。《基础原则概要》中指出："为了形成帝国的全国议会，每个总督管区的议会先从自己每 4 名成员中选举出 1 人作为候选人，再由沙皇从这些被选举出来的代表当中任命半数构成全国议会代表院。"

被列入贵族名册的所有成员，以及所有非贵族身份的地主、一等和二等基尔德商人、"三种自由艺术的演员"、作坊主，都有参选议员的权利。文件中没有提及财产资格，也没有提到哪些人具有选举权的问题。然而，如波兰宪法所规定的那样，无论是地主农民、宫廷农民，还是国家农民，都不被允许参加选举。关于代表的年龄，《基础原则概要》中只是提出"以同样的方式确定"，显然指的是参政员的年龄资格规定——25岁。

对于司法诉讼程序，《基础原则概要》规定了重要的司法独立原则：宣布法官的独立地位。其还规定，在每个总督管区设立一个上诉法庭；计划在两个都城中选一个成立"帝国最高法院"。

参政院的结构和职能发生了根本性改变。它根据总督管区的数量划分成司，其中每一个司成为"总督管区"议会的上院，相应的，上院位于总督管区的首府。接下来"参政院位于召开帝国全体议会的都城的那个司，构成全国议会的上院"。此外，沙皇任命部分参政员担任"最高司法机构主席"。

《基础原则概要》专门阐述了新的国家管理组织。国家最高行政机构是国务会议，由"管理各部门的大臣以及由沙皇选择的其他成员组成"。国务会议的任务是讨论"帝国管理的所有对象"。规定在总督管区也建立类似的政府办公厅："每个总督管区，以总督为首的全体会议，由隶属于各个部的所有行政首脑们组成，以及由沙皇任命的其他人员组成。"总督管区全体会议与中央政府的联系被委托给所谓的"国务秘书"执行，每个国务秘书负责"监督隶属于本部所管理领域各种事务的进展"。

结尾提到了"组织章程"，仿效1815年采纳波兰宪法之后的做法，这些章程应该"发展和贯彻宪章的基本条款"。整体而言，我们所研究的文件是当时典型的欧洲立法文本，反映了政治理论的最典型特征：权力分立、彼此独立，所有人民在法律面前平等，实行人民代议制度，等等。但是，因为这份文件内容简短，很多重要原则没有被详细拟定，无法对这份文件进行全面的评价。但有一点是清楚的，授予皇帝巨大的权力，以及沙皇可以影响国家生活中许多重要问题使这份文件成为当时最保守的文件之一。

事件接下来如何发展呢？首先我们需要指出，从那时起，在华沙，Н. Н. 诺沃西利采夫办公室为俄国起草宪法的消息在欧洲就广为流传了。1819年11月，巴黎的本杰明·贡斯当在《宪政》报上根据"以不同寻常的方式收到的华沙来信"，报道了俄国即将实行立宪的消息，报道中简要地阐述了《基础原则概要》的内容。但是，报道结尾的话"所有这一切会不会只是一场蛊惑人心的游戏呢？"反映了对俄国政府立宪设想的不信任。①

不过，媒体上刊登的消息触动了普鲁士政府。11月16日，普鲁士外务部发急电指示驻圣彼得堡大使舍列尔弄清全部事实，并告知尽可能多的细节。② 12月，梅特涅从维也纳向奥地利驻俄国大使列布采利杰恩发了一份相同内容的急电。③ 这两个人的回复不谋而合。他们分别在自己于1819年12月22日和1820年2月5日发出的报告中写道，俄国宪法没有实施的机会。④ 1820年1月中旬，普鲁士大使舍列尔设法得到了《基础原则概要》的抄本，并把其发送到柏林。这份文件与施密特的抄本完全相同。⑤ 这证明，这份文件

---

① Le Constitutionelle. № 326.

② Вернадский Г. В. Указ. соч. С. 67.

③ Stern F. Die Ergänzung zu der Mitteilung《Eine Konstitution für Russland vom Jahre 1819》//Historische Zeitschrift. 1894. Bd. 73. S. 285.

④ Ibid. S. 286–287；Вернадский Г. В. Указ. соч. С. 68.

⑤ Вернадский Г. В. Указ. соч. С. 68.

被亚历山大一世带到了圣彼得堡，并在那里广为人知。

亚历山大一世回到圣彼得堡之后，希望开始实际贯彻他所赞同的原则，他的做法与他很早以前对 M. M. 斯佩兰斯基的方案所做的一样。他开始零散地实施计划，没有向执行者透露整体计划。亚历山大一世决定建立一个新的总督区（总督管区），希望这个总督管区可以成为今后的总督管区的样板。1819 年 11 月 4 日，A. Д. 巴拉绍夫被任命为五个省：图拉、奥尔洛夫、沃罗涅日、坦波夫和梁赞的总督。①

消息灵通的同时代人立即注意到，新的任命和总督管区的建立与皇帝的宪法计划休戚相关。И. И. 季比奇在 1823 年接替 П. М. 沃尔孔斯基公爵担任总参谋长，他在 1829 年向 A. И. 米哈伊洛夫斯基-达尼列夫斯基说："亚历山大皇帝希望通过成立总督管区实行宪政管理，先从这一步开始，在每个总督管理区设立由一些代表或委员组成的会议管理，但是，这项措施，或者说是这个计划被半途而废了。"对于亚历山大一世放弃这个实施宪政的第一步措施，И. И. 季比奇解释说："选择成立总督管区作为计划的第一步是失策的，华沙人民代表滥用自由，这一时期希腊、意大利、那不勒斯和皮埃蒙特都爆发了革命。"И. И. 季比奇敏锐地捕捉到了亚历山大一世对待宪政思想发生转折的时间界限："在亚琛会议之前，君主内心充满了共和主义原则……一心要实现宪法原则，但从这次大会开始他与这些原则渐行渐远。"②

---

①　Шильдер Н. К. Указ. соч. Т. IV. С. 471. Прим. 243；см. также：письмо А. И. Тургенева П. А. Вяземскому от 6 ноября 1819 года//Остафьевский архив. Т. 1. С. 344–346.

②　Отдел рукописей Российской национальной библиотеки（далее—OP PHБ）. Ф. 488（А. И. Михайловский-Данилевский）. № 25. Л. 204–204 об.

1818年，A. П. 叶尔莫洛夫在给 A. A. 扎克列夫斯基的信中讨论了将全国"划分成为12个总督管区的传言"。① 根据 Г. B. 韦尔纳德斯基不乏理据的假设，在1826年12月6日委员会档案中所保留的12个总督管区各省划分列表正是出自这一年。② 根据这个列表，以图拉为首府的第七区恰恰是由1819年11月被列入 A. Д. 巴拉绍夫总督管区的那些省组成。

1820年1月19日沙皇签署的上谕中，正式宣布成立这样一个不同寻常的行政单位，有关任命 A. Д. 巴拉绍夫的目的，措辞非常含糊："去赴任，抵达那里后，先根据1819年3月17日为负责巡视各省的参政员所颁布的工作细则调查各省情况，接下来根据《各省管理条例》，以及有关总督职务的其他法令行动。"上谕最后指出，A. Д. 巴拉绍夫将很快收到专门的"总督工作细则"。③ 但 A. Д. 巴拉绍夫实际上从未收到过这样的工作细则。

在 A. Д. 巴拉绍夫的档案中，保存有他19世纪20年代所写的日记，其中记载了他自己与沙皇关于他这次新任命的谈话。显然，A. Д. 巴拉绍夫模糊不定的处境，使他不断地重新思考这些谈话，以努力理解沙皇所设想的改革的真正意义。从这些日记中可以看出，如果说亚历山大一世对 A. Д. 巴拉绍夫没有完全开诚布公，那么他还是对未来的改革向 A. Д. 巴拉绍夫做了一些暗示，改革的起点是成立新的总督管区。亚历山大一世对 A. Д. 巴拉绍夫提到了即将进行的中央管理改革，以及他就此赋予实行总督管区的意义。亚历山大一世直接指出，即将到来的改革是在1810~1811年发起，但

① РИО. Т. 73. С. 306.
② Там же. Т. 90. С. 212–213；Вернадский Г. В. Указ. соч. С. 36.
③ ПСЗ-1. Т. 37. № 28106. С. 24.

因为战争而被迫中断的改革的延续。沙皇说，现在，在"欧洲确立了稳定的和平"之后，是时候重起改革了，为此"建立由一些省组成的地区，在总督的领导下团结在一起"。

接下来，亚历山大一世对 А. Д. 巴拉绍夫说，"新总督的职责将与叶卡捷琳娜二世时期的总督迥然不同"。沙皇说："总督，始终是他管辖区域内各省的各项规章能否得到严格执行的监督者，或者说是对所有管理领域进行时时刻刻监察的官员……既然各个部门的事务都将隶属总督管辖，就要在他身边安排各个部门的官员来处理这些事务。"① 最后一句话使人联想到《基础原则概要》中所阐述的关于在每个总督管区设立国务秘书职务的内容。最典型的还有，亚历山大一世追求将总督的意义与大臣等同，即使其进入顶级官僚队伍之列。

1819 年秋，沙皇离开华沙后，那里理应积极开展俄国宪法方案的制定工作。因为资料缺乏，我们无法恢复这一工作进程的全貌。但毋庸置疑的是，从事这项工作的已经另有其人，因为前一阶段 Н. Н. 诺沃西利采夫工作的主要助手 П. И. 佩沙尔-德尚突然离世。1819 年 10 月 17 日，П. А. 维亚泽姆斯基写信给 А. И. 屠格涅夫："死亡不期而至！昨天我们埋葬了老头 П. И. 佩沙尔-德尚，4 号他猝死在街上，当时他刚吃完饭正在回家的路上，在吃饭时还像平常一样唱歌、开玩笑。然而，他早就在忍受着呼吸困难的痛苦。他是个善良的人。"П. А. 维亚泽姆斯基满含深情地补充道："我特别爱他，我们在很多事情上意见一致；我曾有幸看到，他真心希望

---

① Архив СПбИИ РАН. Ф. 16. Оп. 1. Д. 9. Л. 4–4 об.；ср.：РГИА. Ф. 1409（I отделение Собственной Е. И. В. канцелярии）. Оп. 1. Д. 3284. Л. 21.

我好。"

在这个时候，П. А. 维亚泽姆斯基显然被排除在宪法的准备工作之外，他在同一封信中痛苦地通知 А. И. 屠格涅夫，他对 Н. Н. 诺沃西利采夫已完全"丧失信心"。① 然而，П. А. 维亚泽姆斯基中断参加宪法方案起草工作只是暂时的，因为在 П. А. 维亚泽姆斯基与 Н. М. 卡拉姆津的通信中不时提到宪法的问题。1819 年 11 月 3 日，Н. М. 卡拉姆津写道："我们与君主交谈中若干次谈到了您，他对您赞扬不已，亲爱的公爵。您看，基督第一次降临的尝试并非无果而终。请满怀新的希望等待着基督第二次降临……在此期间，或者是永恒的等待期间，如果合适的话，我们将做点什么：您——创作*新的世界宪法*②和诗歌；我——创作古老的俄国历史著作和散文。"③ 1820 年 5 月 17 日，Н. М. 卡拉姆津在信中抱怨道："上帝知道，多久没有收到来自华沙的一行字了！"他要求通告一下消息："你们为议会做准备了吗？你们编写了些什么？是演讲稿，还是宪法？"④ 显而易见，宫廷史家的这些信件中洋溢着些许的嘲讽：Н. М. 卡拉姆津总是喜欢嘲弄他这位年轻的亲戚（提醒一下，当时 П. А. 维亚泽姆斯基只有 28 岁）的积极热情和立宪追求。但是，信件证明了 П. А. 维亚泽姆斯基参与了宪政工作这一事实。

在 1820 年初，А. И. 屠格涅夫和 Н. И. 屠格涅夫的小兄弟谢尔盖⑤来到华沙。他在当时的日记中记载了关于 Н. Н. 诺沃西利采夫

---

① Остафьевский архив. Т. 1. С. 329–330.

② 斜体字为作者标注。——译者注

③ Письма Н. М. Карамзина к князю П. А. Вяземскому. С. 89–90.

④ Там же. С. 101.

⑤ 指 С. И. 屠格涅夫。——译者注

办公室秘密制定宪法的一些重要信息。1820 年 1 月 11 日，С. И. 屠格涅夫在日记中记录了自己最初的印象："在这里我与 П. А. 维亚泽姆斯基公爵和 Н. Н. 诺沃西利采夫伯爵相识。他们友好热情地接待我。Н. Н. 诺沃西利采夫的关于波兰的方案，似乎是在当前局势下的最佳方案。这个方案计划在波兰各省以及俄国本土，如这里一样，确立总督管区和代议管理。最终，波兰王国将成为一个省，现在它还不是这样的省。我国将成为一个在各省拥有省代表会议的伟大帝国。"① 四天的时间，П. А. 维亚泽姆斯基已经使 С. И. 屠格涅夫了解了宪法的各个部分。1 月 15 日，С. И. 屠格涅夫在日记中写道："昨天，П. А. 维亚泽姆斯基给我读了俄国宪法方案中的一些部分，其主要原则与波兰宪法一样。总督管区的代表由人民选举产生，然后从这些代表中选举出总议会的成员。在小议会中政府可以排除第三部分代表。……大臣享有否决权，保证思想自由（即思想表达的自由）。由此可见，公民自由的三个主要支柱在宪法草案中得到了体现，其他的方面还会出台组织法进行补充，不应该急于出台这些法律，要让人民有充足的时间去消化理解自己面临的新状况。"С. И. 屠格涅夫继续道，在这段时间，人民代表"要熟悉第一次将要提交给他们解决的重要法律问题"②。

П. А. 维亚泽姆斯基本人在宪法方案制定中的作用，大概依然只局限于纯粹的翻译和编辑文本工作。但他在这段历史中仍有一个独立的角色要扮演。1820 年，他在圣彼得堡向亚历山大一世呈送了

①　РО ИРЛИ РАН（Пушкинский дом）. Ф. 309（Тургеневых）. № 25. Л. 60 об. Оригинал на франц, яз.

②　РО ИРЛИ РАН（Пушкинский дом）. Ф. 309（Тургеневых）. № 25. Л. 67-67 об.

准备好的宪法草案。

下面是他在自己的《自白书》中所写的："我记不清楚时间了，但我们拟定的方案被呈交给了沙皇。在 1819 年夏天（这里 П. А. 维亚泽姆斯基的记忆有误，应该是在 1820 年夏天①），我的圣彼得堡之行，我有幸到了君主在石桥宫殿的办公室。我领命在午饭后下午 4 点去取一封给 Н. Н. 诺沃西利采夫的信。沙皇与我谈了半个多小时。首先，他询问我此前不久拜访克科拉夫的情况，阐述了他对波兰问题的看法、他想在那里保留的民族性……君主的话题从在波兰实行的政治改革转移到为俄国准备的政治改革。他说，他知道我参与了俄国宪法方案的编辑工作，他对我们的工作很满意，让我把文件带到华沙并转告 Н. Н. 诺沃西利采夫，他希望一定使此事达成所望，在这一时期，只是缺乏实施这项国家变革的资金，才影响了贯彻这个对于他而言十分神圣的设想；他非常清楚，这些改革将会面临多么大的困难和阻碍，面临一些人的对抗，这些人出于偏见和浅薄，把现在很多灾难性的情形归咎于这些政治规则，如果这些人能够从公正的角度去思考，就会立刻认清，现在这些混乱状态完全是由其他原因导致的。"②

П. А. 维亚泽姆斯基在很久以后，当他在 1878 年给自己的作品

---

① П. А. 维亚泽姆斯基与亚历山大一世会面的时间是在 1820 年，而不是在 1819 年，我们做出这个论断是源于他后来所描写的他在这次行程中参加组织了以解放俄国农奴为宗旨的协会（详见下文）。Н. К. 库利曼在 1908 年就指出了 П. А. 维亚泽姆斯基的这个错误。参见 Кульман Н. К. Из истории общественного движения в России в царствование императора Александра I//Известия отделения русского языка и словесности Имп. академии наук. СПб., 1908. Т. 13. Кн. 1. С. 99。

② Вяземский П. А. Указ. соч. Т. 2. С. 87–88.

全集写"自序"时再次回忆了与沙皇谈话的重要细节："在一次我从华沙去圣彼得堡时，皇帝赐予我在石桥宫殿一次特殊的午饭后觐见的机会。至少有半个小时，他谈论了我们 H. H. 诺沃西利采夫办公室的工作、他自己对波兰及其他政治事件和思想的看法。"

"在我看来，虽然这些话里没有直接的表达，但至少有间接的、明确的暗示，表明他与 H. M. 卡拉姆津的意见不合。例如，他说道：'一些人认为，我们现在所看到的秩序混乱状态是自由主义思想的本质表现，实际上，这种秩序混乱状态是由滥用这些思想和原则引起的。'君主还提到了自己对俄国未来国家制度的设想。他一直使用法语……把单词'constitution'和'libéral'翻译成'国家法典'和'法定的自由的'的想法出自君主本身。"①

1820 年②5 月中旬，П. А. 维亚泽姆斯基从华沙启程到圣彼得堡，在那里停留了一段时间，6 月中旬到莫斯科，待到 7 月中旬。③因此，到 1820 年 5 月，根据《基础原则概要》精神所起草的俄国宪法方案不仅已经完成，而且被送交给了在圣彼得堡的皇帝。④ 显然，1820 年秋天，亚历山大一世再次访问华沙期间，这个方案被最终敲定。

完成的宪法一式两份：一份用法语书就；另一份用俄语书就。

---

①　Там же. Т. 1. С. XXXV-XXXVl.

②　据 В. Н. 萨伊托夫确认，关于 П. А. 维亚泽姆斯基到达的消息在《圣彼得堡通报》第 42 期上有报道。详见 Остафьевский архив. Т. 2. С. 400。

③　П. А. 维亚泽姆斯基回到华沙后写给 А. И. 屠格涅夫的第一封信，日期为 7 月 24 日。详见 Остафьевский архив. Т. 2. С. 42。

④　我们指出，1820 年 2 月，在圣彼得堡还只有《基础原则概要》，因此，正是这份文件，而不是成形的方案，被普鲁士大使舍列尔设法弄到，并发给了柏林。

宪法的法语名称是《La charte constitutionelle de l'Empire de Russie》。宪法的俄语名称为《俄罗斯帝国国家法定文书》（«Государственная уставная Грамота Российской империи»，以下简称"《法定文书》"）。宪法规定，在俄国建立两院制议会。宪法第 91 条宣布，祝愿俄国人民从现在起永远拥有人民代议机构。帝国的所有基本法律都必须由议会批准，议会还讨论和批准国家预算。《法定文书》宣布公民自由——言论自由、信仰自由（然而，附带说明，东正教依然是主导的宗教，有关政治和公民平等的规定只适用于基督教徒），以及法律面前人人平等，人身不可侵犯，出版自由。这部宪法具有明显的世袭制色彩。例如，当时所有欧洲先进国家的宪法的基本原则是人民主权，即承认人民是国家权力的源泉，而在《法定文书》中，被代之以沙皇主权。其第 12 条直接指出："君主是帝国所有民事、政治、法律和军事权力的唯一源泉。"

这个宪法方案对传统制度做出显著让步的表现之一，是保留了贵族的所有特权：没有取消贵族的任何一项特权。同样具有启示意义的是，《法定文书》中对农奴制也只字未提。似乎方案的作者们没有注意到这个论其重要性与政治制度不分伯仲的、俄国生活中亟须解决的问题。①

毫无疑问，这是当时世界上最保守的宪法，但它仍然是一部宪法。实施这部宪法的诏书也被起草。剩下的就是在这份宪法上签字并注明日期，但这从未发生过。

---

① Российский государственный архив древних актов（далее—РГАДА）. Ф. 3. Оп. 1. Д. 25.

第三节　解放农奴方案设想

在试图解释是什么妨碍了亚历山大一世完成他的宪政事业之前，让我们先来看看，在同一时间，皇帝是如何试图启动农奴制改革工作的。

如果回到亚历山大一世生命道路的起点，就会深信他这种反对农奴制的信念的现实性。亚历山大大公的老师拉加尔普为他灌输的思想体系中，一个有机的组成部分就是人的个体自由是任何公正的社会制度的基础的思想。当然，这指的是不受任何社会、等级或其他框架限制的普遍自由。拉加尔普在自己的历史课上向年轻人传达这样的思想：农民是社会上最纯真的也是贡献最大的群体。拉加尔普认为，农民中会涌现出很多伟大的人物，当前农民极端不幸的状况源于忽视对他们的教育。因此，在很多国家（其中也包括俄国）农民处于完全蒙昧的状态。在回顾农民起义的历史时，拉加尔普总是站在起义者一方，解释说农民的起义是由政府不明智的政策引发的。①

当然，这样的观点可能只是给未来的皇帝留下泛泛的印象，但是，他不会怀疑农奴制违背道德和自然的性质。众所周知，少年时期掌握的思想最为根深蒂固。1796 年春天，当拉加尔普已经远走时，亚历山大大公向他最亲密的朋友 A. 恰尔托雷斯基承认："他痛恨在任何地方以任何形式表现出来的专制主义，他热爱自由，在他看来，自由应该平等地属于所有人。"那时，亚历山大一世已经体

---

① Сухомлинов М. И. Указ. соч. С. 165-166.

会到自己的踽踽独行，他认识到几乎没有人能分享他的感受。①

1801 年 3 月，亚历山大一世登上俄国皇位，开始具有实现他年轻时所接受的原则的可能性。在对亚历山大一世统治第一个 10 年中意义迥异的各种活动进行评价时，我们可以自信不疑地说，直到 1812 年卫国战争开始之前，他都没有放弃解放农民是必要的也是必然的想法。成为皇帝后，亚历山大一世立即停止了将国家农民赏赐为私人财产的做法。这样做并不需要任何特殊的准备，却明显控制了农奴制的进一步蔓延。这一举措同时也体现了沙皇反对农奴制的态度。

但是，要再前进一步，将一般的想法转化为具体的方案，更别说是把改革设想付诸实践，就绝非轻而易举的事情了。1801 年 6 月，所谓的秘密委员会开始工作，秘密委员会是一个半官方的政府机构，由亚历山大一世和他最亲密的朋友及志同道合者 A. 恰尔托雷斯基、П. A. 斯特罗加诺夫、H. H. 诺沃西利采夫、B. П. 科丘别伊组成，目的是准备"国家管理无形大厦的改革"。秘密委员会的会议在秘密状态下进行，在四年多的时间之内由沙皇亲自担任主席。②

秘密委员会就农奴制问题反复磋商。在 1801 年 11 月 11 日的会议上，所提交的三个法令草案中有两个得到了皇帝的赞同：禁止不带土地出售农民的法令，允许商人、市民和国家农民占有无人居住的土地的法令。后一个法令很快——1801 年 12 月 12 日得到批准，而第一个法令最终没有被颁布。

---

① Шильдер Н. К. Указ. соч. Т. I. С. 309.
② Сафонов М. М. Указ. соч. С. 121–127.

帝国政要的抵制使"禁止不带土地地出售农民"成为泡影。在常设会议——国务会议的前身，由帝国主要政要组成的立法讨论机构，反对禁止不带土地地出售农民的法案。会议成员认为，这种不谨慎的措施将使"总是渴望自由的平民"不再顺从。常设会议成员担心，农民在接受这项措施时，"会认为将减少或者是完全取消地主的权利"。沙皇本人出席常设会议接下来的一次会议，试图维护这个来自他的建议，但他也未能消除来自常设会议成员的阻力。

亚历山大一世并没有坚持而是选择了让步，只在 1801 年 5 月 28 日向科学院院长下达了他签署的上谕，在科学院通报上不许刊登任何人有关出售人口的声明。在此之后，以前的声明被代之以有关准许农奴帮佣的通知，没有任何实质性的变化，不带土地买卖农奴依然继续。①

然而，尽管秘密委员会讨论农民问题的实际效果微不足道，农村农奴制改革的总体规划也没有被制定出来，但还是讨论了一些原则性的问题，对这些问题或多或少地形成了清晰的看法，尽管这仅局限在那些最接近亚历山大一世的国务活动家的狭窄圈子内。首先，秘密委员会的成员都认为，任何碰触农奴制的企图毫无疑问都会引起大部分地主的不满，更重要的是，会引起帝国高级官僚的切齿痛恨。对于这样做必然会引发与绝大多数贵族冲突的清醒认识，给秘密委员会内部的讨论进程以及政府对农民问题的整体政策带来了不可磨灭的影响。例如，

---

① Семевский В. И. Крестьянский вопрос в России во второй половине XVIII века и первой половине XIX века. СПб., 1888. Т. 1. С. 241–242.

H. H. 诺沃西利采夫在 1801 年 11 月 18 日会议上反对颁布禁止不带土地出售农民的法令时说，这个法令的出现将引起地主的不满，而亚历山大一世也是以"太忠实于自由"而闻名。① 诚然，A. 恰尔托雷斯基在会上指出，地主对农民的权利是"如此骇人听闻"，他认为要"不惜一切代价来消灭这种权利"，称在这个方面的所有"恐惧"都无凭无据。② П. A. 斯特罗加诺夫坚决否认贵族抵抗政府计划的可能性。他指出："在一个实行专制制度的国家……变革明显更为容易一些，危险会更少一些，因为这些变革只取决于一个人的意志。其余的人追随着他，就像羊群一样。"③ 然而，很明显，正是担心大部分贵族对一切解放措施的抵制，亚历山大一世才犹豫不决，并在这方面的初期举措中极其谨慎。

尽管如此，秘密委员会成员与皇帝都清楚地意识到为废除农奴制而采取行动的另一个动因。П. A. 斯特罗加诺夫非常露骨地表达了这个动因，"他在 1801 年 11 月 18 日的同一次会议上说，任何时候，我们这里都是农民发生骚乱，贵族从来不会引发骚乱，如果有什么令政府提心吊胆的，并且需要密切注视的，那么恰恰是农民，而不是别人"。П. A. 斯特罗加诺夫继续道："这两个阶级之间的关系，笼罩着仇恨，可以说，这种仇恨是非常强烈的。"④ 亚历山大

---

① Великий князь Николай Михайлович. Граф Павел Александрович Строганов (1774–1817). Историческое исследование эпохи императора Александра I. Т. 2. С. 109.

② Там же. С. 110.

③ Там же. С. 112.

④ Великий князь Николай Михайлович. Граф Павел Александрович Строганов (1774–1817). Историческое исследование эпохи императора Александра I. Т. 2. С. 113.

一世本人也很清楚："应该让民众感到满意。"沙皇在 1803 年 11 月
9 日的会议上说："当他们开始发声并感觉到了自己的力量时，形
势将会岌岌可危。"①

　　不仅是秘密委员会成员和皇帝对农民的骚动状况忧心忡忡。
例如，H. C. 莫尔德维诺夫在他 19 世纪初的一篇《备忘录》中指
出，俄国已经不止一次地看到农民反对"奴隶制"的起义，政府
暂时有足够的力量镇压农民起义，但现在已"接近愤怒全面爆发
的时代"。②

　　然而，认为亚历山大一世寻求解决俄国生活中的主要问题之
一——农民问题，只是因为害怕农民起义，担心新的"普加乔夫暴
动"的威胁，这种观点并不正确。秘密委员会的讨论清楚地表明，
当时认识到了消除农奴制对经济领域的必要性。在 1803 年 11 月 11
日的会议上讨论允许非贵族购买无人居住的土地等法令草案时，
H. H. 诺沃西利采夫表示，提出这些法令草案是"希望改善农业经
济"③。当然，亚历山大一世及其"年轻朋友"清楚地记得，还是
在 18 世纪 70 年代，叶卡捷琳娜二世为证明自由劳动对农奴劳动的
经济优势一书的作者授予一枚大金质奖章。在 19 世纪初，俄国开
始传播资本主义政治经济学奠定人亚当·斯密的著作。

　　虽然秘密委员会成员和皇帝本人在反对农奴制上立场一致，
认识到农奴制对国家发展的阻碍作用，意识到农奴制是导致社会

---

① 　Там же. С. 242.

② 　Предтеченский А. В. Очерки общественно-политической истории России в
первой четверти XIX века. М., Л., 1957. С. 155.

③ 　Великий князь Николай Михайлович. Граф Павел Александрович Строганов.
Историческое исследование эпохи императора Александра I. Т. 2. С. 106.

紧张的主要源泉，感觉到农奴制对俄国来说是一种不堪忍受的道德耻辱，但他们不敢立刻实行激进的改革。秘密委员会确立了渐进的改革原则。这个原则看似合理，其实，如解放农民的历史经验所表明的，在俄国当时的条件下，这意味着将长期拒绝推行取消农奴制的现实举措。这并非偶然，农奴主也同意在解决农民问题上采取渐进的措施，他们清楚，只有这种做法才会给予他们推迟改革的机会。

1802年11月，С.П.鲁米扬采夫伯爵——叶卡捷琳娜二世时代著名元帅之子、国家一等文官Н.П.鲁米扬采夫的兄弟，也是国家最大的地主之一，向亚历山大一世提议，允许地主以赎买的方式解放农民，但不是像以前那种以单个人的方式，而是以整个村社为单位，分配给他们足够数量的土地。根据С.П.鲁米扬采夫的看法，这样的措施对地主十分有利，可能会使奴隶制逐步消除，"农奴制还能是什么，毋庸置疑是一种令人惶惶不安的灾难"①。С.П.鲁米扬采夫的提案，得到了亚历山大一世的充分认可和支持，他下令在常设会议上进行讨论。这一次会议承认提案值得赞同，但认为"颁布这种有条件地解放农民的普遍法律，可能会引起歪曲真相的流言……许多地主会因这些流言而惊恐不安，把这个法律看成侵犯他们财产的起步措施，而农民就会幻想得到无限的自由"，因此建议不颁布这种普遍性的法律，而是给С.П.鲁米扬采夫下发一个私人命令，允许地主效仿他的做法。② 1803年2月20日，亚历山大一世颁布了关于自由农民的法令。

① Русский архив. 1869. № 11/12. Стлб. 1953–1956.
② Архив Государственного совета. СПб., 1878. Т. 3. Ч. 1. Стлб. 783–787.

怎么抬高这一法令的象征意义都不为过。在农奴制基础不断被加强的许多个世纪中，第一次出现了一个立法法案，它没有为强化农奴关系制定细则，而是为农奴解放开辟了道路。然而，关于自由农民的法令的基础是给予农民自由的决定遵循自愿性原则，这导致法令的效果微不足道。事实是，地主从经济角度衡量，对带着土地去解放自己占有的农奴、使用雇佣劳动进行经营根本不感兴趣。俄国现实再次向皇帝展示了一个他始料未及的画面，使他情绪低落。在亚历山大一世统治的整个时期，只有不到 5 万名农奴被转为自由农民。①

其他几种情况也不容忽视。这项法令的意义（除了它清楚地表明政府在农民问题政策上的方向之外），还在于确认了通过赎金方式带土地解放农民的思想。恰恰是在 1803 年，这个原则首次被公开宣布，后来成为 1861 年农民改革的基础，只是形式有了变化。还有一点，C. П. 鲁米扬采夫的号召似乎证实了亚历山大一世幻想的现实性，即农民可能由其主人自愿解放。似乎只要先确定对地主有利的解放条件，事情就会自然而然地得到推进。这一点，正如时间所证明的，是一个深刻的认识误区。任何有利的条件也无法撼动深层次的社会和经济进程。事实是，地主对解放自己占有的农奴、使用雇佣劳动进行新式的经营根本不感兴趣。但是，最高政权密切关注着这个法令的实施进程。每年，都亚历山大一世都会收到有关转为自由农民的农奴的详细资料。②

在随后的几年，亚历山大一世的注意力越来越转向其他问题，

---

① Семевский В. И. Указ. соч. Т. 1. С. 266.

② Данные начиная с 1816 года см.: РГИА. Ф. 1409. Оп. 1. Д. 1723, 2485, 2901, 3279, 3548, 3634, 3738, 4010, 4366.

农民问题逐渐退居次席。蒂尔西特条约之后，亚历山大一世把主要注意力集中在国家制度改革上。《国家改革计划》的作者 M. M. 斯佩兰斯基，在那个时候成为皇帝最亲密的顾问，他是农民解放的支持者，从来没有片刻怀疑农奴制崩溃的必然性。但是 M. M. 斯佩兰斯基认为，这一切的发生应该是系统性的政治改革的结果，政治改革要先于农民解放。所以在他的方案之中，没有提到取消农奴制的任何具体计划。

然而，亚历山大一世的观点依然如旧。沙皇与 B. C. 波波夫的通信可以证明这一点，B. C. 波波夫是叶卡捷琳娜二世时代著名的政治家，在亚历山大一世在位期间也没有失去自己的影响力。

1811 年，波兰参政员 B. 斯特罗伊诺夫斯基伯爵的著作《关于地主和农民的条件》被翻译成俄语出版。书中描述了农奴的困境，提到"普加乔夫起义"实际上是对必须废除农奴制的第一次警告，然而这次警告并没有被地主领会。该书作者指出，对于俄国，除了解放农奴，不存在其他的道路。B. 斯特罗伊诺夫斯基支持不带土地解放农奴，他在自己的书中描述了在他看来取消农民对地主的个人依附后最有利于农业的体系。

B. 斯特罗伊诺夫斯基这本书的出现引起农奴主阵营集体愤怒的爆发。[①] 一个农奴主，B. C. 波波夫决定直接给亚历山大一世写信表达自己的思想。他说，B. 斯特罗伊诺夫斯基的思想使他"惶恐不安"。B. C. 波波夫写道："俄国著名的暴动者一直在发出类似的教唆。"B. C. 波波夫并没有寻找有力的证据来证明自己的思想

———————————

① Семевский В. И. Указ. соч. Т. 1. С. 295–306.

立场，他只是重复农奴主惯有的陈词滥调："在俄国，还没有成熟的思想去理解自由那种虚荣的同时也是可怕的天性——关于自由的空想是狂热的，而滥用自由的后果则是危险的。" В. С. 波波夫照旧以法国革命为例来提醒沙皇。他认为，如果俄国没有确立农奴制，也会遭受类似法国动乱的折磨，经受所有可能的灾难。В. С. 波波夫在信函结尾处的论断的基调我们在前文中已经熟悉，就是 А. С. 希什科夫在三年之后撰写的宣告 1812 年卫国战争胜利结束的诏书中的那种基调，即农奴制是俄国不可动摇的根基："君主！帝国的繁荣与强大与否取决于将各个部分紧密联系在一起的纽带是否牢固，教唆解除这些纽带是无比危险的。"

В. С. 波波夫的信激怒了亚历山大一世。他在 1811 年 9 月 17 日给作者发了一封简短的但措辞非常强硬的回信。沙皇一开始就说："您的描述，我觉得完全没有必要，我认为，我与您一样，都能深入理解事务的本质。"亚历山大一世接下来写道，他在 В. 斯特罗伊诺夫斯基的书中没有发现与 В. С. 波波夫的担心有"任何类似之处"的东西，不能承认 В. С. 波波夫有关过去时代的看法是"正确的"。皇帝在回信的后面写道："总体上我没有看到您有其他的功勋，除了想以自己的建议来哗众取宠之外。我，当然，像您一样，真诚地将自己与祖国联系在一起。祖国的幸福，过去是，现在是，将来也永远会是我全心全意关注的。"他在信的结尾处指出，在 1768 年，叶卡捷琳娜二世奖励来自亚琛的法律博士别阿尔杰·杰拉别伊一枚金质奖章和一百枚金币，是因为他在自己的文章中写道，"女皇的荣誉"在于"赐予自由"。①

---

① Русский архив. 1864. № 3. Стлб. 319–321.

1812年卫国战争结束，俄军远征国外回到俄国后，亚历山大一世再次转向农奴制问题。他在这个方面采取实际行动的直接推动力，非常可能来自爱斯特兰贵族的倡议，他们在1816年声明准备自己解放农民。

波罗的海地区的省份（利夫兰、库尔兰和爱斯特兰）与俄国其余地区有着根本性的区别。这里不存在有极端表现形式的农奴制，商品与货币关系的发展水平明显高于俄国中部。主要是，这里的地主已经意识到保留农奴制在经济上无利可图。在此之前的10年，专制政权对波罗的海地区发展的政策导向是逐步给予农民一些权利。1816年5月23日，亚历山大一世批准了关于爱斯特兰农民的新规章。根据这个规章，农民获得了个人自由，但失去了拥有土地的权利，土地完全转归地主所有。有关禁止农民自由迁移以及选择职业的规定实际上使农民成为无权的租户或雇农，他们的处境依然非常困难。

然而，尽管在爱斯特兰废除农奴制具有各种明显的局限性，但还是在俄国解决农民问题的历史上开创了原则性的新阶段，这一点在历史学中还没有得到应有的评价。现有研究在对解放农民的条件进行中肯批评时忽视了一个事实，即1816年条例是俄国数百年历史中的第一个，专制政权不是深化或者是扩大农奴制，而是相反，取消了农奴制的法令，尽管只是在广袤的俄罗斯帝国领土的一部分地区。1816年，亚历山大一世，不是在口头上而是在实际中，公开表明他准备在一定条件下采取解放农奴的具体措施。

1816年夏天，非常可能在这个拟定方向上采取了行动，亚历山大一世任命Н.Г.列普宁-沃尔孔斯基公爵为小俄罗斯总督，他是十二月党人С.Г.沃尔孔斯基同父异母的兄弟。如上所述，亚历山大一世对自己的改革计划严格保密。皇帝的许多秘密计划是后来从当时一些人的回忆录或其他资料中发现的。例如，在对十二月党人侦查时期，波尔塔瓦省前首席贵族 C. M. 科丘别伊被逮捕并被带到侦讯委员会。他被怀疑与十二月党人有联系，并参加小俄罗斯的一个秘密社团。但很快调查清楚，C. M. 科丘别伊与十二月党人运动没有任何关系，他就被无罪释放了。但恰恰是 C. M. 科丘别伊在接受调查时的供词使我们发现了当时亚历山大一世通过 H. Г. 列普宁-沃尔孔斯基给他一个秘密委托的事实："1817 年，根据总督向我宣布的密旨，我受到皇帝的委托制订给予农民自由身份的方案。经过一年多时间，我将制定完成的方案呈交给了先皇。"①

　　C. M. 科丘别伊的供词允许我们对有关他拟定的方案的事实持一种全新的观点。关于 1817 年末 C. M. 科丘别伊呈给沙皇的解放农民的方案，早就为人所知。1895 年，H. Ф. 杜伯罗温公布了在沙皇办公室档案中保存的 H. H. 诺沃西利采夫、H. Г. 列普宁-沃尔孔斯基和 C. M. 科丘别伊之间有关这个方案的通信。② 然而，当时人们并不清楚 C. M. 科丘别伊的这个方案是根据亚历山大一世的委托所拟定的。

　　C. M. 科丘别伊的供词确认了一个事实，即亚历山大一世在1816 年夏天 H. Г. 列普宁-沃尔孔斯基离开圣彼得堡启程去波尔塔瓦之前，与他进行了一次特别会晤，特别谈到了农民问题。关于解放爱斯特兰农民的法令是亚历山大一世在 5 月末签署的，夏季，他就委托 C. M. 科丘别伊制定"给予农民自由身份"的方案。这两个

---

① ГА РФ. Ф. 48. Оп. 1. Д. 193. Л. 1.
② Сборник исторических материалов, извлеченных из архива Собственной Е. И. В. канцелярии. СПб., 1895. Вып. 7. С. 165–167.

事件之间的关联性一目了然。

亚历山大一世始终在迫切期待着 C. M. 科丘别伊工作的结果。然而，1817 年底，C. M. 科丘别伊呈上来的方案并不符合他的期望。C. M. 科丘别伊没有提出解放农奴的方法，正如他自己所写的，他只是描述从 1811 年起在农村就已存在的秩序。① 实质上，C. M. 科丘别伊根本没有提出取消农奴制的问题，而只是提出规范地主和农民的相互关系。

1818 年 4 月 16 日，H. H. 诺沃西利采夫对 C. M. 科丘别伊奏章的《回复》中反映了亚历山大一世的失望情绪。H. H. 诺沃西利采夫告诉 H. Г. 列普宁-沃尔孔斯基，沙皇特别关注 C. M. 科丘别伊的方案，"但研究了这个方案之后，皇帝陛下心如明镜……他提交的规划中阐述的许多建议，不仅不会给农民带来利益，而且可能使他们当前的状况进一步恶化"，因此，沙皇委托他，H. H. 诺沃西利采夫，起草了此处所附的《回复》。②

在《回复》中，H. H. 诺沃西利采夫明确指出，提交的方案中没有一句提到关于解放农民，即关于"法律赋予的自由，而没有这一点根本无法确立农民稳定的幸福安康"。H. H. 诺沃西利采夫写道："但是，如果农民没有获得个人自由，私有财产权利得不到完全保障，如果他们与地主之间的相互义务没有明确的、公正的规定，那么这种自由，会不会只是一个精神幽灵？"③

当然，仅仅依据这些批评意见我们无法全面了解亚历山大一世

---

① Сборник исторических материалов, извлеченных из архива Собственной Е. И. В. канцелярии. С. 175.
② Там же. С. 165.
③ Там же. С. 165-171.

对农奴解放方式的看法。但是，在《回复》中仍然可以捕捉到一些暗示，这就是必须全面改革农奴制、让农民获得人身自由、保障农民迁移的自由、保障农民对动产和不动产的所有权的思想，以及尚未清晰形成的关于"公正地"调节地主和农民之间相互义务的想法。

　　同时，小俄罗斯总督 Н.Г. 列普宁-沃尔孔斯基于 1818 年 1 月在波尔塔瓦和切尔尼戈夫省例行贵族选举时发表的讲话引起了广泛关注。他特别指出："每个……为了共同的利益而牺牲自身安宁和个人利益的人，都可能为这个思想而自豪。"但是，在提到"牺牲"的必要性时，Н.Г. 列普宁-沃尔孔斯基当然是指开始农民解放进程的必要性。然而，他并没有直接呼吁贵族们这样做，只是谈到规范地主与农民的关系的必要性："为你们子孙的未来造福吧。根据你们地方的习俗去寻找方法，在不破坏你们与你们农民之间救赎关系的同时，保障他们未来的幸福，明确他们的义务。"① 只有在群情激昂的社会环境中，当一些人热切地捕捉政权改革意图的每一个暗示，而另一些人也同样激动地对在他们看来过于自由的皇帝的每一句话愤慨不已时，人们才能把 Н.Г. 列普宁-沃尔孔斯基的这些极为谨慎的话语解释为号召农民解放的步骤。但当时的局势是对农奴制的丝毫触动都会引起右派和左派的激烈反应。围绕Н.Г. 列普宁-沃尔孔斯基的讲话就出现了这样的事情。这个讲话的抄本在全国各地流传，然后在《杂志的精神》上发表（关于俄国社会中围绕农奴制问题的论战详见下一章）。

　　在 1818~1819 年，沙皇解决农民问题的期望达到了顶点。这

---

① 　Дух журналов. 1818. № 20. С. 1125–136（591–602）.

时，亚历山大一世试图制定出全面完整的农奴制改革方案。1817 年末 1818 年初，沙皇同时委托几个著名的国务活动家提出政府取消农奴制方式的议案。

有一个事实可以有力地证明亚历山大一世此项意图的严肃性和重要性，他选择 A. A. 阿拉克切耶夫作为自己计划的执行者之一。A. A. 阿拉克切耶夫能成为农民解放方案的作者吗？这有可能吗？这在某种程度上不符合国家历史上对这个人的作用和地位的根深蒂固的看法。委任一个被同时代人看成反动象征的活动家来制定进步设想的实施方案，这种情形确实匪夷所思。但正是这种情形证明，亚历山大一世追求在实践中着手取消农奴制，而不是"与自由主义的逢场作戏"，不只是希望赢得欧洲的好感和获得开明君主的名声，而是希望出台非常明确的、有针对性的政策。众所周知，A. A. 阿拉克切耶夫可以说是亚历山大一世唯一的朋友，亚历山大一世最为隐秘的意图的设计和实施往往都是委托给 A. A. 阿拉克切耶夫去做的，这只要回顾下一军屯的历史即可清楚。

A. A. 阿拉克切耶夫作为残酷的、专制的地主而闻名。但人们也知道，由于深谙亚历山大一世的想法，他极力克制着不公开维护农奴制。例如，他从未在国务会议上发言支持农奴主反对派。与学界普遍流行的观点①相反，当 1818 年十二月党人 Н. И. 屠格涅夫出版了著作《税收理论经验》，其中明确提出必须解放农民之时，A. A. 阿拉克切耶夫根本没有参与农奴主们对作者的辱骂讨伐。根据 Н. И. 屠格涅夫本人的回忆，A. A. 阿拉克切耶夫是"一个灵活的朝臣，他对这个允许书写并出版这种作品的时代进行歌颂"。

---

① Семевский В. И. Указ. соч. Т. 1. С. 437.

Н. И. 屠格涅夫指出，虽然"按 А. А. 阿拉克切耶夫的原则秉性，没有什么会比这部著作更令他反感的了"[①]。

方案制定的工作持续了多长时间我们不得而知，但是在 1818 年 2 月，亚历山大一世出发到华沙去参加波兰第一届议会开幕式前不久，该方案已经出现在沙皇的案头。遗憾的是，该方案的全文未被找到，我们只能通过一份有关 А. А. 阿拉克切耶夫 1818 年在农民问题上活动的匿名报告（副本被保留在历史学家 Н. К. 希利杰尔的档案中）中所包含的详细论述，以及 1861 年农民改革准备中政府编写的《关于农民解放问题的不同提议的报告》中的简短叙述来判断这个方案的内容。

这两份资料表明，该方案有一个简短的前言，А. А. 阿拉克切耶夫在这里阐述了亚历山大一世所设想的未来解放农民方案的基础原则。其中最重要的是从讨论颁布关于自由农民的法律之时起君主就一直秉承的思想："这个方案中不能含有任何限制地主的措施，特别是要使政府在实行这些措施时不需要采取任何暴力行动。"方案中的提议一定要符合"地主的利益"，激励起地主自身"协助政府达成废除俄国农奴制的愿望"。

根据 А. А. 阿拉克切耶夫的命令，方案的准备工作在"绝密"状态下进行，知道这件事的只有"伯爵下属的五等文官萨姆布尔斯基以及一个官员，后者主要依据 А. А. 阿拉克切耶夫伯爵的指示草拟方案，在萨姆布尔斯基的领导下工作"。

需要注意的是，与 Н. Н. 诺沃西利采夫对 С. М. 科丘别伊方案的《回复》不同，亚历山大一世在给 А. А. 阿拉克切耶夫的建议

---

① Тургенев Н. И. Россия и русские. С. 54.

中，没有提出任何解放农民的具体条件。这完全交给 A. A. 阿拉克切耶夫自己来决定。但是，亚历山大一世却坚定并明确地表示了不准备让步的那些基本原则——不会对地主使用暴力。沙皇有多么伟大的信念，相信可以提供这样的条件，让地主自愿放弃自己对农民人身和劳动的权力。

亚历山大一世继续沉溺于幻想，这种幻想之所以存在，是因为他没有认识到使波罗的海的贵族积极寻求农奴解放，而同时使他们的俄国兄弟消极地但坚定地对抗政府任何解放农奴行动的真正原因——俄国省份和波罗的海省份的社会经济发展水平不同。值得注意的是，在亚历山大一世的建议中完全没有提到实行农民改革的一个重要理由，即农奴制对国家经济发展的制约影响。在任何情况下，对所计划的改革只是被描述为"符合时代的精神和教育的发展"，是"为农奴主自身未来的安定所必需的"。

对于使农民摆脱束缚的方式，A. A. 阿拉克切耶夫在他的方案中建议，国家先是大规模赎买地主庄园，或者是"根据与地主自愿协议的价格"，或者是根据一些"特殊的规定"进行。A. A. 阿拉克切耶夫认为，向国家出售农民和家仆后，地主自然而然地就会追求摆脱债务，在理性的基础上进行经济活动，或者是使用雇佣工人耕种他们出售农民后剩下的土地，或者是把土地租赁给农民。

政府每年拨款 500 万卢布，用于执行收购庄园计划。如果政府无力承担这个必要的数额，那么计划每年发行 10000 张信用券，每张 500 卢布，年息 5%。为了实现赎买活动，该方案计划成立一个特别委员会，代表政府完成这类交易。地主可以出售整个庄园，或是要求政府购买农民（只带有一部分土地）。在后一种情况下，每个纳税农奴份地的最小份额是 2 俄亩。

这个方案以非同凡响的方式考虑到了国家预算能否担负得起计划中的赎买金额的问题。显然，在方案准备工作中，А.А.阿拉克切耶夫就收到了建议书，指出这笔赎金为国家力不能及，随着时间的推移，给地主的补偿资金将成为国家无法偿还的国债。因此，在提交给亚历山大一世的方案中，附有А.А.阿拉克切耶夫针对这种担忧的反对意见，他在页边处补充道："这似乎是毫无根据的，因为国库什么也没有失去：国库所给予地主的，是国家从已购买的地主庄园上所获得的收入。"

А.А.阿拉克切耶夫建议，在方案公布的同时颁布诏书，把采取这项措施解释为是国家希望以此帮助地主，宣称所进行的改革是为那些处于极端的困境之下必须以低价出售自己庄园，或者是向资本家和高利贷者欠下债务面临破产的地主提供资金，帮助他们摆脱困境，至少是能保留自己的部分财产传给自己的后代。总之，А.А.阿拉克切耶夫认为有必要严格按照拉尔加普曾经规劝亚历山大一世的方式行事。"自由""农民解放"等词语不适合被公开说出。

很难说А.А.阿拉克切耶夫的这个方案的现实意义有多大。但不能忽视的是，他提出的原则——即在国家的直接参与下通过赎金带土地解放，半个世纪以后在1861年实施农民改革时被采用。

在更晚的时期，社会上也提出过用这种方式解决农民问题的思想。在19世纪30年代后期，著名的十二月党人М.А.冯维津，住在托博尔斯克的村庄时写了一篇札记《论俄国农民的农奴状态》。另一个十二月党人И.И.普辛也参与了这一札记的写作。这个札记是预备提交给政府的，包含了解放农民的详细方案。饶有兴趣的是，М.А.冯维津和И.И.普辛所提出的建议与

A.A.阿拉克切耶夫在很久以前提出的方案相当吻合，当然，他们并不知道 A.A.阿拉克切耶夫方案的存在。

根据我们所掌握的资料来判断，A.A.阿拉克切耶夫的提议得到了亚历山大一世的赞同。上述匿名报告的作者写道，这个方案"据我所知，得到了君主的高度肯定，当然，如果不是当时众多政治事件的阻碍，特别是当时南欧一些国家受到不太温和的自由主义的吸引而发生的混乱，尤其是在君主离开首都时谢苗诺夫军团的骚乱事件使他的思想和意图发生彻底改变，那么这个方案将会被逐渐贯彻实施"①。

在分析迫使亚历山大一世放弃实施解放农奴计划的原因之前，让我们先来阐述制定废除农奴制的总体计划的另一种尝试。

当局为解决农民问题采取的一切举措继续严格保密。亚历山大一世仍然坚定不移地忠于自己的原则：任何人，如果没有受到"特殊信任"，甚至不应该去"揣测"最高统治者正在制定逐步消除农奴制的方案一事是否真实。所有与之有关的事项都等同于王朝的绝密之事，如 H.H.诺沃西利采夫在华沙制定国家宪法改革方案的工作一样。在庞大的帝国内，关于具体改革方案的存在，如同亚历山大一世决定把皇位继承权越过放弃继承皇位的王储康斯坦丁而传给他的二弟尼古拉一样，只有屈指可数的几个人不是通过流言的途径知晓的。

通过在档案中进行艰苦的搜索后才得知，亚历山大一世决定成立一个专门的秘密委员会来制定农民改革计划，并在 1818 年初委

---

① OP PHБ. Ф. 859. K. 31. № 16. Л. 3 об.

托财政大臣 Д. А. 古里耶夫制定这一计划。① 计划制定的主要工作由圣彼得堡大学校长、著名法学家和经济学家 М. А. 巴鲁吉扬斯基承担。从 1817 年起，М. А. 巴鲁吉扬斯基兼任校长并在财政部担任国家债务偿还委员会主席。М. А. 巴鲁吉扬斯基是有声望的自由主义者，以他的进步观点而声名远播。后来，他的名字作为十二月党人秘密社团的成员，出现在 А. И. 迈勃罗达的告密信之中。然而，在侦查过程中发现，他并不是社团成员，尼古拉一世下令 "忽略" 对他的告密。②

对于 М. А. 巴鲁吉扬斯基而言，理想的是西欧国家已经完全确立的以自由劳动为基础的新农业经营方式。他清楚地认识到这种经济运行方式的优势。他在给 Д. А. 古里耶夫的一封信中描述农奴制的规范时写道："但是，如果这些法律是不完善的、有害的，如果承认，发展工业的主要的、唯一的阻碍在这里，如果教育和社会思想的发展要求必须改革，那么是否应该因为执行的困难而放弃改革，把它留给时间和机遇来随意决定呢?"③ 对于 М. А. 巴鲁吉扬斯基来说，这一问题的答案很明确。政府的职责是改革已经过时的农奴关系。全部问题在于，如何在不破坏社会安宁的情况下去实施。

М. А. 巴鲁吉扬斯基反对直接在全国范围内解放农民，也反对在一些地区逐步解放他们。他写道："通过共同的法律让所有农民

---

① Мироненко С. В. Указ. соч. С. 106–119.

② Косачевская Е. М. М. А. Балугьянский и Петербургский университет первой четверти XIX в. Л. : Издательство Ленинградского университета, 1971. 遗憾的是，作者尚未知晓 М. А. 巴鲁吉扬斯基为制定解放农奴方案所做的工作。

③ Российский государственный архив Военно - морского флота（далее—РГАВМФ）. Ф. 19（А. С. Меншиков）. Оп. 4. Д. 507. Л. 13 об. —14.

自由，或在规定时间内分批地逐渐解放他们，就像在爱沙尼亚、库尔兰和利沃尼亚的做法一样，意味着破坏社会安定。"他建议以另一种方式，即尽管"不提及农民的自由"，但"让自由被自然而然地确立"。在他看来，全部问题在于，要在国内确立"不同种类的财产所有制"。他认为，地主绝对不会同意"祖传的财产被剥夺"。他指出，1803 年关于自由农民的法令失败的主要原因，恰恰在于要求带土地解放农民。M. A. 巴鲁吉扬斯基认为，如果俄国存在各种土地所有制形式，而政府在一定期限内（例如 10 年），责成"每个土地所有者……以这样的方式分配他们的土地"，那么不用通过任何专门的法令文件，农民自然而然地就会成为自由人。

显然，这种废除农奴制的计划，非常易于使人联想起很多西欧国家在确立资本主义关系之前所走过的那段漫长的道路。M. A. 巴鲁吉扬斯基建议通过法律确立五种新形式的所有制：①继承性的；②终生或者是若干年使用的；③租赁性的；④占有性的；⑤社会性的。地主与农民之间确定条件的程序不应该用任何规定来限制。一切都交给双方去自由协议。M. A. 巴鲁吉扬斯基写道："所有者可以把自己的土地自愿以上述某种方式给予农民，他们自己选择希望赋予这种特殊信任的农民，或者是让那些现在耕种土地的人获得合法使用的权利。"当然，新的秩序意味着村社土地所有制将被废除，尽管没有任何地方直接提及这一点。

M. A. 巴鲁吉扬斯基认为，俄国农民在改革后将获得他们在英国或者奥地利的兄弟们的那种权利和地位（"与地主的关系如同现在英国、奥地利等地方的农民与地主的关系"）。与他们的新地位相应，还应该改变农民的赋役（兵役、人头税、地方税等）。M. A. 巴鲁吉扬斯基认为应该在近期内制定出这些以及其他一些改革的具体规则，并立刻开始贯彻执行。①

尽管 M. A. 巴鲁吉扬斯基所描绘的可以几乎无痛苦地取消农奴制的前景具有很大的诱惑，但是，似乎并不需要特别的证明就可以看出，他所提出的改革具有思辨性质，并且与俄国真正的现实条件相脱节。M. A. 巴鲁吉扬斯基显然没有认识到，在西欧普及的各种所有制是生产力发展水平较高的结果，因此，不可能随心所欲地、"自上而下地"在俄国培植它们，并以此来解决农民问题。那些在西方经过漫长演化而出现的结果，无法在俄国一蹴而就。

Д. А. 古里耶夫方案的准备工作是如何结束的呢？在 1819 年 12 月底，M. A. 巴鲁吉扬斯基显然已经在很长一段时间没有收到任何指示了，他给 Д. А. 古里耶夫提交了一个专门报告，对已经完成的工作进行了总结，问他接下来的工作步骤。M. A. 巴鲁吉扬斯基提醒 Д. А. 古里耶夫，大部分计划已经完成，他"确定了立法和管理的一般计划"，它"有可能被采纳"，甚至还拟定了"法典的一些章节"，M. A. 巴鲁吉扬斯基写道："下一步，我应该怎么做？圣意不明，我不能继续这项工作，新法典的计划和原则能否迎合他高尚的思想和愿望？"在结尾处，M. A. 巴鲁吉扬斯基要求财政大臣 Д. А. 古里耶夫弄清楚亚历山大一世的想法，他是否应该"继续这项工作"，如果受到积极的回应，他表示准备在一个月后向沙皇提交"主要内容已经被确定的新法典的计划和原则"。② 然而，没有档案保留下来任何信息，证明 Д. А. 古里耶夫向皇帝报告并得到答复。但是，即使皇帝批准了 Д. А. 古里耶夫的建议，并且 M. A. 巴

---

① РГАВМФ. Ф. 19（А. С. Меншиков）. Оп. 4. Д. 507. Л. 33 об. –41 об.

② Там же. Л. 14–15 об.

鲁吉扬斯基又继续对这个方案工作了一段时间，也并没有取得现实的结果。

总结这两个未被实施的解决农民问题的方案，自然而然地会涌现出这样一些问题：怎么将亚历山大一世分别向 A. A. 阿拉克切耶夫和 Д. A. 古里耶夫下达指示这样完全没有关联的事实结合成一个有机的整体，这些指示之间是否有关联，如果有关联的话，又是以怎样的方式关联呢？

可以做如下假设。A. A. 阿拉克切耶夫的方案建立在赎买交易之上，为此需要大量的资金。显然，亚历山大一世对这个方案持肯定的态度，可他应该首先弄清楚财政大臣 Д. A. 古里耶夫的意见。这样就可能会产生建立一个特别委员会来研究 A. A. 阿拉克切耶夫的方案的想法。

对 Д. A. 古里耶夫的委托可能出现在这种局势下，特别委员会拒绝了 A. A. 阿拉克切耶夫的提议。在这之后，沙皇很可能建议 Д. A. 古里耶夫准备另一个方案。这个委员会被保留下来，甚至通过了将来的工作规划。但是，这个委员会的作用非常可能也就局限于此。1820 年，我们再没有发现有关农民事务委员会存在的任何痕迹，以及有关 Д. A. 古里耶夫方案的进一步动作的迹象。

因此，尽管亚历山大一世饱含希望切实解决农民问题，甚至在这方面采取了一些措施，但是在 1817~1819 年还是没能成功地推动解放农民的伟大事业启航。在回到 1820~1825 年事件之前，让我们先把目光转向 1812 年卫国战争和俄军国外远征之后皇帝与先进贵族群体的关系问题上。

第四章

"不应由我来惩罚他们"

第一节　格里波夫斯基告密谜团

长期以来（自 1857 年 М. А. 科尔夫男爵的《尼古拉一世皇帝登基》一书出版以来），人们心知肚明，亚历山大一世知晓俄国存在秘密政治社团，特别是幸福协会。М. А. 科尔夫写道："在亚历山大皇帝生命的最后时光，他一直因其发现的痛苦事件而焦虑不安……他把这些仅由他及其极少数亲信晓得的事件绝对保密，仅限于进行警惕的监视。然而，一名官员向近卫军团指挥官 И. В. 瓦西里奇科夫将军主动告密，使这些以前看似并不重要的事情具有了更为清晰且更令人心有余悸的色彩。"[①] 但是，亚历山大一世到底知道些什么，为什么他在知晓幸福协会存在的情况下，几乎没有采取任何措施对其活动进行侦查并且对其成员进行惩罚？根据现存文件

---

①　Корф М. А. Указ. соч. С. 250.

和同时代人证词，可以对这些问题做出回答。

在揭示亚历山大一世对十二月党人秘密社团，尤其是幸福协会的态度方面，最重要的是"近卫军团参谋部图书管理员"和幸福协会总会成员米哈伊尔·基里洛维奇·格里波夫斯基（以下简称"M. K. 格里波夫斯基"）对十二月党人的告密事件。

据悉，M. K. 格里波夫斯基生于 1786 年。[1] 其出生地点以及家庭状况都不得而知。C. И. 巴索霍夫在哈尔科夫州志《省长和总督》中有关 M. K. 格里波夫斯基的词条中写道，M. K. 格里波夫斯基是切尔尼戈夫省人，可能不是生于贵族家庭。1811 年，25 岁的 M. K. 格里波夫斯基作为旁听生进入哈尔科夫大学，1814 年从伦理政治学系毕业。[2] 同年，他迁居圣彼得堡，履任"伤员委员会办公室主任"一职。[3] 1816 年，他在哈尔科夫大学通过了题目为《论俄国地主农民状况》的硕士学位论文答辩。[4] 在圣彼得堡，M. K. 格里波夫斯基不仅得以进入作家的交际圈，而且还有幸与近卫军团指挥官 И. B. 瓦西

---

[1] Розен А. Е. Записки декабриста // Серия «Полярная звезда» / Издание подготовлено Г. А. Невелевым. Иркутск: Восточно - Сибирское книжное издательство, 1984. С. 457.

[2] Посохов С. И. Михаил Кириллович Грибовский // Посохов С. И., Ярмыш А. И. Харьковский биографический словарь: Губернаторы и генерал - губернаторы. Харьков: УВД, 1997. С. 41.

[3] Декабристы. Биографический справочник / Издание подготовлено С. В. Мироненко. М.: Наука, 1988. С. 58.

[4] Посохов С. И. Указ. соч. С. 41. 十二月党人 Ф. Н. 格林卡给 M. K. 格里波夫斯基的信证明了后者与乌克兰联系密切，也证明了他们关系友好。Ф. Н. 格林卡给他寄来了乌克兰盖特曼波鲁伯特卡的肖像，并称 M. K. 格里波夫斯基是"当之无愧的小俄罗斯之子"。参见 ГА РФ. Ф. 1717（Собственная канцелярия шефа жандармов А. Х. Бенкендорфа）. Оп. 1. Д. 141. Л. 1.

里 科夫结识。① 我们稍后将会看到，这种交往对他的命运起到了
 关重要的影响。

在百科全书中，М. К. 格里波夫斯基被称为翻译家和政论家，这
种说法很难让人全盘接受。要知道，作为翻译家他只出版了 Г. В. 乔
米尼的一本书《军事艺术通则》（1817 年近卫军团参谋部印刷厂出版
社出版，43 页）；作为政论家，他只撰写了硕士学位论文《论俄国地
主农民状况》（1816 年哈尔科夫大学出版社出版，124 页），其中论
证了解放农奴的必要性。关于 М. К. 格里波夫斯基的其他著作和译
著，我们一无所知。因此，他当然不能被称为完全意义上的翻译家
和政论家，但他肯定有追求文学和政治事业的倾向。十二月党人 А. Е.
罗津回忆说，1821 年至 1822 年冬天，在当时流行的诗人、同时也是伊
兹马伊洛夫军团军官 А. Н. 马琳主持的文学小组的访客中，有"格里波
夫斯基兄弟"②。М. К. 格里波夫斯基逐渐升迁，先是代理近卫军团
参谋部图书管理员一职，1819 年 7 月 3 日被"批准成为近卫军团参
谋部图书管理员"③。

如果他没有加入十二月党人秘密社团幸福协会，继而告发他的
同伴，那么当时这位已经 33 岁官员的官职也许就止步于此。

但这里产生一个问题，М. К. 格里波夫斯基在加入（或已经加

① 1820 年 10 月 17 日 И. В. 瓦西里奇科夫寄给随同亚历山大一世皇帝出国的
П. М. 沃尔孔斯基公爵的信中写道，他与 М. К. 格里波夫斯基相识"已有五
年"。参见 Русская старина. 1871. № 12. С. 661。
② Розен А. Е. Указ. соч. С. 116；М. К. 格里波夫斯基有一个兄弟雅克夫，1821
年是芬兰近卫军团准尉（Там же. С. 81－82）。
③ РГИА. Ф. 1151. Оп. 2. Д. 38. Л. 296－296 об.；Рогинский А. Б.，Равдин
Б. Н. Вокруг доноса Грибовского//Освободительное движение в России.
Саратов，1978. Вып. 7. С. 94.

入）十二月党人秘密社团之时，是不是也加入了秘密政治警察呢？19世纪70年代前半期《俄国古代》和《俄国档案》上刊登的总参谋长 П. М. 沃尔孔斯基公爵与 И. В. 瓦西里奇科夫的通信中包含了对这个问题的答案。据 П. М. 沃尔孔斯基说，他与 И. В. 瓦西里奇科夫 "几乎从儿时起" 就建立了 "真挚的友谊"。因此，他们在彼此的通信中不事城府。1820 年末 1821 年初，当时 П. М. 沃尔孔斯基跟随亚历山大一世一起在国外参加神圣同盟大会，先是在特洛波，然后在莱巴赫，这一时期他与 И. В. 瓦西里奇科夫的通信中包含大量值得关注的重要信息。例如，从信中可知，在谢苗诺夫军团事件发生后，И. В. 瓦西里奇科夫立即指示 М. К. 格里波夫斯基在近卫军中组建秘密警察队伍。1820 年 12 月 17 日，他给 П. М. 沃尔孔斯基的信中写道："亲爱的朋友，我给您寄了一份组建军事警察的草案；您会发现金额有点高，但想必您也心知肚明，要让这些好逸恶劳的家伙积极工作，就必须给他们丰厚的酬劳；被迫采取这种措施是很艰难的，但在目前情形下，必须摒弃您的所有成见。负责这项工作的人对我提出的主要条件是绝对保密；他同意只为我着手此项工作；这个人我已经认识五年了。他的诚实品质已经过考验，他知书达理、足智多谋、谦恭虚己，对君主忠心耿耿，没参加过任何社团。他就是 М. К. 格里波夫斯基，近卫军团参谋部图书管理员和伤员委员会办公室主任。自谢苗诺夫军团事件以来，我曾委托他暂时管理这支部队，我对他的工作能力和恪尽职守的精神赞赏有加。"[1] 1821 年 1 月 6 日，П. М. 沃尔孔斯基将皇帝批准的组建军事警察的方案转发给 И. В. 瓦西里奇科夫，同时通知他财政部以

---

[1] Русская старина. 1871. № 12. С. 661.

"用途已知"为名发放了资金。П.М.沃尔孔斯基写道,这笔钱"将由А.А.扎克列夫斯基交给您,没有任何正式的文件",而且А.А.扎克列夫斯基也不会知道"这笔钱的用途"。П.М.沃尔孔斯基进一步通知说,亚历山大一世已经批准了"您向我提名的人选",即批准М.К.格里波夫斯基担任近卫军秘密警察的临时负责人。整个事件应严格保密。П.М.沃尔孔斯基提醒И.В.瓦西里奇科夫,М.К.格里波夫斯基得到了"相当可观的津贴",要让他小心消费,以免引起旁人的注意。① И.В.瓦西里奇科夫关于他与М.К.格里波夫斯基相识的证词还表明,М.К.格里波夫斯基与近卫军团指挥官的第一次接触发生在谢苗诺夫军团事件之前。正是这一事件引发了近卫军秘密警察的建立,并选择М.К.格里波夫斯基作为其临时负责人和组织者。

М.К.格里波夫斯基与十二月党人的关系是什么?他在幸福协会中扮演了什么角色?

在十二月党人案件的侦讯材料中,М.К.格里波夫斯基的名字并不经常出现。侦讯委员会主任А.Д.博罗夫科夫在侦讯工作结束时编撰的《前预谋犯罪秘密社团成员索引》中,关于他的介绍只有寥寥几行:"在幸福协会被解散之前属于其成员。他没有参加1821年后成立的秘密社团。皇帝命令对其不予关注。"② 侦讯委员会档案中保留了两份由该委员会编制并由其官员В.Ф.阿德勒伯格签名的名单,其中提到了М.К.格里波夫斯基。这分别是"幸福协会总会成员名单"及"脱离协会并未参加1821年后成立的秘密社团而

---

① Там же. С.662–663.
② Декабристы. Биографический справочник. С.250.

皇帝命令不予关注的幸福协会成员名单"。① 第一份名单显示，
М. К. 格里波夫斯基是所谓的"总会"成员之一，也就是幸福协会
的创始人之一。② 显然，М. К. 格里波夫斯基是根据幸福协会秘书
С. М. 谢苗诺夫的供词被列入这一名单的。С. М. 谢苗诺夫同时还
指出，М. К. 格里波夫斯基后来在秘密社团中"落伍"。③ С. М. 谢
苗诺夫这一供词有些让人怀疑。毕竟，只有他一个人将 М. К. 格里
波夫斯基列入幸福协会创始人。没有其他证据能证明这一点。此
外，И. В. 瓦西里奇科夫在给 П. М. 沃尔孔斯基的信中提到了一点，
即秘密协会成员"非常努力地招募 М. К. 格里波夫斯基加入他们群
体"，因此，事实上他是在协会成立后才成为协会成员的。总的来
说，在 М. К. 格里波夫斯基的履历中还有多处不甚了了，对此问题
还有待于研究。

除了 С. М. 谢苗诺夫的供词之外，在接受审讯期间提到 М. К.
格里波夫斯基的十二月党人中，首先要提到的是 И. Г. 布尔采夫。
1826 年 1 月 15 日，И. Г. 布尔采夫在答复侦讯委员会对他的提问
时，说了他所知道的秘密社团成员的名字，其中包括 М. К. 格里波
夫斯基。И. Г. 布尔采夫提到幸福协会的宗旨及其成员的活动："协
会宣称的目标是传播启蒙思想、开展慈善事业和提高道德修养，以
便通过自己的榜样和开导来消除恶习、无知和腐败行为。"他继续

① Восстание декабристов. Документы. Т. XX. С. 486, 487.
② М. В. 涅奇金娜确定，事实上第一份名单所指的并不是幸福协会总会委员会
的成员，其可能只由六个人组成，而是指幸福协会总会本身的成员。М. В.
涅奇金娜指出："它应该和参与幸福协会创立大会参与者的名单相符。"
（Нечкина М. В. Указ. соч. Т. I. С. 206）
③ Нечкина М. В. Указ. соч. С. 31；Восстание декабристов. Документы. Т. XVIII.
М.：Наука，1984. С. 187.

说："大家对隐秘的目标并没有被完全达成共识，它没有在任何地方被确定地表达出来。我和我的大多数朋友都认为，该目标在于：培养社会思想为接受国家新秩序和解放农奴做好准备，前者是皇帝所期望的，而贵族们可能不喜欢后一项改革。"[1] 此前一个月，即1825 年 12 月 19 日，当 И. Г. 布尔采夫还在否认自己参加秘密社团之时，他在回答委员会的讯问时写道，М. К. 格里波夫斯基关于解放农奴的作品的出现，据说"荣受皇帝关注"[2]，激起了他和他在军事协会的同志们希望对政府有所助益的热情。亚历山大一世的华沙演说和利夫兰农民解放使这种"热情"进一步发酵。

军人协会（或 И. Г. 布尔采夫所称的军事协会）的创建历史值得关注。1816 年，亚历山大一世同意组织一个合法的军人协会（后来改名为军事科学爱好者协会），这个协会与近卫军团参谋部军事图书馆同时成立。这个协会是俄国第一个军事科学团体。它出版了由 Ф. Н. 格林卡担任编辑的杂志。尼古拉大公和米哈伊尔大公、П. М. 沃尔孔斯基公爵、А. А. 扎克列夫斯基、М. Ф. 奥尔洛夫、П. Д. 基谢廖夫、А. С. 希什科夫等是协会的名誉会员。亚历山大一世本人偶尔也会和 А. А. 阿拉克切耶夫一起参加协会的会议。未

---

[1] Восстание декабристов. Документы. Т. XVIII. С. 195.

[2] И. Г. 布尔采夫供词全文如下："这时报刊上公开了皇帝在华沙的波兰王国议会上发表的演说，其中提到皇帝正打算将这样的民政管理形式扩展到俄国，这激起了人们获得更多信息的普遍愿望。这一重要现象引发了军人协会成员希望助益政府实现其目标的热情，为此他们必须用所有履行社会职责时能用到的信息来充实自己。在这种情况下，М. К. 格里波夫斯基先生的作品较为有名，据我所知是关于解放农民的，这部作品刊行数量不多，（听说）荣受皇帝关注；利夫兰农民都被平等地赐予自由——所有的这些综合因素表明了政府的设想，并且使每个人都尽可能地努力获取政治知识、宣传陛下的善念。"（Восстание декабристов. Документы. Т. XVIII. С. 190）

来的十二月党人 Ф. Н. 格林卡、В. Д. 沃尔霍夫斯基、И. Г. 布尔采
夫在协会成立时就成为其成员。М. К. 格里波夫斯基也是该协会成
员。① 十二月党人 И. Г. 布尔采夫在他的供词中写道："协会的目标
是教育年轻军官，主要是在军事科学方面，但也鼓励获得其他知
识。为此决定建立一个图书馆，在这里除了军事著作外，还有其他
著作，并邀请所有近卫军军官阅读这些著作。"②

从 М. К. 格里波夫斯基的履历中可以看出，从 1817 年 5 月 5 日
起，他 "担任近卫军团参谋部图书馆的财务主管和图书管理员，管
理出版社并执行特殊任务"③。1817 年 11 月 23 日，Ф. Н. 格林卡在
近卫军团参谋部图书馆开馆一周年之际举行的协会会议上讲道：
"在这里，在我们这个新兴的藏书室里，一整年以来，这个机构负
责人一直在友好地邀请近卫军军官阅读精选的有益书籍，自由地学
习。"④ 显然，他话中所指的正是 М. К. 格里波夫斯基。

М. К. 格里波夫斯基与秘密社团成员的密切关系，还可以从他
在 1821 年收到的两封来自幸福协会同伴的信中得到证明。它们被
保存在宪兵司令 А. Х. 本肯道夫特别办公室的档案中，他曾在 1821
年担任近卫军团参谋长。

第一封信来自 Ф. Н. 格林卡，在信中，他除了论及一些历史活

---

① Бокова В. М. Указ. соч. С. 104－105.

② Восстание декабристов. Документы. Т. XX. С. 190.

③ РГИА. Ф. 1151. Оп. 2. Д. 38. Л. 296－296 об.；Рогинский А. Б.，Равдин
Б. Н. Указ. соч. С. 94.

④ Глинка Ф. Н. Рассуждение о необходимости деятельной жизни，ученых
упражнений и чтения книг，также о пользе и настоящем положении
учрежденного для военных читателей при гвардейском штабе этого
книгохранилища. СПб.，1818.

动家的形象之外，还说，"所有认识而且可以说是喜爱"M. K. 格里波夫斯基的人都崇拜他。此外，Ф. Н. 格林卡还要求格里波夫斯基向"最尊敬的 Ф. П. 伯爵""致以"他"最诚恳的问候"。① 即使从这一封信中，更不用说上面引用的 Ф. Н. 格林卡的讲话，就可以看到他们之间的莫逆之交。更有趣的是第二封信，是十二月党人 И. Г. 布尔采夫在莫斯科写的，标注时期是 1821 年 1 月 21 日。И. Г. 布尔采夫写道："我已经与您分别许久了，而在 Ф. Н. 格林卡到达莫斯科之前，我没有丝毫关于您的消息。时间会改变那些容易受境遇影响的普通人：但这一规律不适用于您，所以我确信您的思维方式与我们前几年交往时一样。您知道我人生的目标：在我看来它是众所周知的，因此我向您提出这个请求，希望您不要拒绝施以援助。我向您保证，地基是用最坚固和最精致的材料建成的，这意味着建筑的稳固。相信我发自内心的忠诚和尊重。"② 从日期上看，这封信是在幸福协会莫斯科代表大会期间或结束之后不久写的。毫无疑问，И. Г. 布尔采夫的人生目标是解放农奴，并且这封信包含了一个请求，即支持 В. А. 茹可夫斯基、П. А. 维亚泽姆斯基和 Н. И. 屠格涅夫正在为赎买农奴诗人 С. И. 西比利亚科夫做出的努力。③ 这一点可以从前面提到的 Ф. Н. 格林卡给 M. K. 格里波夫斯基的信中得到证明，信的开头是："递交这封信的人正是 С. И. 西比利亚科夫，您也积极参与了决定他的命运的事件。现在他获得了自由！"④

---

① ГА РФ. Ф. 1717. Оп. 1. Д. 141. Л. 1.
② Там же. Л. 3.
③ Бокова В. М. Указ. соч. С. 343.
④ ГА РФ. Ф. 1717. Оп. 1. Д. 141. Л. 1.

И. Г. 布尔采夫的证词，以及上述关于 М. К. 格里波夫斯基与十二月党人团队关系密切的证据，似乎揭示了 М. К. 格里波夫斯基是如何成为秘密社团成员的。通过出版一本关于农奴制危害性的小册子，他表现出自己是自由主义思想的支持者，正如我们所知，这足以让他被他们视为"自己人"，于是他不仅成为幸福协会的成员，而且还进入了其领导机构——总会。

现在，让我们分析 М. К. 格里波夫斯基告密的情况和本质。关于此事已经有了不少论著。① 但是，历史文献中的众说纷纭迫使我们再次详细分析清楚这一事件的始末缘由。

在参政院广场事件及对参与者的审讯后，近卫军团指挥官 И. В. 瓦西里奇科夫本人不止一次地说：有一天，他的一名下属文职官员来到他面前，并告诉他，在近卫军和军队军官中有秘密政治社团活动。流传下来的他的回忆有几个版本，但都不是他本人写的，而是由不同的人转述的。

1828 年 1 月，И. В. 瓦西里奇科夫向前警察部大臣、国务委员 А. Д. 巴拉绍夫谈到了这一事件，后者在同一天的日记中记下了 И. В. 瓦西里奇科夫的讲述，提到他以前也听到过同样的消息。关于 М. В. 格里波夫斯基告密的情况，И. В. 瓦西里奇科夫还告诉了他的两个儿子和丹尼斯·达维多夫，以及 Е. Ф. 科马罗夫斯基将军。1833 年 3 月，历史学家 М. П. 波戈金根据 Е. Ф. 科马罗夫斯基

---

① См., например: Шильдер Н. К. Указ. соч. Т. IV. С. 203 – 215; Чернов С. Н. Несколько справок о «Союзе благоденствия» перед Московским съездом 1821 г.//Ученые записки Государственного Саратовского университета. Т. II. Вып. 4. Саратов, 1924; Нечкина М. В. Указ. соч. Т. 1. С. 348–353; Рогинский А. Б., Равдин Б. Н. Указ, соч.; и др.

将军的话在其日记中进行了简要的记述。十二月党人 С. П. 希波夫在其回忆录中转述了这一点。值得注意的是，除了对 Е. Ф. 科马罗夫斯基以外，И. В. 瓦西里奇科夫对这些人都没有说出告密者的名字。[1]

首先将 А. Д. 巴拉绍夫日记中的记载（以及 М. П. 波戈金日记中的描述）引入学术研究的是 А. Б. 罗金斯基和 Б. Н. 拉夫金，他们认为，这些日记比 И. В. 瓦西里奇科夫儿子们的回忆录更为可靠。[2] 继他们之后，我们在这里也引用 А. Д. 巴拉绍夫日记的全文："（1828 年 1 月）12 日。星期四。在国务会议。我去看望生病的 И. В. 瓦西里奇科夫，他顺便告诉我，在 1821 年（显然是 А. Д. 巴拉绍夫笔误，正确的是 1820 年——作者注），在著名的谢苗诺夫军团事件之前，有一个人（他没有说具体是谁）来找他，说：'И. В. 瓦西里奇科夫，我想，您现在安闲自得并且觉得一切风平浪静，但是我确信，来自异域的秘密社团要对我们俄国的思想产生影响，在我们这里，社团已经形成并准备采取行动；我现在不能告诉您太多，但过不了多久您就会看到事实。' 当众所周知的谢苗诺夫军团哗变发生时，这个人又来了，他说：'现在您已看到事实，我对您的警告是正确的，但我并不满足于此，现在我可以告诉您谁是社团的成员，他们正在秘密地筹划危害祖国的阴谋。' И. В. 瓦西里

---

① М. П. 波戈金在日记中写道："1822 年 М. К. 格里波夫斯基告诉 И. В. 瓦西里奇科夫：'我是罪犯。我们有协会。这是协会成员的名单。您到莫斯科打听一下。现在那里就有这样的人。' И. В. 瓦西里科夫与 Д. В. 戈利岑通信联系。结果事实正是如此。他向亚历山大皇帝做了汇报。皇帝回答道，'我知道，把名单给我'。事情到此为止。"（Цит. по: Рогинский А. Б., Равдин Б. Н. Указ, соч. С. 94）

② Там же. С. 96.

奇科夫给了他笔和纸，让他写下这些名字，他立即照做了。后来，他又到 И. В. 瓦西里奇科夫这里通报消息，说他们中某某人和某某人要去莫斯科，将在那里举行秘密会议，而且参会的人数并不少，而所有参会人员的名字都已经在他上次写下的名单上了。И. В. 瓦西里奇科夫写信给他的女婿，莫斯科军事总督 Д. В. 戈利岑公爵，并要求他通知自己，所有这些人是否有来到莫斯科，于是 И. В. 戈利岑公爵就其中每个到达莫斯科的人都向他做了汇报。此后，И. В. 瓦西里奇科夫不再怀疑，向沙皇报告了一切，但他没有收到任何答复。当沙皇从莱巴赫回来时，他到皇村去觐见，告诉了皇帝更多内容并把那个人写给他的名单呈给皇帝。沙皇回答了什么，И. В. 瓦西里奇科夫没有提及，但他补充说，后来，在村庄与他的兄弟 Д. В. 瓦西里奇科夫在一起时，他的兄弟告诉他：'兄弟，我的邻居（某某）告诉我，他的邻居 И. Д. 雅库什金那里经常聚集同一群人，打发走仆人锁上门之后，秘密地谈论一些想来应该很重要的事情。'Д. В. 瓦西里奇科夫问了他们的名字，他们中的每一个人都已经被列入了那个向他发出警告的人给他的名单上。他接下来做了什么，他没有继续说。当 1825 年 12 月 14 日起义发生时，他将一切告知了已经新登基的君主，他们在圣彼得堡先皇的办公室里寻找这份名单，找了很久都没有找到。但当先皇的遗体被运回来时，君主在皇村先皇的办公室里找到了这份名单。И. В. 瓦西里奇科夫并不是私下对我说这些的，当时在场的人有卡兹纳切耶夫、布图尔林、И. В. 戈利岑公爵和另外一个我不认识的人，但这些对于我来说非常有趣，于是我把它们记在这里。他以前也告诉过我几乎同样的事情。我搞不明白，为什么沙皇和莫斯科军事总督 Д. В. 戈利岑公爵以及 И. В. 瓦西里奇科夫自己都没有针对这个如此重要的情况采取应对措施呢？但我不想（似乎也不应该）提出任何问题来干扰他的讲述，很多进出房间的人已经影响了他的讲述。"①

这里有几个有趣的细节：M. K. 格里波夫斯基早在 1820 年就进行了第一次告密（文中的日期——1821 年——显然是错误的，因为接下来指出，它是在谢苗诺夫军团事件之前发生的），在谢苗诺夫军团哗变之前，И. В. 瓦西里奇科夫和 M. K. 格里波夫斯基之间不止一次会面；M. K. 格里波夫斯基以书面形式告密，只给了 И. В. 瓦西里奇科夫秘密社团成员的名单。И. В. 瓦西里奇科夫没有说出告密者的名字，也没有说到亚历山大一世这次对国内存在秘密社团的消息的反应。

И. В. 瓦西里奇科夫之长子（以下简称"A. И. 瓦西里奇科夫"）对这一事件的回忆有些不同，他是著名的政论家、大改革时期的社会活动家。1875 年，A. И. 瓦西里奇科夫在《俄国古代》杂志上发表了他父亲档案中有关谢苗诺夫军团事件的一些材料，在出版前言中，他讲述（根据他父亲的话）了在他看来是 M. K. 格里波夫斯基和 И. В. 瓦西里奇科夫第一次也是唯一一次会面的情形。A. И. 瓦西里奇科夫没有说出告密者的名字（"我们从一些掌握的信件中知道这个名字，但我们并不觉得有权宣布它"），但这自然是指 M. K. 格里波夫斯基。

И. В. 瓦西里奇科大，据他儿子说，并没有立即听取 M. K. 格里波夫斯基的告密，他说："接受告密不是他的事，也不属于他的军事职责范围，有一个专门的部门和单独的警察部负责此事，他应

① Рогинский А. Б. , Равдин Б. Н. Указ. соч. С. 94-95; Архив СПбИИ РАН. Ф. 16. Оп. 1. Картон 2. Д. 16. Л. 40-41.

该去那些机构。"M. K. 格里波夫斯基反驳说，他不是告密者，而是一个"忠君者，确信这一阴谋对俄国以及年轻人（他与他们之间有着真诚的友谊）的灾难性后果"。作为最后的论据，他说他到 И. B. 瓦西里奇科夫这里来不是把其视为近卫军兵团指挥官，而是把其视为亚历山大皇帝的御前将官，并要求其把他所说的一切都告知沙皇。M. K. 格里波夫斯基这段话并没有让 И. B. 瓦西里奇科夫相信他所说的是事实，并且要求他提供证据。M. K. 格里波夫斯基回答说，只要问问 И. B. 瓦西里奇科夫的兄弟就足够了，在一个特维尔地主的庄园里（A. И. 瓦西里奇科夫没有说出他的名字，但我们从 A. Д. 巴拉绍夫的记录中知道，这人是十二月党人 И. Д. 雅库什金）是否真的有"一些秘密社团成员定期聚集，其中包括由您兄弟指挥的骑兵旅的许多军官"。M. K. 格里波夫斯基继续说，但还有一个更简单的方法来验证他所说的话，"在这个月的这个日期，这个名单上的人（他递上了名单）应该会到莫斯科来；请您尽快私下给 Д. B. 戈利岑公爵写信，从他那里您会知道，我告诉您的是不是真相"。这次会面就此结束。

当时亚历山大一世在国外，在特洛波，他在那里参加神圣同盟的会议。据 A. И. 瓦西里奇科夫说，他的父亲因为缺乏确切消息而决定不给身在国外的沙皇写信，尽管根据"所做的侦查"，M. K. 格里波夫斯基提供的信息最后被证实，而"名单上列出的人中有许多军官，如谢苗诺夫军团连长 M. И. 穆拉维约夫-阿波斯托尔，以及几个军团的指挥官"。

据 И. B. 瓦西里奇科夫的儿子所说，"当时，或不久之后，谢苗诺夫军团事件爆发"，这使 И. B. 瓦西里奇科夫"如坐针毡"。近卫军团指挥官该怎么做？И. B. 瓦西里奇科夫无计可施，所能做的就是坚持建议皇帝立即返回首都。然而，亚历山大一世正在关注皮埃蒙特和西班牙的起义，宁愿留在欧洲，认为在那里他更容易协调欧洲君主与如火如荼的革命运动做斗争。

最后，在1821年5月24日，亚历山大一世返回俄国，于是"И.В.瓦西里奇科夫在第一次觐见时就迫不及待地向陛下报告了这个数月以来压在他心底的秘密，他感觉自己担负着一种可怕的责任，并且认为自己无权向任何人透露这个秘密"。И.В.瓦西里奇科夫的儿子根据他父亲的话写道："那是在皇村，И.В.瓦西里奇科夫首先汇报了时事。沙皇坐在办公桌前，И.В.瓦西里奇科夫在他对面。汇报结束时，他告诉沙皇，他要转告陛下这个人（М.К.格里波夫斯基——作者注）向他告发的政治阴谋，同时，他把由这个人（即М.К.格里波夫斯基——作者注）提供和亲手写的名单交给了沙皇。沙皇对于这些话显然并不感到意外，他陷入沉思，一言不发，沉浸在这种深深的、无声的遐想中；然后他用法语说了以下的话，这些话，由于具有重大的历史意义，为了更加准确，我用从我仙逝的父亲那里听到的同样的语言来转述：我亲爱的И.В.瓦西里奇科夫！你从我统治之初就为我服务，你知道我赞同并鼓励过所有这些梦想和谬见。并且在长久的沉默后沙皇补充道：'不应由我做出残忍的举动。'"①

然后，А.И.瓦西里奇科夫在总结自己的叙述时，又回到了他父亲在谢苗诺夫军团哗变期间的处境问题。他确信士兵们是被秘密社团成员唆使的，但他不能将此公开出来，因此他遭到了来自四面

---

① 原文为法语："Mon cher Wassiltschikoff! Vous, qui êtes à mon service depuis le commencement de mon règne vous savez que j'ai partage et encourage lces illusions et cses erreurs," "n'est pas a moi à sévir"。

八方的指责。有人指责他优柔寡断，甚至是慌张失措；其他人指责他对哗变的近卫团提出过于严厉的惩罚（圣彼得堡流传着一个谣言，说 И. В. 瓦西里奇科夫建议把谢苗诺夫军团每十人中的一人枪毙，实际上这并没有发生）。[1] 显然，И. В. 瓦西里奇科夫的儿子着手出版 И. В. 瓦西里奇科夫档案文件本身，主要是为了解释近卫军团指挥官的动机并为其行动辩护。

А. И. 瓦西里奇科夫的回忆并不完全准确，而且自相矛盾。[2] 在他的回忆中，М. К. 格里波夫斯基和他父亲之间的几次会面被合并为一次。[3] 由于不了解秘密社团的历史，А. И. 瓦西里奇科夫将幸福协会的莫斯科代表大会提前到谢苗诺夫军团事件之前。事实并非如此。И. В. 瓦西里奇科夫在谢苗诺夫军团哗变前就见过格里波夫斯基，后来又不止一次见过他，М. К. 格里波夫斯基不断给他带来关于秘密社团的新情报。但特别有价值的是，А. И. 瓦西里奇科夫记得并转述了亚历山大一世对他父亲所说的话。

И. В. 瓦西里奇科夫关于这个难忘事件的回忆还以另一个版本流传下来——他的次子维克多·伊拉里奥诺维奇·瓦西里奇科夫（以下简称"В. И. 瓦西里奇科夫"）的笔记，他的次子是一名将军，参加过克里米亚战争。В. И. 瓦西里奇科夫的回忆录手稿是由

---

① Русский архив. 1875. № 3. С. 343–346.

② На это справедливо указывал еще С. Н. Чернов//Чернов С. Н. Несколько справок о «Союзе благоденствия» перед Московским съездом 1821 г. С. 33–41.

③ В. И. 谢苗斯基在文章《1820年谢苗诺夫军团哗变》中最先注意到这一点。参见 Былое. 1907. № 2. С. 108–109；см. также: Чернов С. Н. Несколько справок о «Союзе благоденствия» перед Московским съездом 1821 г. （Примечания к «Запискам» Якушкина）//Чернов С. Н. У истоков русского освободительного движения. Саратов, 1960. С. 34。

А. Б. 罗金斯基和 Б. Н. 拉夫金在中央国家古代文献档案馆（现为俄罗斯国家古代文献档案馆）中找到的。他们将这份手稿发表在《М. К. 格里波夫斯基告密事件风波》一文中。① В. И. 瓦西里奇科夫的讲述比他哥哥的简短，但总的来说，与 А. И. 瓦西里奇科夫的讲述相吻合。他写道，有一天，一个充满神秘气息的人拜访 И. В. 瓦西里奇科夫。这个人宣称，"希望告诉他一个非常重要的秘密"，但他不会要求任何报酬，而是"只希望他的名字不被任何人知晓"。在得到 И. В. 瓦西里奇科夫"严格保守他的秘密"的承诺后，他向其说道，一个"重大的阴谋"正在俄国萌芽，政府可以将其消灭在萌芽状态。И. В. 瓦西里奇科夫从这个人那里得到了"卷入此事件的人员名单"，但这个匿名者既不愿意透露他的信息来源，也不愿意"提供任何证据来证明他的告发是正确的"。与兄长 А. И. 瓦西里奇科夫的叙述不同，他写道，他的父亲与 М. К. 格里波夫斯基至少有几次会面："不只限于第一次拜访，这个人多次到我父亲这里，对第一份名单进行补充，并劝说我的父亲说服君主采取适当的措施来摧毁阴谋家的秘密社团。"但是，据其次子说，И. В. 瓦西里奇科夫仍然坚持要求那个匿名者提供证据，他说："如果不预先确保其真实性，他甚至不敢向君主报告如此至关重要的问题。"接下来，В. И. 瓦西里奇科夫并没有注意到他的自相矛盾，他写道，在"神秘客人的第一次来访"之后（在手稿对应这个描述的空白处标注："皇帝回来之后"），他的父亲向亚历山大一世汇报了他收到的告密，但"还没有把它当成重要的事件，而是有可能

---

① Рогинский А. Б., Равдин Б. Н. Указ. соч. С, 92－93；РГАДА. Ф. 1260（Васильчиковы）. Оп. 2. Д. 305. С. 4-6.

的事件"，劝说皇帝对告密中提到的人员安排警察监视。然而，"沙皇在当时和后来……都没有同意对（秘密的）阴谋家采取任何行动，并告诉他：'我永远不会原谅自己，是我自己播下了这个罪恶的第一粒种子'"。随后 B. И. 瓦西里奇科夫重复了前面提到过的事件：这个匿名者向 И. B. 瓦西里奇科夫报告了莫斯科代表大会的情况，И. B. 瓦西里奇科夫向莫斯科军事总督 Д. B. 戈利岑核实了有关情况。B. И. 瓦西里奇科夫断定："证据是毋庸置疑的。尽管如此，沙皇仍坚持不采取行动。"有关 M. K. 格里波夫斯基告密的讲述到此结束，接着是 B. И. 瓦西里奇科夫的抱怨，他不明白为什么没有人采取果断措施，"这个奇怪的人是通过什么途径知道的这个为外界一无所知的事件"，用他的话说，这甚至对他的父亲来说仍然"是个谜团"。

И. B. 瓦西里奇科夫回忆的另一个版本是由著名的 1812 年卫国战争英雄丹尼斯·达维多夫的儿子 B. Д. 达维多夫记录的，并由他于 1873 年在前文提到的《俄国古代》上发表。丹尼斯·达维多夫很可能是听到 И. B. 瓦西里奇科夫讲述这个事件的人之一，他与他的儿子分享了此事件。[①] B. Д. 达维多夫用一个富有表现力的细节补充了 И. B. 瓦西里奇科夫向皇帝报告的场景。据他说，听完报告后，亚历山大一世用手捂着脸沉默了很久，然后，他没有看报告，就把阴谋者名单给了公爵（"我不想看到它"）。当然，这赋予了讲述以戏剧性，但显然与现实不符。然而，最重要的是，B. Д. 达维多夫和 A. И. 瓦西里奇科夫一样，重复了亚历山大一世对他们父

---

① 然而，也可能是另一种情况：B. Д. 达维多夫与《俄国档案》杂志合作，可能只是从 И. B. 瓦西里奇科夫的一个儿子的复述中知道这段历史。

亲说的话："没有人比您更清楚,亲爱的 И. B. 瓦西里奇科夫,我的统治是怎样开始的,我的行为和我的法令引起了不满者的这种冲动。这是我的错,不应由我来惩罚他们。收回这份名单,我不想看到它。①"②

最后,我们再提及一个关于 М. К. 格里波夫斯基告密的证据,这是十二月党人 С. П. 希波夫的回忆录为我们提供的。С. П. 希波夫回忆说,亚历山大一世在被告知俄国存在秘密社团时似乎说:"人不应该拔刀斫水。"③

在此,我们暂停阐述,先指出对进一步分析非常重要的几点。首先,从上述证据可见,М. К. 格里波夫斯基的告密是口头上的,纸质材料只有他提交给 И. B. 瓦西里奇科夫的阴谋者的名单。顺便一提,我们至今还没发现这份名单。其次,И. B. 瓦西里奇科夫曾多次与 М. К. 格里波夫斯基会面,并且显然不止一次从他那里获取关于秘密社团的情报。再次,第一次告密是在谢苗诺夫军团事件之前,即1820 年 10 月初之前。最后,在上述分析的五份相关记载中,有四份提到了亚历山大一世皇帝对 М. К. 格里波夫斯基告密的反应。

然而,无论是 А. Д. 巴拉绍夫的日记,还是 И. B. 瓦西里奇科夫两个儿子的讲述,以及 В. Д. 达维多夫、Е. Ф. 科马罗夫斯基和 С. П. 希波夫的证词都几乎没有包含关于秘密社团本身的信息。事实上,从回忆录作者转述的 И. B. 瓦西里奇科夫的说法中,只能提

---

① 原文为法语:"《Personne mieux que Vous, mon cher Wassilchikoff (sic.——作者注), ne connaif le commencement de mon règne, où par mes actions et mes actes j'ai donné prise à les effervescences des mécontent. C'est danc ma faute et ce n'est donc pas à moi à seqvoir. Reprenez cette liste, je ne veux pas la voir》"。

② Русская старина. 1873. № 6. С. 790—791.

③ Шипов С. П. Воспоминания//Русский архив. 1878. № 6. С. 183.

取最一般的信息：外国秘密社团已经渗透到俄国，在它们的影响下俄国组建了自己的秘密社团，由近卫军和陆军军官组成，并举行会议。而最重要的是，皇帝不认为自己有权惩罚他们，因为他认为自己是自由主义情绪的源泉。

显然，我们这样还是无法弄清 M. K. 格里波夫斯基对 И. B. 瓦西里奇科夫的口头告密的细节。我们也无法还原 1821 年 5 月 И. B. 瓦西里奇科夫与皇帝在皇村会面时向他汇报的全部细节。

然而，事情并不像第一眼看上去那么糟糕。我们还是有一个独特的机会来了解皇帝在 M. K. 格里波夫斯基的告密中究竟得到了什么信息。有一份在史学界广为人知的文件，通过它可以阐明我们想要了解的问题。这份文件被称为 A. X. 本肯道夫的奏章或 M. K. 格里波夫斯基的告发书。① 让我们试着探究它的真相。

第二节　格里波夫斯基告发真相

在十二月党人案件侦讯委员会收集的材料中，保存着一份由近卫军团参谋长 A. X. 本肯道夫给皇帝亚历山大一世奏章的抄本。这份抄本是根据原件复制的（目前尚未找到原件），1825 年 12 月 14 日起义后在先皇办公室留存的文件中被找到。② 这份奏章被移交给

① 　См.，например：Шильдер Н. К. Указ，соч. Т. IV. С. 203 – 215；Чернов С. Н. Указ. соч. С. 40.

② 　俄罗斯联邦国家档案馆收藏了含有亚历山大一世离世后在他办公室发现的文件草稿清单的卷宗，其中一份文件内容如下："A. X. 本肯道夫伯爵 1821 年呈给亚历山大皇帝的奏章，于 1825 年在陛下的办公室中被发现。这份在 1825 年 12 月 14 日之前四年就被呈给亚历山大一世的奏章中，几乎描述了后来侦讯委员会在调查中所发现的所有事情。"（ГА РФ. Ф. 1717. Оп. 1. Д. 128. Л. 5）

侦讯委员会，并在 1826 年 3 月 7 日的会议上被宣读，会议纪要中对此做了相应的记录："如今，我们在皇村先皇的办公室内找到了 A. X. 本肯道夫将军呈给先皇的有关幸福协会的奏章。听了这份奏章的内容，我们决定：有关幸福协会一事，由于本奏章所述与委员会所侦查到的一切完全符合，同时还解释了一些至今尚未被真正了解的情况，因此将其纳入考虑范围，并通过进一步的侦查加以补充。"①

在 A. X. 本肯道夫的回忆录中，他本人对他向皇帝呈交关于秘密社团的奏章一事只字未提。他只是一带而过地写道，有关"可耻的社团……他已经向亚历山大皇帝提到过它"，那是在他担任近卫军团参谋长的时候，并承认他当时并不相信"它的重要性，特别是它的影响力"。②

我们注意到，侦讯委员会 3 月 7 日的会议记录文本中并没有指出所呈奏章的作者是 A. X. 本肯道夫。相反，侦讯委员会官员 A. A. 伊万诺夫斯基在奏章上的标注直接表明，它的作者正是 M. K. 格里波夫斯基，而 A. X. 本肯道夫只是将其"呈"给亚历山大一世："在先皇的书房中发现由 A. X. 本肯道夫将军于 1821 年呈给陛下的奏章抄本。（由 M. K. 格里波夫斯基撰写）。"③

A. X. 本肯道夫呈交的"奏章"中的内容，当然不是 M. K. 格里波夫斯基对 И. B. 瓦西里奇科夫第一次告密中的信息，而是他的

① Восстание декабристов. Документы. М. : Наука, 1986. Т. XVI. С. 121.
② Александр Христофорович Бенкендорф. Воспоминания. 1802 – 1837/ Публикация подготовлена М. В. Сидоровой и А. А. Литвиным. Пер. с франц, яз. О. В. Маринина. М. : Российский фонд культуры, 2012. С. 324.
③ ГАРФ. Ф. 48. Оп. 1. Д. 12. Л. 10.

几份告密信息的汇编。这一点不仅通过 И. В. 瓦西里奇科夫的回忆
（我们通过上述几个人的复述已知晓他回忆的内容）所证实，而且
也被奏章的文本本身所证实。其中包含了对 1821 年初举行的幸福
协会莫斯科代表大会的描述，因此，"奏章"撰写的时间比 М. К. 格
里波夫斯基与 И. В. 瓦西里奇科夫的第一次会面要晚得多，我们应
该指出，这次会面的时间不晚于 1820 年 10 月。

　　然而，М. К. 格里波夫斯基与 И. В. 瓦西里奇科夫会面的次数
无关紧要。更重要的是 М. К. 格里波夫斯基对秘密社团了解多少，
以及亚历山大一世从他的告发书中了解到了什么。我们应该说，事
实上，我们对这个十二月党人社团所了解的信息，除了 1820 年圣
彼得堡会议大概是个例外，在 М. К. 格里波夫斯基的告发书中都集
中体现出来。①

　　现在让我们来分析一下 М. К. 格里波夫斯基告发书本身的内
容。在这份告发书中，他首先解释了俄国出现反政府秘密社团的原
因。他认为罪恶的根源在于，腐朽的西方对战胜拿破仑之后曾停留
在巴黎的年轻俄国军官思想的冲击。很难说 М. К. 格里波夫斯基是
真心地这样认为，还是在迎合、揣测他的听众 И. В. 瓦西里奇科夫
和 А. Х. 本肯道夫的期望。他把自由思想的起源归于 1814 年，当
时俄国军队许多军官在法国，"沉醉于各个党派的那些极其有害的
精神，习惯于侃侃而谈他们一知半解的东西，并出于盲目的模仿
而……迷恋于发起……自己的秘密社团"。应该说，М. К. 格里波

---

① М. В. 涅奇金娜在研究中广泛使用了 М. К. 格里波夫斯基的告发书//
Нечкина М. В. Указ. соч. Т. I. С. 190, 191, 201–203, 206, 207, 209, 210,
214, 222, 223, 240, 241, 248, 257, 261, 286, 307, 315, 320, 325, 326,
307, 315, 320, 327 и др.

夫斯基对俄国反政府秘密社团形成原因的解释，根本不是他的新创，也远非孤例。后来，这一看法成为"侦讯委员会报告"的有机组成部分，并成为对 1825 年 12 月 14 日近卫军起义原因的唯一解释，成为反动政府对十二月党人形成的历史观念的开端。

在谈到幸福协会的宗旨时，M. K. 格里波夫斯基完全肯定地写道，这个秘密社团的"鲜明宗旨"是"推行宪法"。告发书中指出，"那些所谓的自由思想家（自由主义者），更准确地说是自行其是的思想家的鲜明宗旨，是推行宪法并建立这样一种管理方式，在这种方式下，自行其是不会受到任何制约，而热烈的激情、无限的虚荣心、表现的欲望将得到充分的自由"。因此，根据 M. K. 格里波夫斯基的说法，推动秘密社团成员走向改变俄国国家制度的原因，不外乎是"无限的虚荣心"和"表现的欲望"。而且，还因为他们希望通过利用"政变的好处"来"占据政府的高位"。这些段落清楚地表明，M. K. 格里波夫斯基希望把秘密社团成员描绘成这样的人，他们的行动不是出于对祖国的狂热热爱，不是出于把祖国从专制和农奴制的桎梏中解救出来的愿望，而是完全为了自己的私利而行动。M. K. 格里波夫斯基要么是真的不（不能）理解十二月党人行动的爱国动机，要么更有可能的是，他这样写是希望赢得当时国家权贵的认可。

告发书作者对加入秘密社团的年轻人索垢求疵。在他看来，他们大多"知识肤浅"，不了解宪法的真谛，甚至对自己的财产管理也一塌糊涂，而且大多位卑人微，却梦想着"管理国家"。

M. K. 格里波夫斯基认为，秘密社团出现的原因还在于，被政府禁止的作品得到自由传播，首都"许多军官联系密切"，他们之间存在"某种竞争"，而且可以感受到"暗地里怂恿这种思想动荡的人的影响力"。无论他的其他说法如何，但在这一点上，必须承认，他切中要害。

M. K. 格里波夫斯基认为，秘密社团时而出现，时而消失。但其中的一个，即幸福协会，日益强大和发展。M. K. 格里波夫斯基的告发书中，用很大篇幅描述幸福协会的组织及其运作方式。实质上，他向政府提供了协会组织结构的完整情况，并详细描述了成员入会程序。他特别注意描述协会寻求实现其目标的方法。

据 M. K. 格里波夫斯基描述，这是完全和平的，不使用暴力的方法。告发书中说，从本质上讲，秘密社团成员只需要在社会上支持和宣传先进思想，揭露和讽刺现有政府的恶习，以及"祖母时代"（叶卡捷琳娜二世时代）的人，即反对以新方式对俄国生活基础进行根本改革的保守派和反动派。协会成员的活动应在四个主要方向，或如幸福协会的章程中所说的"领域"发展。这些"领域"是：（1）仁爱（即慈善）；（2）教育；（3）司法；（4）公共经济。M. K. 格里波夫斯基在告发书中写道："主要规章涉及关心发展科学、艺术、国家经济各个部门、司法诉讼等。"但正如告发书中所写的，所有这些都是为了掩盖"主要领导人的秘密目标——对政府所有部门产生影响，这是私人根本无法做到的"。因此，正如 M. K. 格里波夫斯基所正确指出的那样，幸福协会的主要任务是赢得公众舆论，为此必须吸引尽可能多的成员。

他们特别热衷于吸引近卫军军官加入秘密社团。告发书中有这样的内容，"在军队中，在近卫军中要招募最多的追随者；在军队中，只要有一些团级指挥官站在我们一边，他们态度坚决，准备好了一切，就能以他们的愿望和近卫军的示范效应吸引全军盲目地追随他们"。M. K. 格里波夫斯基没有进一步阐述这个想法，因此仍然不清楚幸福协会认为军队的作用是什么——只是作为变革的有力追随者，还是效仿 18 世纪的例子（或更接近的例子——西班牙革命），成为决定性的力量。无论如何，这里看不到秘密社团成员以"军事力量"发动政变的愿望。这种模糊性充分反映了秘密社团的真实状况。无论是它的领导人，还是它的普通成员，都没有把目光投向遥远的未来。看起来同样模糊的是，建议"在一切准备就绪时，从受军队和人民尊重的、对政府不满的名流中选出社团领袖"。俄国沿着欧洲进步的道路和平演变——这是秘密社团成员的理想。在十二月党人社团发展的这个阶段，П. И. 佩斯捷利头脑中的"借助军队"进行革命的想法还没有成为主流。告发书中还说，"社团热切期待着普鲁士发生暴力政变，之后波兰会毫不犹豫地跟进，因此希望从北方给不安定的南方伸出援手"。秘密社团成员"无法掩饰他们对西班牙和那不勒斯事件的愚蠢的喜悦，并准备不惜一切代价迫使皇帝早日返回（俄国——作者注），以阻止他亲身积极参与平定欧洲"。

协会希望通过什么手段来实现其目标？从 M. K. 格里波夫斯基的话中可以看出，它们是"在社会上散布流言，讲故事，写文章，特别是在杂志上发表的文章，越传越多，越传越快，这样就给社会思想提供了一个方向，并在不知不觉间使所有阶层做好准备"。为什么做好准备？当然是为了改变国家制度。但告发书中说，有一些痛处最好不要触碰。因为"经常提醒，也可以说，不断攻击关于奴隶制、压迫的枷锁、暴政、无法纪等概念，潜移默化中会让人产生不好的看法，厌弃现有的黑暗制度，并渴望进行变革"。M. K. 格里波夫斯基在告发书中继续说道，农民的解放被认为是"吸引底层"的第一步。欢迎秘密社团成员解放他们的农奴。"互教学校的传播"也是如此。告发书中提到了一件事，即他们已经采取了初步措施在普通人中宣传秘密社团的思想，出版了一些"最浅显"的小作品，包括童话、小说和简训，这些作品努力吸引普通人，特别是士兵，站到他们一边。

告发书中说，协会的章程是《绿皮书》（因其封面的颜色而得名）。据 M. K. 格里波夫斯基说，《绿皮书》"以一种阴暗、神秘的风格"写成。M. K. 格里波夫斯基在告发书中写道，它由两部分组成。第一部分是给每个人在加入社团时阅读的。第二部分是"面向已经得知秘密的人"。这些秘密是什么，M. K. 格里波夫斯基没有透露，但从字里行间可以看出，他指的是社团的最终目标——解放农民和推行宪法。奇怪的是，在谈到《绿皮书》的第二部分时，M. K. 格里波夫斯基没有复述它，而是仅限于指出它也由四个部分组成。这是不是证明《绿皮书》的第二部分还没有被写成？

M. K. 格里波夫斯基在他的告发书中，给出了一份秘密社团重要成员的名单，显然，他在会议上见过这些人，或者从幸福协会的同伴那里知道他们的参与。他还指出了幸福协会成员的大致数量——1818 年共计"两百多人"。他写道："协会的最初成员，几乎都是近卫军的年轻军官。穆拉维约夫家族的（参谋部的三个人：A. H. 穆拉维约夫，在他跛足的弟弟在莫斯科被捕囚禁后退伍；H. M. 穆拉维约夫，在没有晋升更高一级军衔后也退伍；第三个，以前是前谢苗诺夫军团的人）；П. И. 佩斯捷利，以前是维特根尼施泰因伯爵的副官；С. П. 特鲁别茨柯依公爵，曾在谢苗诺夫军团，现在在国外；И. Г. 比比科夫，米哈伊尔大公副官；第二近卫炮兵旅 И. A. 多尔戈鲁科夫公爵，A. A. 阿拉克切耶夫伯爵前副官；两个冯维津家族的，И. A. 冯维津和 M. A. 冯维津（其中一位曾任团长、轻骑兵团教官）；Л. А. 佩罗夫斯基，当时是第一后备骑兵团总军需官；С. П. 希波夫，现在是第一后备骑兵团总军需官；诺维科夫，七品文官，曾在萨克森的 Н. Г. 列普宁–沃尔孔斯基手下任职，在后者任小俄罗斯军政总督时期担任总督办公室主任，现已退休。其中，Л. А. 佩罗夫斯基和 С. П. 希波夫在 1819 年逐渐地脱离了该社团；П. И. 佩斯捷利就不太清楚了。"告发书中接着写道："参谋部的一些军官逐渐被吸引进来，在各团中，以伊兹马伊洛夫军团、前谢苗诺夫军团、轻骑兵团、莫斯科军团、近卫骑兵和近卫炮兵团居多。最积极活跃的分子是：И. Г. 布尔采夫、冯·德·布里根、两位科洛欣家族成员、А. А. 奥列宁、Г. И. 科佩洛夫、Н. И. 库图佐夫、И. Н. 戈尔斯特金、М. М. 纳雷什金、М. М. 科尔萨科夫等。外部人员有：Н. И. 屠格涅夫、Ф. Н. 格林卡上校和 С. М. 谢苗诺夫（一个曾在大臣 А. Н. 戈利岑公爵办公室任职的年轻人，他是协会秘书，由 Н. И. 屠格涅夫和 Ф. Н. 格林卡领导）。"还有："在他们和 М. А. 冯维津的影响下加入协会的人员：М. Ф. 奥尔洛夫、П. Х. 格拉贝、雷阿德、А. П. 尤什涅夫斯基、普里热夫斯基等。М. Ф. 奥尔洛夫介绍马蒙诺夫参与进来；Н. И. 屠格涅夫、冯·德·布里根和 Ф. Н. 格林卡介绍年轻的 А. В. 谢列梅杰夫伯爵和贝兹博罗德卡–库舍廖夫伯爵参与进来。"

在向政府提供了一份相当广泛的幸福协会成员名单后，М. К. 格里波夫斯基没有继续描述秘密社团的具体行动，而是描述了它的打算。必须说，在他的笔下，秘密社团计划的行动并不多。他写道，Н. И. 屠格涅夫的想法是出版一本杂志，并"在某个成员的偏远庄园组建一个印刷厂"，甚至是在巴黎平版漫画，然后将其运回俄国，"在托尔库奇市场上向人们传播，并分送至军队和各省"。告发书中指出，杂志是为了宣传社团的思想，应该由社团出资出版，以尽可能低的价格出售。М. К. 格里波夫斯基称 А. П. 库尼岑教授是 Н. И. 屠格涅夫的共同出版人，而 П. Я. 恰达耶夫和 В. К. 丘赫尔贝克尔似乎也"参与"其中。М. К. 格里波夫斯基在这里还写道，似乎 Н. И. 屠格涅夫坚持要"完全按照威瑟豪普特的体系"来改造社团，而且成员在交往中应该用其他名字称呼自己。

但是，正如 М. К. 格里波夫斯基不得不承认的那样，社团的活动逐渐减少："许多人的热情消退"，还有一些人"掉队"。"不谨慎和不适当的宣传"引发了危险事件。据 М. К. 格里波夫斯基所说，其中一个事件导致该社团需要在 1820 年底 1821 年初在莫斯科召开"特别会议"。这指的是，一个莫斯科官员 П. В. 哈夫斯基被不小心吸收到社团中，而他试图"勒索钱财，用公开一切来威胁"。

М. К. 格里波夫斯基本人没有参加代表大会，他在告发书中就这件事所讲的都是道听途说（很可能是听 И. Г. 布尔采夫和 Ф. Н. 格林卡讲的）。在 М. К. 格里波夫斯基关于幸福协会莫斯科代表大会的叙述中，有些事情被后来十二月党人在接受审讯时的供词所证实，有些则没有。请注意，М. К. 格里波夫斯基称，幸福协会解散的原因是大会期间从 П. Х. 格拉贝那里得到的消息。近卫军团指挥官 И. В. 瓦西里奇科夫的兄弟 Д. В. 瓦西里奇科夫知道了一个"规模非常大、成员相当多"的秘密社团的存在，П. Х. 格拉贝由此担心他可能会告诉他的兄弟这个社团的存在。М. К. 格里波夫斯基写道："这个消息让聚集在莫斯科的人惴惴不安；他们推测，Д. В. 瓦西里奇科夫将军可能会通知他的兄弟，即近卫军团指挥官，而政府手中掌握了一条线索，可能会就此顺藤摸瓜。"据 М. К. 格里波夫斯基说，此后，所有的文件都被焚毁，社团被宣布解散。

H. И. 屠格涅夫回到圣彼得堡后，向会员发出了幸福协会解散的书面通知。该通知中指出，协会"为崇高的目的而行动，并且只采用了高尚的手段"，以此强调了幸福协会成员活动的合法性。"这样，"告发书中说，"幸福协会的存在告终。"

M. K. 格里波夫斯基在告发书的最后部分，描述了一些秘密社团成员结束社团活动后的表现，认为他们"理应得到特别关注"。他们是：（1）H. И. 屠格涅夫，他"对自己的原则毫不掩饰，以被称为雅各宾派为荣，梦想着上断头台，并不认为自己有任何神圣之处，准备牺牲一切，以希望在变革中赢得一切"；（2）Ф. H. 格林卡；（3）A. Ф. 布里根；（4）穆拉维约夫家族的所有人，"因仕途不利郁郁寡欢并渴求升迁"；（5）M. A. 冯维津、И. A. 冯维津和 П. X. 格拉贝，"与他们有短暂的联系，从他们的叙述和在社团里的行为来判断，他们已经做好了一切准备"；（6）M. Ф. 奥尔洛夫；（7）И. Г. 布尔采夫。M. K. 格里波夫斯基表示怀疑，目前是否有可能通过"司法侦查"来发现"关于这个社团的任何情况"。但是，政府可以通过对他指名的人实行秘密监视，会轻松验证他在告发书中所说的内容。然而，M. K. 格里波夫斯基警告说，不能把监视工作交给圣彼得堡军事总督，因为"他身边有很多人"不是参与了秘密社团就是支持其观点。

在告发书的最后，M. K. 格里波夫斯基表示相信，"在俄国内部，无法想象会推行宪法"。他继续说，"贵族们仅出于对自己个人利益的维护就不会支持任何变革；下层等级就更不用说了"。"俄国人非常习惯于，"他继续说，"目前的政府方式，他们在这种方式下生活得平静幸福，而且这种形式符合当地的情况、环境和人民的精神，所以他们不允许出现变革的想法。"但是，如果 M. K. 格里波夫斯基用这段平静的话语结束告发书，他就不是 M. K. 格里波夫斯基了。他必须给当局留下这样的印象：虽然这个秘密社团不再存在，但危险仍然存在，于是要他服务的需求也随之存在。"然而，无法否认的是，在部队中，特别是在近卫军中，存在着不安分的精神的萌芽。"他进一步说道："通过持续进行警惕的监督以及采取温和的措施，这种萌芽可能会被逐渐扼杀。"在这一点上，正如时间所证明的，他全然是主观武断。①

我们几乎把 M. K. 格里波夫斯基的告发内容全部复述出来，包括其中所有的暗示、晦暗、自相矛盾、不断的重复之处，以及所表现出来的对一切进步事物不加掩饰的仇恨，特别是对怀抱按照西方模式改造祖国愿望的青年。但令人匪夷所思的是，在讲述这个秘密社团时，M. K. 格里波夫斯基对其具体活动几乎只字未提。也许有一个例外——兰开斯特的学校。除了对现有秩序，用他的话说，除"莫须有"的一般性批评外，告发书中再没有任何其他相关内容。告发书中也没有关于 1820 年圣彼得堡会议的叙述，在这次会议上，秘密社团成员讨论了俄国未来政府的形式，H. И. 屠格涅夫在会上说了一句著名的话："总统，事不宜迟。"这意味着他表态要在革新后的俄国实行共和制政府。告发书中没有一个字提到军事政变是实现国家宪政改革和解放农奴的手段，也没有关于谋杀沙皇计划的叙述。让我们假设，M. K. 格里波夫斯基对这些方面一无所知，闻所

---

① M. K. 格里波夫斯基的告发书多次出现在刊物上。它被刊发在《俄国档案》杂志（1875 年第 12 期，第 423~430 页）以及历史学家 H. K. 希利杰尔的亚历山大一世皇帝传记（第 4 卷，第 204~215 页）中。本书关于 M. K. 格里波夫斯基的告发书引自 Декабристы. Сборник отрывков из источников. М. : Государственное издательство，1926. C. 109-116。

未闻。这难道不是最好的证明吗？即秘密社团既没有想到革命，也没有想到把推翻君主制作为，用现代的术语来说，国家现代化的一种手段。

第三节 皇帝与秘密社团

在帝国首都圣彼得堡，虽然表面上风平浪静，但从 19 世纪 10 年代后半期到 19 世纪 20 年代初，气氛与不久前相比已是天壤之别。报纸上刊登了西班牙革命、国王在人民的压力下而颁布宪法的消息。那不勒斯和皮埃蒙特的事件激起了人们的想象。正如 M. K. 格里波夫斯基在其告发书中准确地写道：这些年轻的军官对政治更感兴趣，开始讨论政治新闻。A. C. 普希金形象地描绘了席卷南欧的革命事件的画面，"维苏威火山在熊熊燃烧"。欧洲秘密社团的示范以及人民与专制斗争的成功鼓励了秘密社团成员。

公众情绪的变化引起了皇室和统帅军队及近卫军的将军们的注意。И. B. 瓦西里奇科夫于 1820 年 8 月 26 日写信给 П. M. 沃尔孔斯基："来信收悉，我亲爱的朋友，我非常赞同您对我们这个时代精神的错误方向以及政府在危难处境中有必要小心谨慎的看法。然而，请相信我，目前我们还远不用担心什么：一些轻浮的年轻人的讲话不应该被当作社会思想情绪恶劣的表现。年轻人现在说，过去说，将来也会说。关键是要揪出害群之马，如果找到他们，那就坚决果断地剔除他们……我可以对您保证目前还稳如磐石。"① И. B. 瓦西里奇科夫在 1820 年 10 月 8 日的信中再次谈到了圣彼得

---

① Русская старина. 1871. № 12. C. 647.

堡青年情绪的话题："至于您把我们对局势的看法和今天的年轻人进行比较，则这种现象的原因必须从时代的差异中寻找：那时我们没有多少人看报纸，没有人谈论政治，白天服役，夜间享乐；现在，圣彼得堡已经成为一个修道院，这完全适合我们这个年龄的人，但对年轻人来说非常无聊。您希望年轻人整天做什么？很简单，他们从周遭发生的事情中探寻消遣的素材，由此产生关于政治的讨论、关于不合时宜的立宪思想，以及需要他们做些什么的思考。"① 几天后，在两位将军的通信中提到了 A. X. 本肯道夫和普列奥布拉任斯基军团 K. K. 皮尔赫上校之间的冲突事件。A．X．本肯道夫在与 K. K. 皮尔赫的谈话中告诉他，"所有的长官都需要知晓军官经常参加的社团"，并要求他"把他认为有必要监视的那些军官（如果发现有的话）的名单寄来"。K. K. 皮尔赫认为这个提议会让他成为告密者，于是一场丑闻爆发了，特别是当 A．X．本肯道夫的提议在首都被广泛流传后。事件很快得到了解决，但 A．X．本肯道夫本人的提议本身具有象征意义，他感觉到时代在变化，并试图加强对近卫军军官的监视。②

亚历山大一世对所发生的事情是什么态度？早在谢苗诺夫军团事件之前，他就收到了圣彼得堡军事总督 M．A．米洛拉多维奇的报告，其中载有通过情报手段获得的关于首都各种事件和传闻的信息。这些报告就像总参谋长 Π．M．沃尔孔斯基大公的命令一样都被保存了下来，他一直陪同亚历山大一世在俄国内外旅行。1820 年 7 月 8 日，皇帝离开了皇村，访问莫斯科、沃罗涅日、库尔斯克、哈尔科

---

① Русская старина. 1871. № 12. С. 651.

② Там же. С. 650–651.

夫、波尔塔瓦和克列缅楚格，9月他抵达华沙，在波兰第二届议会上
发表了演讲。欧洲的局势趋于白热化，1820年8月反对国王路易十
八的阴谋家（大部分是军官）在巴黎被拘捕。这次在波兰议会的演
讲中亚历山大已经用不同于1818年的腔调说话了。他说，特别是
"邪恶的精神再次蓄意窃取权力，进行灾难性的统治"[1]。皇帝不止
一次地对近卫军士兵的错误行为表示关注，并多次下令查明他们是
否与某些煽动者的行动有关。例如，在收到 M. A. 米洛拉多维奇关
于"近卫军官兵的各种堕落行为"的五份报告后，亚历山大一世下
令查明，"是否有一些邪恶的教唆者在怂恿士兵这样做，千方百计
地要使士兵堕落"[2]。П. M. 沃尔孔斯基在1820年9月17日给
И. В. 瓦西里奇科夫的信中，命令他在下一封信中要附上关于"一些
逃跑的士兵"和士官的报告。П. M. 沃尔孔斯基写道，"沙皇必然希
望知道使他们逃亡的原因，而且又推测，一定有一些图谋不轨的人
在腐蚀士兵的精神，试图通过让他们喝酒和沉溺于其他放荡行为而
使他们道德败坏。我委托您，我亲爱的朋友，进行最严格的侦查，
如果可能的话，设法揭发这些图谋不轨者"[3]。

　　在谢苗诺夫军团事件之后，特别是在《致普列奥布拉任斯基军
团官兵》[4] 传单出现之后，皇帝更加怀疑有人蓄意煽动士兵。在国
外时，他受到梅特涅的强烈影响，后者不断用欧洲的秘密社团来吓
唬俄国皇帝。当时在远离俄国的特洛波的亚历山大不相信，谢苗诺

---

[1] Прим. П. И. Бартенева к публикации «Бумаг князя Илариона Васильевича Васильчикова»//Русский архив. 1875. № 5. С. 44.

[2] Русский архив. 1875. № 5. С. 47.

[3] Там же. С. 48.

[4] 有关谢苗诺夫军团事件的侦查详见 Лапин В. В. Семеновская история. СПб. : Лениздат, 1991. Гл. «Поиски смутьянов». С. 149-178。

夫军团士兵仅仅因为受到粗暴对待就能发生哗变，而是从中看到了秘密革命力量活动的明确证据。在收到圣彼得堡谢苗诺夫军团事件的消息一周后，皇帝写信给 A. A. 阿拉克切耶夫："亲爱的阿列克谢·安德烈耶维奇①，你现在一定知道，谢苗诺夫军团发生的不幸事件同时也是可耻的事件。不难想象，这让我感到多么悲伤；可以说，这种情况在我们的军队中闻所未闻。更加悲哀的是，它发生在近卫军中，对我个人来说，最痛心的是它发生在谢苗诺夫军团。我已经习惯了与你开诚布公，我可以告诉你，世界上没有人能够说服我，这起事件就像是士兵们所杜撰的，或者像他们所指出来的那样，单纯是施瓦茨上校残酷对待他们的结果。他一直被认为是一位优秀而勤勉的军官，并光荣地指挥着他的军团。为什么要突然把他说成一个野蛮人？我认为，这里隐藏着其他原因。煽动，似乎不是来自军队中的，因为一个军人会让他们拿起武器（正如 1825 年 12 月 14 日的事件表明，亚历山大一世在一定程度上是正确的——作者注），他们中没有人这样做，甚至没有拿起一把匕首。军官们都极力想阻止这种不服从的行为，但无济于事。由上所述，我的结论是，有一种外来的煽动力，但不是军队中的煽动力。问题出现了：什么样的煽动力？这个问题很难解决。我承认，我把它归因于秘密社团，根据我们掌握的证据，这些秘密社团彼此联络，非常不喜欢我们在特洛波的联合工作。哗变的目的似乎是警示。再加上选择的这一天是皇后们回城的日子，不言而喻，他们希望惊动她们，并使我因为这些恐惧而放弃我们在特洛波的工作，赶回圣彼得堡。"②

---

① 指 A. A. 阿拉克切耶夫。——译者注
② Шильдер Н. К. Указ. соч. Т. IV. С. 185.

在皇帝的脑海中，萦绕着存在一个国际阴谋的想法。后来他不止一次地提及这样的想法，即国际阴谋家希望通过谢苗诺夫军团事件努力阻挠俄国镇压欧洲革命。1820 年 11 月 10 日，亚历山大一世在下达关于解散谢苗诺夫军团法令的同时，从特洛波寄给 И. B. 瓦西里奇科夫一封信，从中我们可以看到，收到《致普列奥布拉任斯基军团官兵》传单的他再次冒出了外国势力正在干涉俄国事务的想法。他写道，煽动者"蛊惑士兵们，使他们认为自己是统治者；宣扬他们应该把现在拥有权力的官员以及所有的军官或上级赶走或闲置，在他们自己人中选择其他人任职"。皇帝确信，士兵们正在接受"居心叵测的人和领导他们的人"的"考验"。皇帝写道，"我希望，这些谋划只是竹篮打水，但这需要我们所有人加强监督，其余的事情由上帝决定"。亚历山大一世驳回了 И. B. 瓦西里奇科夫恳请他回国的要求，他写道，他坚信自己必须留在欧洲，以完成打击革命传染病的事业，并保证"欧洲的安全，由此使俄国免受革命瘟疫的影响"。在信的结尾，皇帝表示相信，他会找到"军团外的真凶，比如 Н. И. 格列奇和 В. Н. 卡拉津这种人"①。

随着对事件侦查的深入，越来越多的新情况浮出水面，引起了皇帝的特别关注。1820 年 11 月 24 日，П. М. 沃尔孔斯基在给 И. B. 瓦西里奇科夫的信中提到了近卫军轻骑兵团士官斯捷潘·古谢瓦洛夫的事件，这个上官被逮捕并被囚禁在什利塞尔堡要塞，"因为他与他的一位战友和普列奥布拉任斯基军团的一位音乐家就谢苗诺夫军团事件进行了谈话，并说西班牙的革命与他们要做的事情相比不算什么"。皇帝指示 П. М. 沃尔孔斯基告诉 И. B. 瓦西里

---

① Русский архив. 1875. № 3. С. 353–355.

奇科夫："这也是一个非常有力的证据，证明外部煽动或军官在士兵面前喋喋不休的影响：因为您想士兵们能从哪里知道在西班牙或那不勒斯发生了什么？"①

一般来说，皇帝倾向于在文职人员中搜罗煽动者。1821 年 1 月 3 日，他写信给内务大臣 В.П. 科丘别伊伯爵："建议 М.А. 米洛拉多维奇伯爵密切关注费多罗·罗辛案件和他的文件。如果案件能被适当地处理，那么也许就能发现诽谤的来源，甚至厘清谢苗诺夫军团事件原委，关于它，我始终相信它不是由军队中的人发起的，而是由 В.Н. 卡拉津和他的同伙这样的人们鼓动的。"② В.Н. 卡拉津因被怀疑是谋反传单的作者而被捕，在彼得保罗要塞待了半年，但后来因澄清他与谢苗诺夫军团事件毫无关联而被释放。Н.И. 格列奇虽然没有被捕，但也受到了影响，他失去了近卫军互教学校监察员的职位。③

因涉嫌参与起草《致普列奥布拉任斯基军团官兵》的传单而被逮捕的 П.Я. 恰达耶夫的仆从费多罗·罗辛，皇帝要求对其特别关注，这个事件非常典型。在接受审讯中，费多罗·罗辛承认，只要有机会，他就会关注士兵的情绪："在警卫室，在站岗和其他会面中……在商人的浴室里，特别是在普列奥布拉任斯基军团的浴室里，士兵们在那里彼此坦诚交谈。"警方招募他为线人，但很快就对他失望。В.П. 科丘别伊写道："在与他的谈话中，我注意到他自己在猜测各种情况，放大谣言，发动士兵和农民进行各种谈话，为此把他们灌醉。因此，我已经命令警察不要再给他任何指示。"然

---

① Русский архив. 1875. № 3. С. 58.

② Былое. 1907. № 2. С. 98.

③ Греч Н. И. Записки о моей жизни. М. : Книга, 1990. С. 240—244.

而，罗辛冒着恐惧和风险，在酒馆里醉醺醺地提起了一个"危险的话题"，但撞到一个忠实于君主的人，后者威胁要殴打他。为了避免被打，费多罗·罗辛不得不自称是 В.П. 科丘别伊的线人。① 因此，最后审理一无所获。

简而言之，谢苗诺夫军团事件与秘密社团的活动毫无关系。虽然皇帝也曾深信这一点。对于最早的两个近卫军团之一的谢苗诺夫军团中发生的俄军史无前例的拒不服从命令事件，无论调查人员如何遵循皇帝的意愿，如何挖掘政治教唆者，他们最终都一无所获。虽然为此进行的精心却不无倾向性的调查结果显示，谢苗诺夫军团拒不服从命令的原因还是在于其他方面。团长施瓦兹上校对士兵的残暴对待，导致士兵们公开反抗当局。施瓦兹被送上法庭。侦查的结果是，没有发现任何外国影响，也没有发现近卫军军官或任何文官煽动兵变，更没有发现秘密社团的煽动。共济会分会也与这一事件全不相关。②

为了使画面更加完整，并阐明当局对没有事实依据的告发是多么不信任，我们将列举另一个告发秘密社团的事件。1820 年 11 月底，М.А. 米洛拉多维奇收到近卫军伊兹马伊洛夫军团少尉 А.Н. 罗诺夫的告发，他从 Н.Д. 谢尼亚文上将之子，近卫军伊兹梅洛夫军团大尉 Н.Д. 谢尼亚文那里得知存在一个秘密社团。然而，在与 А.Н. 罗诺夫的当面对质中，Н.Д. 谢尼亚文否认了一切。关注 А.Н. 罗诺夫案件的亚历山大一世于 1820 年 12 月 8

---

① Лапин В. В. Указ. соч. С. 157–161.
② Федоров В. А. Солдатское движение в годы декабристов. 1816–1825. М.: Издательство Московского университета, 1963. С. 153–156.; Лапин В. В. Указ. соч. С. 181–241.

日下令将 А. Н. 罗诺夫停职，并且他"因为不符合军官身份的行为"，即诽谤，被从近卫军中开除，并被从圣彼得堡流放到波尔霍夫市，接受警察监督。在此期间，Д. Н. 谢尼亚文上将通过某种方式得知，秘密社团成员在改造俄国的事业中寄希望于他，于是他自己到内务大臣 В. П. 科丘别伊面前，亲身驳斥谣言，并表明他对皇帝的赤胆忠心。Д. Н. 谢尼亚文不只是拜访了 В. П. 科丘别伊，他还给皇帝写了一封自证清白的信。① 当权者也没有人认真关注此事，不相信任何未知的秘密社团存在的现实。我要提醒读者，五年后，圣彼得堡军事总督 М. А. 米洛拉多维奇伯爵也不相信近卫军暴动的可能性，在关键的时刻他竟然和芭蕾舞演员伊斯托米娜在一起，只有在收到近卫军团集合的消息后，他才疾驰前去赴死。

　　然而，有重要证据表明，在 1818 年初，即在我们所述事件发生很久之前，亚历山大一世就收到了近卫军中存在一个秘密政治社团以及其中一名成员打算谋杀他的最初消息。当时近卫军正在莫斯科参加博罗季诺战役五周年的庆祝活动，并且为纪念战胜拿破仑而在麻雀山建立教堂的奠基仪式。近 30 年后的 1848 年，尼古拉一世在阅读 М. А. 科尔夫的《尼古拉一世皇帝登基》手稿时，曾在空白处亲笔写下了批注："通过一些证据，我推测，1818 年

①　Чернов С. Н. Отчет о командировке в Москву летом 1924 г. Саратов, 1925. С. 5；Федоров В. А. Доносы на декабристов（1820－1825 гг.）//Сибирь и декабристы. Иркутск：Восточно－Сибирское книжное издательство，1985. Вып. 4. С. 131－133；Он же.《Своей судьбой гордимся мы...》：Следствие и суд над декабристами. М.：Мысль，1988；ГА РФ. Ф. 1717. Оп. 1. Д. 131（圣彼得堡军事总督 М. А. 米洛拉多维奇向亚历山大一世告发海军中将 Д. Н. 谢尼亚文，怀疑他参与秘密社团）。

在莫斯科主显节（即 1 月 6 日——作者注）之后，沙皇就知道了
Н. Д. 雅库什金谋杀沙皇的意图和号召；从那以后，沙皇的情绪一
落千丈，当时他脸上有我从未见过的阴郁。随后，他的情绪的这
种外在印记被抹平。"① 我们可以看到，尼古拉一世措辞非常谨
慎。他没有断言，而只是"通过一些证据"推测，亚历山大一世
知道这个秘密社团的存在和 И. Д. 雅库什金的谋划。这一证据引
发一定的质疑。毕竟，如果皇帝真的知道 И. Д. 雅库什金号召谋
害他的生命，为什么他什么都不做，既没有下令逮捕 И. Д. 雅库
什金，也没有下令进行侦查？这一切都疑幕重重。弑君的计划罪
不可恕。这不是什么抽象的关于宪法、农民解放、自由的幻想，
而是一种蓄谋犯罪，例如，什么都没做成的 П. И. 佩斯捷利就因
此而上了绞架。亚历山大一世在知道一名近卫军军官表达要杀死
他的意图后却没有采取任何措施，就像他对 М. К. 格里波夫斯基
的告发书的反应一样，这是难以置信的。

一些研究人员试图通过 1818 年 1 月 6 日主显节游行中发生的
事件来证明尼古拉一世皇帝所说的证据。近卫军团参谋长十二月党
人 А. Н. 穆拉维约夫上校由于在部队行进时犯了一个小错误，被亚
历山大一世亲自下令送进了禁闭室。他们把这看作亚历山大当时已
经知道 И. Д. 雅库什金号召谋杀他的迹象。毕竟，正是在 А. Н. 穆
拉维约夫位于哈莫夫尼切斯基军营的房间里，传出 И. Д. 雅库什金
决心杀死亚历山大一世的话。М. В. 涅奇金娜认为这两起事件之间
有直接联系，并说明了存在这样的可能性，尼古拉一世有可能在日

---

① Междуцарствие 1825 года и восстание декабристов. С. 41；см. также：14
декабря 1825 года и его истолкователи/Издание подготовили Е. Л. Рудницкая
и А. Г. Тартаковский. М. : Наука, 1994. С. 346.

期上犯了错误，亚历山大一世不是在主显节之后，而是在主显节之前就得到了关于 И. Д. 雅库什金谋划行动的消息。①

　　然而，事实表明的是与此迥然不同的情况。A. H. 穆拉维约夫的被捕和随后的退伍与秘密社团的活动风马牛不相及。A. H. 穆拉维约夫在 1818 年 1 月 31 日给他兄弟的信中写道："由于一个错误……不是我犯的错误，沙皇逮捕了我，并把我送进禁闭室直至就寝号吹响。杰出并光荣服役八年，参加远征并参加了五十多场战役的参谋长 A. H. 穆拉维约夫上校，为了避免将来再受到这种不公正的待遇，为了不再像个从军校出来的孩子那样被惩罚，我已经递交了辞呈。"A. H. 穆拉维约夫感觉自己受到了莫大的侮辱，并提出了辞职，我们要指出，他的辞职没有被接受。于是他要求休病假，但这也被拒绝了，而且禁止医生给他开具疾病证明。但他还是"报告"生病并要等待皇帝本人向他发出"继续服役"的邀请。②A. H. 穆拉维约夫写道，"我希望后者"，不是为了我的升迁，而是为了我的荣誉，我的荣誉受到了侮辱和伤害，只有当在大众看来我被宣告无罪时我的荣誉才会恢复，别无他法。③ 根据当时的规定，近卫军军官，特别是上校的辞职或休假，只能由皇帝批准。而皇帝的命令，正如我们所看到的，在很长一段时间内都没有出现。十分

---

① Нечкина М. В. Указ. соч. Т. I. С. 179. М. В. 涅奇金娜提出假设，亚历山大一世的消息可能来源于十二月党人 Н. И. 科马罗夫，这个假设引起强烈的怀疑，并没有证据证实。

② Из эпистолярного наследства декабристов. Письма к Н. Н. Муравьеву-Карскому. М., 1975. Т. 1. С. 135.

③ Муравьев А. Н. Сочинения и письма//Серия «Полярная звезда». Документы и материалы/Издание подготовлено Ю. И. Герасимовой и С. В. Думиным. Иркутск: Восточно-Сибирское книжное издательство, 1986. С. 208.

明显，亚历山大一世想让 А. Н. 穆拉维约夫继续服役，但他也不能像 А. Н. 穆拉维约夫所期待的那样公开地道歉。最后，А. Н. 穆拉维约夫在 1818 年 10 月 "因为家庭原因" 而获准退伍。

会不会是尼古拉一世的记忆出现了偏差？对这个问题没有答案。然而，完全忽视这一证据是否可以呢？

关于亚历山大一世对十二月党人秘密社团成员态度的另一个证据也不能忽视。1821 年，А. П. 叶尔莫洛夫在莫斯科会见了他在 1812 年卫国战争和国外远征时期的副官，当时退伍的少将、幸福协会成员 М. А. 冯维津。1819 年，А. П. 叶尔莫洛夫曾经就 М. А. 冯维津的升迁问题两次请求他的朋友参谋部的 А. А. 扎克列夫斯基，第一次是让 М. А. 冯维津晋升为少将军衔，第二次是将 М. А. 冯维津调到自己的格鲁吉亚军团。1820 年，在伊梅列季亚发生叛乱后，А. П. 叶尔莫洛夫再次请求，但这次已经是直接向皇帝发出请求，派遣已经是少将的 М. А. 冯维津到他那里，让他担任叛乱已被平定的伊梅列季亚的总督。[①] М. А. 冯维津后来在侦讯委员会就这次会面写道："А. П. 叶尔莫洛夫将军在 1820 年见了我（此处错误，应该是在 1821 年——作者注）。他警告我，说我在圣彼得堡的烧炭党的名单上。出于对我的赏识，他给予了我他所能想到的一切建议。但关于社团，我们都只字未提。"[②]

在十二月党人 И. Д. 雅库什金的回忆录中，对这个事件进行了更为感性的描述，其中提供了有关我们所分析事件的至关重要的信息："在 1822 年，А. П. 叶尔莫洛夫将军被从高加索地区招来，以

---

① Гордин Я. А. Алексей Ермолов. Солдат и его империя. СПб. : Вита Нова, 2012. Т. 2. С. 247.

② Восстание декабристов. Материалы. М., Л., 1927. Т. Ⅲ. С. 74.

让他指挥准备派去镇压起义的那不勒斯起义的军队（显然，И.Д.雅库什金的阐述在时间上出现了重大错误。А.П.叶尔莫洛夫在1821年被从高加索地区招来——作者注），他在皇村住了一段时间，每天都与皇帝会面。在我们的援助部队出发之前，那不勒斯人起义已经被奥地利人镇压下去了，于是А.П.叶尔莫洛夫返回到高加索地区。在莫斯科，看到曾经是他副官的М.А.冯维津来到他身边，他感叹道：'到这里来，最伟大的烧炭党人。'М.А.冯维津不知道如何理解这种问候。А.П.叶尔莫洛夫补充说：'我不想知道您做了什么，但我会告诉您，他是如此害怕您，就像我希望他害怕我一样。'"① 我们不准备分析细节，只想指出，在我看来，亚历山大一世只有在收到М.К.格里波夫斯基的告发书后，才可能对А.П.叶尔莫洛夫说了类似的话。只有在这份告发书中，М.А.冯维津才被列为幸福协会的主要成员。亚历山大一世当时没有其他信息来源。因此，皇帝和А.П.叶尔莫洛夫之间的谈话只能在1821年5月（或更晚），在亚历山大一世从莱巴赫返回圣彼得堡后进行。

对于А.П.叶尔莫洛夫的话不用过于认真。这里老指挥官的话具有玩笑的色彩，同时又带着一些惊讶，甚至似乎带着钦佩的语气。亚历山大一世未必害怕俄国的秘密社团，他刚刚从М.К.格里波夫斯基的告发书中得知秘密社团的存在及其活动终止的消息。亚历山大一世更担心的是欧洲的秘密社团，他认为，它们是推翻欧洲几个王国的合法政权的动力。难怪А.П.叶尔莫洛夫使用"烧炭党员"一词——那是对意大利秘密社团参与者的称呼。但是，正如我们所知，每个笑话中都包含一些真话。在这种情况

---

① Якушкин И.Д. Указ. соч. С.123.

下，亚历山大一世知道俄国存在一个秘密社团，并与可信赖的人分享了这个消息。

现在让我们思考一下，亚历山大一世是否真的不准备去惩罚他从 M. K. 格里波夫斯基的告发书中所知道的幸福协会成员。历史学界早就确立了这样的观点：亚历山大一世不想使俄国像许多欧洲国家一样存在秘密社团的事情引起关注。对此学界指出了几种原因。似乎他没有下令政府对此进行公开侦查，是为了不给欧洲政治家以口实谈论俄国也没有逃脱政治极端主义的"瘟疫"，特别是在谢苗诺夫军团哗变之后。此外，他也不希望在国内张扬。但他不能无视被发现的阴谋，因此他采取了秘密措施，将 M. K. 格里波夫斯基告发书中提到的人员撤职。几乎所有的苏联历史学家都无一例外地持有这种观点。即使是那些在观点上属于完全不同的历史学流派的人，甚至因所谓的"学术案"被捕的 C. H. 切尔诺夫，以及支持马克思主义方法论的 M. B. 涅奇金娜院士，他们同样坚持不懈地寻找亚历山大一世迫害他所知道的秘密社团成员的证据。

M. B. 涅奇金娜在分析皇帝对 M. K. 格里波夫斯基告发书的反应时断言，否认皇帝迫害幸福协会成员一事助长了由 H. И. 屠格涅夫创造并由 A. H. 佩平响应的有关十二月党人的自由主义史学传说。她写道，自由主义史学"急于对沙皇的话断章取义"①。显然，对于否认皇帝（在某个阶段）和秘密社团成员的追求相近（他们都希望以各自的方式对俄国进行彻底的改革）的可能性的历史学家来说，承认亚历山大一世拒绝迫害他的志同道合者，同时也拒绝迫

---

① Нечкина М. В. Указ. соч. Т. I. С. 350.

害他的政治对手的现实是不能被接受的。

但实际情况是怎样的呢？最早对这一经典观点①的真实性提出质疑的学者之一是 B. M. 博科娃。她在自己的主要专著《秘密社团时代》中，在"论对秘密社团的'镇压'问题"的章节中详细分析了历史学传统观点支持者的所有论据。在研究了所有以前被视为亚历山大一世迫害十二月党人的证据的事实后，B. M. 博科娃仔细分析了 M. K. 格里波夫斯基的告发书中提到的每一位十二月党人的职业生涯，得出明确的结论："所有提出的证据都表明一个事实：在亚历山大一世看来，应受惩罚的不是参加秘密社团的行为，而是具体的过错行为，以及所表现出的'不服从精神'，因此，有过失者并没有被完全开除公职（如果其行为引起了恐慌，则开除公职是理所应当的），而只是根据法律规定，对过错行为进行相应的处罚。"②

我们继 B. M. 博科娃之后强调：皇帝认为完全没有必要惩罚那些与他想法相同的人。毕竟在 1820 年，他还赞同他一个"年轻朋友"③ 在华沙的办公室里起草俄国宪法方案，而 A. A. 阿拉克切耶夫和 Д. A. 古里耶夫则起草了逐步解放农奴的草案，附带说明——是带着土地解放。我们赞同尼古拉一世的观点，认为救国协会和幸福协会成员（当然，如果他们对刺杀沙皇的计划一无所知并且也没有参加后来的秘密社团）的活动不涉及任何犯罪行为，因此他们被免除了惩罚——他们没有什么可以被惩罚的。

---

① См., например: Тарасова В. М. Роль Н. И. Тургенева в общественном движении России 20 – 70 годов XIX в. (К историографии вопроса) // История и историки. М.: Наука, 1973. С. 107–125.

② Бокова В. М. Указ. соч. С. 384–385.

③ 指 Н. Н. 诺沃西利采夫。——译者注

第五章

农奴制因何未废，君主立宪制缘何未立

第一节　农奴制论争与地主协会风波

俄国政府日益将自己封闭起来，与社会隔绝。如果说在亚历山大一世统治初期和中期，俄国是最为开放的国家之一，人们可以对国家制度随心所欲表达各种观点，新闻界也可以对农奴制畅所欲言，那么随着时间的推移，这种自由状态开始使皇帝忧心忡忡。

在 1815 年《欧洲导报》中出现了一篇从波兰杂志翻译过来的 А. 科辛斯基的文章《关于为波兰农民创造最幸福生活方式的思考》，作者在文中谴责 1807 年拿破仑在波兰实行不带土地解放农民的政策，在他看来，这使农民失去了来自地主的援助，加重了农民四处流浪和无所事事的倾向。但是，作者原则上不反对解放农民，只是反对剥夺他们的土地财产。① 1816 年，这里还刊登了 И. 佩列

---

① 　Вестник Европы. 1815. Ч. 82. С. 264–281.

斯拉夫斯基的文章，他似乎甚至不允许暗示存在农民解放的可能性的想法："每个等级有理智的成员，都应该满足于自己为法律所确定和维护的地位。"①

1817年，对农奴制的赞美愈演愈烈。当时出现了一些文章，描述西方自由农民处于沉重苦难的甚至是贫困交加的境地，与之相反的则是俄国农奴幸福生活的画面。这些文章显然具有论战性质，是针对那些竟敢质疑农奴制的美德和优势的人。周刊《杂志的精神》第47期发表了《来自莱茵地区的私人信件选录》，文章的作者描述了当地居民的大规模迁移，愤怒地高呼："啊，自由这个不幸的词！……当地的农民一切都是自由的！自由的，就像空中的鸟儿，但这些自由的人儿，他们无家可归，无依无靠，死于饥寒交迫。如果法律使他们与土地和地主水乳交融在一起，他们将多么幸福！"文章的作者认为，外国人认为农奴的状态是"奴隶般的，最令人怜悯的"时代已经过去。现在，他们"认识到了自己的误区"。当作者向他们问起农民和地主的关系时，"他们会回答：农民是孩子，地主是他们的父亲"。杂志发行人完全同意这位作者的观点，并使读者相信，大部分地主和他们的农奴的关系就是如此，"使这种关系成为普遍现象是轻而易举的"②。这类歌颂农奴制的田园诗比比皆是。当时 C. H. 格林卡在《俄国导报》就媒体的崇高任务写道："要证明，我们这里有父亲般的地主，他们获得这样的称呼是实至名归，因为他们把自己农民的需要看成自己的需要。"③

农奴制捍卫者的文章层出不穷。《杂志的精神》在1817年的第

---

① Там же. 1816. Ч. 87. С. 142.
② Дух журналов. 1817. Кн. 47. С. 339–342（929–923）.
③ Русский вестник. 1817. № 3/4. С. XXII.

48 期刊登了署名为"俄国贵族真理君"的一篇文章《俄国农民与国外农民的比较》。这篇文章的作者，在矫揉造作的化名之下抨击"我们的许多同胞有关外国农民等级的另类意见"。这位"真理君"无所顾忌地把"自由"称为"空洞的词语"，并声称俄国农奴要比外国农民"幸福得多"。① 1818 年，这位"真理君"在《杂志的精神》上发文全面维护劳役制对代役制的优势。然而，甚至是他也不能否认农民对劳役制的"仇恨"，并承认这种仇恨是由地主的残酷虐待造成的。但是，他认为克服这种状况若烹小鲜。他写道，需要做的只是让省长们成为"无私的、智慧的、仁爱的、友好的、精通农业的人"②。

杂志编辑 Г. М. 雅岑科夫在第 12 期《杂志的精神》上刊登了他对一个读者要求解答困惑的来信的回复。这位读者在一篇文章中读到德国君主消灭了奴隶制这一处时，他感到非常奇怪：为什么到现在"只有我们俄国还存在农奴制"。Г. М. 雅岑科夫回答读者，在俄国"完全没有"奴隶制，因为"我们农民的农奴状态……并不是奴隶制"。一些德国政论家"针锋相对地反对我们的农奴制"，使他义愤填膺，因为"我们所谓的奴隶从来没有请求他们的庇护"。但是 Г. М. 雅岑科夫的一个观点可以被称为其思想的精髓："我们这里不仅事实上没有奴隶制，即使是这个词语——奴隶——都不被允许使用。"而既然"不被允许"，就意味着没有奴隶制，这是我们所熟悉的逻辑。Г. М. 雅岑科夫激情四射地攻击改革的支持者是"自封的政治家"。这些人装着"学校的思维，刚刚走出学校的襁

---

① Дух журналов. 1817. Кн. 49. С. 343–370 (981–1008).
② Дух журналов. 1818. Кн. 6. С. 43–54 (181–192).

褓，立刻着手去建设和修复庞大的、异常复杂的国家大厦"。①

面对这波对农奴制的赞美之潮，唯一公开唱反调的是一篇匿名文章《论外国农民的状况》，发表于 Н. И. 格列奇的杂志《祖国之子》的第 17 期。后来证实，这篇文章的作者是以其进步观点而闻名的圣彼得堡大学教授 А. П. 库尼岑。② А. П. 库尼岑的文章是对"俄国贵族真理君"言论的直接回复。作者证据确凿地指出："自由对于外国农民不是一句空话，而是有着真正的价值。" А. П. 库尼岑写道："外国农民的第一个最为重要的权利，首先在于他本人属于自己，不会通过交换、出售、赠予、继承等交易从一个人的手中转到另一个人的手中，他始终是自己的主人；而这个权利是如此的珍贵，如果人们想占有并出售这位作者'真理君'的话，相信他是断然不会允许自己处于这种状况的。" А. П. 库尼岑继续写道，国外农民，没有人可以带走他们的孩子。西方的农民享有人身自由，他们"自发主动地去工作，而不是接受别人的强迫命令，他们勤奋工作，因为这样做有望改善自己的状况"。③ 尽管在俄国经过新闻检查的媒体中，以前也出现过支持农民解放的声音，但 А. П. 库尼岑这篇文章第一次如此铿锵有力、有理有据地证明了雇佣劳动的优势。

似乎，随着时间的推移，出版物上爆发的争论有可能结出丰硕的果实，尤其是政府本身这时正在致力于寻求逐渐取消农奴制的方

① Там же. Кн. 12 («О рабстве в иностранных европейских государствах») . С. 94-95.

② 关于 А. П. 库尼岑的作者身份见 Колюпанов Н. Биография А. И. Кошелева. М. , 1889. Т. 1. Кн. 1. С. 524; ср. также: Кульман Н. К. Указ. соч. С. 64。

③ Сын Отечества, 1818. № 17, С. 162-186.

法。但是 1818 年《杂志的精神》上刊登了小俄罗斯总督 Н. Г. 列普宁-沃尔孔斯基公爵的话语（前文已提及）之后，媒体上有关农民问题的讨论突然偃旗息鼓，生生地被扼杀了。尽管 Н. Г. 列普宁-沃尔孔斯基的用语非常温和，但刊登这段话语所导致的后果就是任何有关的争论都被全面禁止。А. Н. 戈利岑是国民教育部大臣，他主管的部门当时负责新闻检查，立刻警告圣彼得堡学区总监 С. С. 乌瓦罗夫说：“《杂志的精神》出版者刊登了包含思考农民自由和奴隶制内容的文章，还有很多其他不当行为。”接下来，А. Н. 戈利岑指出，Г. М. 雅岑科夫也没有获得许可来刊登 Н. Г. 列普宁-沃尔孔斯基的讲话，他提出整体上要“关注对出版杂志和其他著作的新闻审查，以使其不以任何形式发表有关维护还是反对农民自由与奴隶制的内容，不仅是关于本国农民的，而且包括关于外国农民的，不允许出现任何有关政府法令的资料”。①

虽然农奴解放问题在印刷出版物的页面上踪影全无，但对于开明的俄国群体来说并没有销声匿迹。讨论以手抄本的形式进行，这些手抄本被交相传递。Н. Г. 列普宁-沃尔孔斯基的讲话的抄本就是先在全国各地流传，然后才在《杂志的精神》杂志上发表。当时卡卢加首席贵族、参政员 Н. Г. 维亚泽姆斯基公爵激烈地抨击了 Н. Г. 列普宁-沃尔孔斯基的讲话。他于 1818 年 4 月 4 日写的《俄国贵族告列普宁公爵书》的抄本也开始被广泛传播。Н. Г. 维亚泽姆斯基在 Н. Г. 列普宁-沃尔孔斯基非常温和的讲话中，看到了对俄国贵族传统权力的侵犯。他认为农奴制保证了专制制度的

---

① Беседы в Обществе любителей российской словесности при Московском университете. М., 1871. Вып. 3. С. 218–220.

稳定，地主和农民的农奴关系类似于家庭关系。他指出，地主，被国家塑造成为"大家庭中孩子们父亲的形象"。他使读者相信，"他与自己的孩子之间有着紧密而不可分割的联系"。他认为，破坏这种关系，可能会导致无法估量的灾难。"为了我们农民的幸福，不需要去思考新的、虚妄的原则，而是只需要竭尽全力地去维护真正高尚的古老原则，在各地监督人们遵守这些原则，确信这些原则对农民有利。"Н. Г. 维亚泽姆斯基警告说，不要效仿西方模式，并呼吁"只需革除一些旧弊并消除滥用职权行为……警惕地维持现有秩序"。①

Н. Г. 维亚泽姆斯基的《俄国贵族告列普宁公爵书》受到了保守阵营的热烈欢迎。但从对立阵营也出现了批评的声音。救国协会的创始人 А. Н. 穆拉维约夫起草了一份奏章作对这位农奴制维护者全面宣言的回复，他讥笑这位"古老的俄国贵族"及其对宗法制古老事物的维护。② А. Н. 穆拉维约夫通过 П. М. 沃尔孔斯基向沙皇呈交了这份奏章。据 С. П. 特鲁别茨柯依回忆，沙皇看完后说："这个笨蛋！干预非自己分内的事务。"③

亚历山大一世这样强烈的反应，当然可以简单地解释为是 А. Н. 穆拉维约夫文中的表述过于激进所致。但非常可能的是有更为复杂的原因。令沙皇不满的还有 Н. Г. 列普宁-沃尔孔斯基的讲话出现在媒体中这一事实本身，以及围绕这个讲话引发的争议。他认为，进行农民改革的主要条件是贵族的自愿同意。在他看来，点燃

① Сборник исторических материалов. Вып. 7. С. 153−174.

② Чтения в Императорском обществе истории и древностей российских. М., 1859. Кн. 3. Смесь. С. 43−50.

③ Трубецкой С. П. Указ. соч. С. 223.

地主的怒火，使他们与改革的支持者公开战斗，对农民改革的实现最为不利。沙皇认为，无论是 Н. Г. 维亚泽姆斯基维护农奴制的著作，还是 В. Н. 卡拉津的《一个乌克兰地主的思想》（他在文中认为"人民被他们的灵魂固着在他们的生存方式之中，并从中寻找他们的幸福"）等文章的流传，抑或来自左翼的对这些人的反对意见，都不利于沙皇有关政权与地主友好协商的设想。①

正如我们所看到的，新的秘密社团幸福协会的主要任务，除了扩大自己的队伍之外，就是开展争取社会舆论的斗争，同时宣传农奴制崩溃的必然性。

十二月党人非常清楚，政府自由主义的任何表现都将遇到农奴主的强大阻力。С. П. 特鲁别茨柯依回忆说："社会在行动之时应该意识到，许多政府官员和私人可能会奋起反对皇帝的一些意图（这也涉及农民的自由），因此，无论那些支持沙皇意图的人的声音多么弱小，只要社会能对此进行广泛而公开的持续讨论……就会给政府以力量去实现自己的设想。"解放农民，用 С. П. 特鲁别茨柯依的话讲，"对抗者几乎是所有地主"。因此，秘密社团成员"需要以持之以恒的行动"，坚定"支持"政府的方针，广泛宣传"必须实行这一措施的共同信念"。С. П. 特鲁别茨柯依写道："必须让地主知道，农民迟早会获得自由，由地主自己来解放他们要有益得多，因为这样他们可以与农民签订对自己更为有利的条件，如果地主顽固到底，执意反对自愿解放农民，农民就会自己从他们那里夺取自由，如此，国家将可能陷入深渊。随着农民起义的爆发，必然会出现无法想象的惨绝人寰的状况，国家将成为群雄纷争的牺牲

---

① Сборник исторических материалов. Вып. 7. С. 145.

品，也许会成为沽名钓誉者的猎物，最后，国家或许会四分五裂，从一个笑傲群雄的国家肢解为几个羸弱不堪的小国。俄罗斯帝国的所有力量和荣耀可能会黯晦消沉，这种状况即使不会永远不变，至少也会持续许多个世纪。"①

与此同时，谴责农奴制，要求解放农民的思想，在最优秀的文学艺术作品中得到了发展。А. С. 格里鲍耶多夫在喜剧《聪明误》中把农奴制描绘成现代社会最臭名昭著的罪恶之一。1819 年，А. С. 普希金创作了俄国诗歌中反对农奴制的最优秀作品之《乡村》。幸福协会成员 П. Я. 恰达耶夫通过 И. В. 瓦西里奇科夫把 А. С. 普希金的诗歌呈给亚历山大一世。П. А. 维亚泽姆斯基揭露农奴制祸根的诗作在他的朋友和熟人中广泛传播。

在 19 世纪 10 年代末 20 年代初，改革的命运似乎还没有尘埃落定。协助当局改革农奴制的向往不仅鼓舞着秘密社团成员，而且还吸引了更广泛的俄国社会思想界。在亚历山大一世受到西部省份贵族例子的鼓舞而发表声明的影响下，十二月党人开始思考触动农奴制的必要性，并且讨论农奴制改革的方法，做此想的不仅有十二月党人，而此想法也并非纸上谈兵。1820 年春天，还有人曾试图成立自由的地主协会，研究废除农奴制和逐步解放农奴的条件。

关于建立这个组织的思想，正如 Н. К. 库利曼所确认的，最初出现在与十二月党人亲近的群体中，在 С. И. 屠格涅夫和 П. А. 维亚泽姆斯基于 1820 年 1 月于华沙会面之时。② 1820 年 2 月 6 日，

---

① Трубецкой С. П. Указ. соч. С. 218–220.
② Кульман Н. К. Указ. соч. С. 108–114.

П. А. 维亚泽姆斯基为日益控制他头脑的思想所驱使，写信给在圣彼得堡的 А. И. 屠格涅夫："这是一项神圣而伟大的事业，将观点不同，但一致追求向善和造福的地主聚集起来，不进行任何大张旗鼓的宣传，不提出任何攻击性的建议，只是详细研究和发展这个重要的问题。"他继续写道："请考虑这一点，而我将着手去解释自己的思想，并确定这个协会所赖以支撑的某些原则、这个协会活动的界限范围，等等。请相信，如果我们不做一些这样的事情，我们将会感到良心不安。"П. А. 维亚泽姆斯基在结尾处写道："毫无疑问，一开始，自愿加入我们这个协会的就会有 50 余人。如果君主欣然采纳了立陶宛人的这种提议，为什么不会接受来自我们的这种建议呢？"

在 П. А. 维亚泽姆斯基的信中，还提到了当时人们思想中所常见的害怕人民爆发革命、希望避免人民革命的理由："奴隶制——俄国所存在的一个革命性元素。摧毁它，也就意味着摧毁了未来所有的暴动思想。"① Н. И. 屠格涅夫对 П. А. 维亚泽姆斯基来信的评价是"绝妙"，在 1820 年 2 月 18 日的回信中其告诉 П. А. 维亚泽姆斯基，他的想法与很多人的意见吻合："现在人们都在热烈地谈论奴隶制，甚至针对此写了不少文章，虽然没有被印刷出版。"Н. И. 屠格涅夫还在信中请求"阐述……关于解放方式的想法，提出能够把支持农民解放的人联合起来的规则"。② П. А. 维业泽姆斯基在回信中没有涉及"关于解放方式"和协会规则的问题，但提出了在他看来唯一现实的方式："在俄国目前局势下，使这种想法

① Остафьевский архив. СПб., 1899. Т. 2. С. 14–16.
② Там же. С. 21–22.

付诸实施只有一种途径：争取一些最高贵的官员，以及各色的丘皮亚托夫式人物。"①

从而，目标已明确，实现目标的手段也已达成共识，剩下的最重要的事情就是采取行动了。后来的事实证明，在圣彼得堡已经着手筹备建立这样的协会，参与其中的恰恰是 П. А. 维亚泽姆斯基所写的"最高贵的官员"。1820 年 4 月底，Н. И. 屠格涅夫与 М. С. 沃龙措夫伯爵结识，两人很快成为莫逆之交。Н. И. 屠格涅夫 1820 年 5 月 11 日在给 С. И. 屠格涅夫的信中说："在这些日子里，我住在 М. С. 沃龙措夫伯爵这里，我觉得，他已经理解和感觉到事物所应该具有的样子，仅就这一点我已经非常喜欢他。可惜，他停留在这里的时间不长。他可能成为改善农民处境的先行者。现在主要是对他寄予厚望了。"②

М. С. 沃龙措夫将军，是 1812 年卫国战争的英雄，在许多战役，包括博罗季诺战役中表现杰出，他在这次战役保卫巴戈拉季奥诺夫钝角堡的战斗中负伤。1815~1818 年，他在法国指挥俄国远征军，不久前，从法国回到俄国。将军以其自由主义思想而著称，被称为英国迷，信仰英国的政治体制（他的父亲担任驻英国大使多年，在 1806 年辞职后一直留在伦敦）。还有一种情况比较重要，

---

① Цит. по Кульман Н. К. Указ. соч. С. 113. 瓦西里·阿尼西莫维奇·丘皮亚托夫（1728~1792 年），是 18 世纪一位开明、智慧的传奇人物。他的绰号为"摩洛哥王子"，出生于雷热夫镇著名商人之家。叶卡捷琳娜二世时期，他不仅在圣彼得堡，而且在全国都非常有名。他因为一场大火而破产，为了逃避因债务而入狱，他装疯卖傻，声称爱上他的摩洛哥公主愿意为他偿还的所有债务。他走到哪里都挂着假勋章、绶带和奖章。在圣彼得堡的社会上，他一直是被嘲笑的对象。

② Декабрист Н. И. Тургенев: Письма к брату С. И. Тургеневу. М., Л., 1936（далее—Тургенев Н. И. Письма）. С. 302.

M. C. 沃龙措夫拥有数千名农奴，其地位属于俄国社会精英。那些年，M. И. 沃龙措夫在不断地思考，为了国家的幸福必须废除农奴制。[1] 根据 H. И. 屠格涅夫的回忆录，正是他和 A. C. 缅希科夫公爵（未来克里木战争中打败仗的俄军统帅，1820 年担任亚历山大一世的御前副官，一位聪明睿智、家财万贯的地主，也是彼得一世的战友 A. T. 缅希科夫唯一的孙子），试图为解放农奴建立一个地主协会。H. И. 屠格涅夫在他的回忆录中写道："有两个身份尊贵、教养深厚的人——M. C. 沃龙措夫伯爵和 A. C. 缅希科夫公爵，有一天决定开始解放事业，并决定严肃地开始这项事业。我强调他们严肃地从事这项事业，是因为在这个问题上，一些所谓的慈善家并不少见，他们总是随随便便地说着要改善农奴处境的话题，说应该给予农奴某些好处，限制主人的肆意妄为，禁止地主滥用权力等。所有这些空洞的话语，所证明的只能是说出这些话的人的天真，或者是他们的险恶用意。……这就是为什么我说的这两个人首先宣布他们的目标在于全面解放农民。"[2]

1820 年 5 月初，成立协会的工作正在紧锣密鼓地筹备之中。因此，H. И. 屠格涅夫在 5 月 11 日的信中还写道，"现在还没有什么其他的"，"事业才刚刚开始"，并指出"首先需要寻求政府支持采取一些针对农民的措施"。在这里他有些不坦白，显然他不希望摊开所有的牌。

在屠格涅夫兄弟的档案中，保存有一份文件的三份草稿，这份文件是希望征求沙皇的同意而成立协会的宣言。文件的日期标注为

---

① Шебунин А. Н. Пушкин и «Общество Елизаветы»//Временник Пушкинской комиссии. М., Л., 1936. Т. 1. С. 79–84.

② Тургенев Н. И. Россия и русские. С. 252.

1820 年 5 月 5 日。这三份草稿都是 Н. И. 屠格涅夫手写的，但经过许多人的修正。这几份草稿之间只是纯粹文字编辑方面的差异。根据文件的内容，协会应该在"内务部主管的领导下"行动。行动目的被十分概括地定义为"寻找措施改善农民的状况，逐渐把加入这个协会的地主所占有的农民和家仆从奴隶制下解放出来"。论证农民解放的必要性时只提出一个理由："使俄国贵族不会再受到开明民族对他们整体严厉的，但不乏公正的谴责。"①

按照计划，这份文件将由所有参与者签名，然后呈给亚历山大一世。遗憾的是，我们没有其最终文本。Н. И. 屠格涅夫在他的回忆录中否认这份文件是他撰写的，而坚称文件的作者是 М. С. 沃龙措夫或者是 А. С. 缅希科夫，他回忆说："其中的一份是呼吁书形式的，呼吁签字者有义务解放自己的农奴，给予他们完全的自由。为了实现这一目标，他们请求君主允许建立一个地主协会。所有在呼吁书上签字者都是这个协会的一分子，他们应该在协会成立之后立刻从自己人中选举成立委员会，全权制定彻底解放农奴的章程。章程草案在经过协会所有成员（或者是在呼吁书上签字者）讨论和通过之后，呈交内务大臣批准，内务大臣为此要获得沙皇的旨意。在这个杰出作品的末尾，作者向君主点明，在俄国军队赢得辉煌胜利之后，为了获得更大的荣誉，必须为俄国洗去这个为它带来耻辱的唯一污点。"②

正如我们所看到的，Н. И. 屠格涅夫回忆录中所阐述的那份文件与我们档案中保留的草稿完全不同，其中不仅制定了协会的其他

---

① Архив братьев Тургеневых. Пг., 1921. Вып. 5. С. 488-490.
② Тургенев Н. И. Россия и русские. С. 252.

目标，而且规定了其成员解放他们的农奴的义务，还确定了协会行动的程序。

与 M.C 沃龙措夫、A.C. 缅希科夫、A.И. 屠格涅夫和 Н.И. 屠格涅夫兄弟一起，B. H. 卡拉津（他的名字在谢苗诺夫军团事件中已经提到过）在建立协会上也表现出了特别的积极性。B. H. 卡拉津在青年时代与 A.H. 拉吉舍夫关系密切，是哈尔科夫大学创始人。B. H. 卡拉津天性活跃，沽名钓誉，皇帝在 1808 年对 B. H. 卡拉津感到失望，事态甚至发展到正式禁止他向皇帝提出任何建议的地步，而 B. H. 卡拉津则想方设法要重新获得皇帝的垂青。1818 年，B. H. 卡拉津再次来到圣彼得堡，开始就各种理由密集地向内务大臣 B. П. 科丘别伊上呈奏章。当然，B. H. 卡拉津不可能对组织协会解决农民问题的事务置身事外。

从保留下来的 B. H. 卡拉津的文件来看，整体而言，他认为，当时的俄国处于人民爆发的前夕，而农奴制问题是国家面临普遍危机的重要原因之一。在 1820 年 4 月 2 日写给 B. П. 科丘别伊的报告中，B. H. 卡拉津特别清楚地表达了这些思想。回忆起他早些时候对 1812 年的预测，B. H. 卡拉津提到了关于即将到来的革命："现在，我同样大胆地，也同样是满怀失望地预测，在我们的国家，在并不很遥远的时间内，将出现重大的动乱。"他指出："堕落的自由的精神，正在日益侵蚀所有等级的人士。"为了论证自己的正确性，B. H. 卡拉津引用了他从乌克兰回来的路上，以及在圣彼得堡当地所听到的"最普通的劳动人民……关于天生平等"的谈话。他们说："已经忍无可忍，是时候与老爷们做个了断了。"

B. H. 卡拉津警告说，很快，镇压农民就指望不上军队了，要知道，正如丘古耶夫军屯居民起义所证明的，军队完全可能以 1793

年的法国为例，转到人民一方。根据 B. H. 卡拉津的观察，西方的
"病毒"入侵了俄国贵族的队伍。他在向 B. П. 科丘别伊上呈的报
告中写道："贵族，从国外与军队一起回来，带来了与他们自身利
益和国家安定相违背的原则。高贵姓氏的年轻人推崇法国的自由，
并不掩饰渴望在自己的国家也推行这种自由。"像往常一样，
B. H. 卡拉津这次也并不鄙弃直接的告密，作为例子，他向内务大
臣"指认"，C. Г. 沃尔孔斯基公爵就是秘密社团的成员。

这种告密行为对 B. H. 卡拉津来说是常态。他对 A. C. 普希金
和其他作家进行告密，向政府报告圣彼得堡的各种流言蜚语。他提
到在"米哈伊洛夫斯基文学爱好者协会的紧急会议上""也没有忘
记谈论立宪"，用他的表述，这证明了"这种荒谬的精神"正在
"日益"扩大流传。他还提到了一些军官"在饭馆聚餐之时……为
俄国宪法举杯"。①

神奇的是，B. H. 卡拉津对俄罗斯帝国危机局势的评价与秘密
社团的观点非常接近。然而，与他们相反，他认为，必须做的不是
取消专制制度和农奴制，而是要加强现有制度。B. H. 卡拉津提议
采取一些刻不容缓的措施。他建议亚历山大一世"要让自己的周围
环绕的都是最聪明睿智的，在俄国拥有巨额不动产的人"（当然他
看到自己是其中的一员）；要求"完全放弃共和主义的方案"；建
议"用一切可能的体面手段来赢得贵族因各种事件而动摇的向心
力"，提高官员的薪金以杜绝"行贿受贿"现象。

作为可以缓解社会紧张局势的措施，B. H. 卡拉津提出在首都
成立由内务大臣担任主席的"善良的地主协会"的想法。他写道，

---

① РГИА. Ф. 1409. Оп. 1. Д. 4686. Ч. 16; Д. 3245. Л. 18 об. –19.

贵族必须致力于"以谨慎的方式改善居民的命运（然而，不能脱离现有的社会秩序以及我们的根本法律）"。B. H. 卡拉津认为，这将比"所有的警察法规都更为可靠，警察法规只能激怒社会，或者暴露出政府的犹豫不决"①。

当时，在 1820 年 4 月，B. H. 卡拉津向 B. Π. 科丘别伊提出了关于"善良的地主协会"的进一步《设想》。② 现保存下来的 B. H. 卡拉津手写的这份《设想》草稿，完整地描绘了他所设想的措施的实质，其中充满了最反动的段落。例如，下面的说法："……让其他国家以自己的宪法而自豪，我们拥有的是政治感情，这种感情以自己的优势来代替宪法，就如同用心中神圣的宗教代替不会说话的法律文本。"B. H. 卡拉津宣称专制制度为"最佳的"管理形式，"仅仅因为它是最接近自然的"。继 H. M. 卡拉姆津之后，B. H. 卡拉津写道，专制制度作为一种力量"将带领因各种症结而衰竭不堪的、被野蛮人奴役两个世纪的俄国走上荣誉和财富之巅"。

陶醉于对现有秩序的颂扬，B. H. 卡拉津深情地描述了俄国农村盛行的宗法制习俗。他认为，农奴制是不可动摇的。对于他而言，地主的权力不是别的，正是作为"英明的立法者的宝贵武器，不能被任何其他的武器所替代"。恰恰是地主的权力通过培养"服从的习惯"保障了帝国的秩序和安定。"众所周知，俄国村民正是将自己的地主称为父亲、老爷，而在小俄罗斯省份，他们使用恩人的称呼。"读到这类文字，您就会明白，B. H. 卡拉津完全是在罔顾

---

① Там же. Д. 4686. Ч. 16. Л. 52–56；Д. 3245. Л. 21–29.

② B. H. 卡拉津自己就这一点在《设想》的一个副本上做了标注，他试图在 1820 年 11 月把这个副本再次转交给 B. Π. 科丘别伊（Там же. Д. 2345. Л. 5，10）。

现实。难道不是他在 1820 年同一个月（即 4 月）提到农民的不满情绪日益严重，他们准备杀死这些所谓的"父亲"和"老爷"吗？这种观点的摇摆简直令人瞠目结舌。B. H. 卡拉津依然用"改善居民的处境"的必要性来解释成立"爱国主义的善良的地主协会"的提议。

新时代依然要求"俄国贵族在全世界面前证明自己的尊严"。B. H. 卡拉津认为，做到这一点非常容易。为此根本不需要摧毁农奴关系——要知道现有秩序是"建立在父亲般的庇护和儿童般的依赖基础之上"。他写道："值得做的，只是使它的整体轮廓符合这个世纪的开明思想。"需要将这一领域已颁布的法律收集在一起，"从中剔除那些肆意歪曲、八卦流言和非法滥用的条文"，再补充以"习俗规范，政府和私人指示"，事情即得以完成。之后剩下的仅是把通过这种形式编写而成的《一般规则》呈交给政府批准。事实上，正是为此建议成立"善良的地主协会"。

对于这个协会的活动原则，B. H. 卡拉津在他所起草的章程中也进行了阐述，这个章程由 18 节组成。他在最后一节中提出了协会的基本任务（协会成员活动"最首要的、最主要的对象"）：尝试"编写地主庄园章程，这个章程要将地主的幸福与农民的幸福……也与我国真正的国家利益结合起来，可以作为协会每一个成员的指南"。但是，他在结尾处指出，协会成员的"爱国主义活动"不会局限于此。B. H. 卡拉津写道，可以成立学校，"为家仆和庄园管家提供教育"，促进"在庄园推广热爱劳动等良善准则"。[1]

---

[1] РГИА. Ф. 1409. Оп. 1. Д. 4686. Ч. 3. Л. 33–38 об.；Д. 3246. Л. 5–12 об.

整体而言，画面相当清晰。В. Н. 卡拉津是古老传统、专制管理形式和农奴制的坚定维护者。然而，农民对自己地位的不满使他忧心忡忡，他认为有必要限制地主的极端暴力行为。当然，他根本没有考虑任何解放农民的问题。而且，他把建立"善良的地主协会"视为对抗迫在眉睫的革命危险的措施之一。

В. Н. 卡拉津提交给当局的提案没有得到皇帝的赞同。1820 年 4 月 12 日晚上，他受到 В. П. 科丘别伊的接见，后者向他转达亚历山大一世收到他递交文件所说的话。皇帝只是吩咐大臣去了解一下，В. П. 卡拉津能否弄到他"在文件里"——也就是说，如在社交界曾流传的那样——所提及的那些讽刺诗或漫画中的一种，В. П. 卡拉津意识到，他不仅没有获得信任，更为重要的是，他的建议被束之高阁。他在 1820 年 4 月 12 日与 В. П. 科丘别伊会面之后写道："简直令人难以置信！怎么会这样！关于国家境况令人悲哀的真实画面只起到了这样的影响！最好把这一切都放下：听从未来命运的摆布；只去思考在动荡之际如何拯救自己的家庭。"① 然而，4 月 21 日，В. Н. 卡拉津受到了亚历山大一世的接见，他当面向沙皇阐述了自己关于"善良的地主协会"的"设想"，但是，用他自己的话说，"没有得到沙皇的任何支持"。②

通过直接途径未能取得成功，В. Н. 卡拉津开始采取其他方式行动。В. Н. 卡拉津得知 М. С. 沃龙措夫和 А. С. 缅希科大计划组织自己的地主协会，就开始寻求与他们接近。与往常一样，他的行动坚决果敢、活力四射，为了凸显自己达官显贵的派头，总是闪烁其

---

① Там же. Д. 3245. Л. 36–36 об.
② Кульман Н. К. Указ. соч. С. 146.

词，隐晦地表达自己的意图。1820 年 4 月 28 日，Н. И. 屠格涅夫向他的弟弟 С. И. 屠格涅夫通报圣彼得堡的新闻，还提到了 М. С. 沃龙措夫伯爵，他写道："В. Н. 卡拉津，似乎您在我们这儿看到过这个人，正与他和其他两三个富有的人讨论关于农民的安置问题。这些活动还没有取得任何结果。这些问题只是在我们之间说说而已。В. Н. 卡拉津还在为这个保密。"①

根据保留下来的 М. С. 沃龙措夫给 В. Н. 卡拉津的札记，我们可以构想他们之间关系的大体状况。М. С. 沃龙措夫在 1820 年 4 月 14 日写道："对不起，我亲爱的瓦西里·纳扎里耶维奇②，我没能实现我的意图去拜访您。这些天，我忙得不可开交。我很高兴在您那里与 Н. Г. 维亚泽姆斯基公爵，还有 А. С. 缅希科夫公爵、Е. Ф. 科马罗夫斯基伯爵等会面，如果他们同意会面的话，我准备……同时我认为需要再次向您说明，首先我要解释的是：我想加入的只是这样一个协会，它的活动宗旨是逐渐地使农民摆脱农奴制，但这个进程也不能过于缓慢，或者是推迟到遥远的将来。我认为，其他任何协会，不会做出任何善举，到处都在指责俄国贵族反对如此神圣而又必要的壮举，我们应该使自己脱离这种指责。"③

如上所述，针对成立地主协会，出现了两种彼此冲突的观点。М. С. 沃龙采夫、А. С. 缅希科夫、屠格涅夫兄弟所主张成立的协会，其目的是"逐渐使农民摆脱农奴制，但这个进程也不能过于缓慢，或者是推迟到遥远的将来"，而 В. Н. 卡拉津认为协会的目的

---

① Тургенев Н. И. Письма. С. 300.

② 指 В. Н. 卡拉泽。——译者注

③ Дубровин Н. Письма главнейших деятелей в царствование императора Александра I. СПб., 1883. С. 253.

是"完善农奴制"。

这也就难怪在 B. H. 卡拉津的志同道合者中有一些人是以支持农奴制观点而闻名遐迩的。M. C. 沃龙采夫信中提到的"维亚泽姆斯基公爵"根本不是那个后来从华沙来到圣彼得堡，并在给亚历山大一世的请愿书上签名的诗人彼得·安德烈耶维奇①，而是因自己有关农奴制的观点为人们所熟知的卡卢加首席贵族、参政员尼古拉·格利高里耶维奇②，他是引起十二月党人激烈抨击的《俄国贵族告列普宁公爵书》的作者。这时 B. H. 卡拉津与 H. Г. 维亚泽姆斯基公爵走得特别近：B. H. 卡拉津恰恰是与他合作起草了自己的《设想》。在 B. H. 卡拉津的文件中，还保留着两份内容包含向亚历山大一世提出呼吁的草稿。

在其中一份草稿中，B. H. 卡拉津做了如下附注："本札记为 H. Г. 维亚泽姆斯基公爵所修正，但没有得到 M. C. 沃龙采夫伯爵的赞同。"稍早时期，他写道，草稿的一个版本是他与 H. Г. 维亚泽姆斯基公爵谈话的"成果"。③

经过地主协会创立方案的参与者之间漫长的、近乎一个月时间的谈判之后，事件开始迅速发展。1820 年 5 月 11 日，H. И. 屠格涅夫写信给他的弟弟 C. И. 屠格涅夫，还在说事情仅是刚刚开始，而到了 6 月 11 日，一切已经结束。恰恰是在这一天，H. И. 屠格涅夫在自己的日记中进行了简短的描述，总结了所做的努力。H. И. 屠格涅夫的日记、他在 6 月 12 日给他兄弟 C. И. 屠格涅夫的信，以及 H. И. 屠格涅夫和 Π. A. 维亚泽姆斯基后来的回忆录，使

---

① 指 Π. A. 维亚泽姆斯基。——译者注
② 指 H. Г. 维亚泽姆斯基。——译者注
③ РГИА. Ф. 1409. Оп. 1. Д. 4686. Ч. 9. Л. 90; Ч. 3. Л. 30.

我们可以详细地判断，在 5 月的几个星期中发生了什么事情。

在 M. C. 沃龙措夫和 A. C. 缅希科夫起草的关于为解放农奴而成立地主协会的《宣言》得到了所有参与者的赞同之后，M. C. 沃龙措夫决定在将其付诸实施之前，弄清楚亚历山大一世对成立这种协会的态度。H. И. 屠格涅夫在日记中写道，"M. C. 沃龙措夫向君主做了请示，他同意了。于是 M. C. 沃龙措夫开始征集签名。"① 从他给他弟弟的信中，我们知道，在《宣言》上签字的有 M. C. 沃龙措夫伯爵、A. C. 缅希科夫公爵、另外一个沃龙措夫伯爵、波托茨基伯爵及其弟弟以及从华沙来这里的 П. A. 维亚泽姆斯基公爵，还有近卫军团指挥官 И. B. 瓦西里奇科夫。② H. И. 屠格涅夫回忆说："所有签字者都是富有的地主，他们总共占有 10 万名以上农奴。"③

第二天，И. B. 瓦西里奇科夫 "为下贱的不良动机所激怒"（按 H. И. 屠格涅夫的话），要求收回他的签名。按 H. K. 库利曼的说法，这一切发生在 5 月 20 日之后。④ И. B. 瓦西里奇科夫发给 A. C. 缅希科夫一封特殊的信件，信中通知了他做出如此突然决定的原因。在我们看来，这封信对后来事件的认识大有裨益，所以在这里全文引用。"我收到了您的来信，公爵，我以您所熟知的坦率回答您。没有人比我更相信有必要去着手谋划我们农民的未来幸福，我向您证明了这一点，在您交给我的奏章上签了字。但当我从您那里知道，没有我的允许，甚至不就这件事向我征求意见，就继

---

① Архив братьев Тургеневых. Вып. 5. С. 231–232.
② Тургенев Н. И. Письма. С. 303.
③ Тургенев Н. И. Россия и русские. С. 252–253.
④ Кульман Н. К. Указ. соч. С. 102.

续收集签名，我感到相当诧异。在这样一个重要的问题上，政府和公众的信任依靠的只能是协会构成人员的声誉，然而我竟然在其中发现了能够最终毁掉我们的名声的名字。我参与这个事务不是为了追逐荣耀，而是出于内在信念和良心的行动。我签名的条件之一是事件要严格保密，然而我突然发现，全城都在谈论这件事，把 B. H. 卡拉津先生看成这个协会的发动机。您在看完我的陈述之后，自会认为我收回签名是理所当然。非常抱歉，我不能在这件事上帮助您，这件事，如果以另外的方式进行，以更为谨慎的、隐秘的方式进行，本来可能会取得更为满意的结果。"①

H. И. 屠格涅夫在自己的回忆录中对 И. B. 瓦西里奇科夫这样断然拒绝的原因有另一种解释。但他没有指出 И. B. 瓦西里奇科夫的名字，他写道："方案的作者们从未对此事加以保密，认为它似乎不应该遇到强烈的反对。然而，在其中一人就此问题与君主交谈之后，一些人员立刻忧虑不安起来，又开始一如既往地高呼这是自由主义者和革命者的蛊惑。一个宫廷贵妇，言语有些粗鲁，在签名者中看到了自己一个女婿的名字，马上对他进行了严厉谴责，要求这个不幸的人②立刻把他的名字除去。"③ И. B. 瓦西里奇科夫的岳父，瓦西里·亚历山大罗维奇·帕什科夫（以下简称"帕什科夫"），是皇室侍从长，曾在宫廷担任高级职务，他和他的妻子（这位宫廷贵妇）都在皇室有着一定的影响。帕什科夫的另一位女

---

① РГИА. Ф. 651（И. В. Васильчикова）. Оп. 1. Д. 30. Л. 1–2, Оригинал на франц, яз. Перевод с некоторыми редакционными расхождениями опубликован; Русский архив. 1875. № 12. С. 417.
② Тургенев Н. И. Россия и русские. С. 253.
③ 这位宫廷贵妇的女婿为 И. B. 瓦西里奇科夫。——译者注

婿，是 В. В. 列瓦绍夫将军。

但是，让我们暂时停止分析这些证据，继续按时间顺序来阐述事件。И. В. 瓦西里奇科夫的退出，并没有终止其他参与者继续签名。前一份征集签名的文件被返还给了 И. В. 瓦西里奇科夫（П. А. 维亚泽姆斯基写道，这份文件被销毁①），其他人员开始重新签名，其参与者除原来人员外，还有 Н. И. 屠格涅夫。② 但在这份带有新签名的奏章被呈递沙皇之前，И. В. 瓦西里奇科夫觐见了沙皇。Н. И. 屠格涅夫向兄弟写道："而且，И. В. 瓦西里奇科夫已经向君主提到了这件事，可以确定，他表明自己对这件事似乎传遍了全城而感到不满。"③ 亚历山大一世与 И. В. 瓦西里奇科夫会面之后，事情开始朝着另一种轨迹发展。

П. А. 维亚泽姆斯基回忆说："……第二天，М. С. 沃龙措夫伯爵觐见君主时，发现他对这件不久前还愿意关心和善意对待的事件突然转变了态度。沙皇心不在焉地从 М. С. 沃龙措夫伯爵手中接过文件，草草阅读之后，对他说：'这里不需要任何协会和委员会，对每个有意愿的人，让他们分别提交自己的意见和方案给内部大臣，内务大臣在认真考虑之后，会尽可能地做出适合的决定。'"④ П. А. 维亚泽姆斯基的讲述，虽然在时间上与他所描绘事件间隔了将近半个世纪，与 Н. И. 屠格涅夫在 1820 年给兄弟所写信件中描绘的事实（除了到底是什么人把奏章提交给了亚历山大一世）完全

---

① Вяземский П. А. Заметка о записке Каразина, представленной в 1820 году императору Александру I касательно освобождения крестьян//Вяземский П. А. Поли, собр, соч. СПб., 1888. Т. 7. С. 271.

② Тургенев Н. И. Письма. С. 304.

③ Там же.

④ Вяземский П. А. Заметка о записке Каразина. С. 271.

相符："М. C. 沃龙措夫伯爵把这份签名交给了 В. П. 科丘别伊伯爵，以呈递给君主……В. П. 科丘别伊伯爵声称，君主没有表示反对解放农奴，但也没认为此份签名有何必要，而是允许每个人向内务大臣提交自己的建议。"[①]

是什么原因促使亚历山大一世突然改变了主意？很明显，这是因为在圣彼得堡关于主张解放农奴签名的流言所引起的众口一词的负面反应。在皇帝拒绝成立协会这方面，起到重要作用的还有与 И. В. 瓦西里奇科夫的会谈。这位近卫军团指挥官对亚历山大一世说了什么，我们只能从他给 М. C. 沃龙措夫的信中的说法来判断。И. В. 瓦西里奇科夫在前面提到过的那信中解释说他拒绝参与这件事的几个理由是：秘密的泄露；一些名字可能（用他的话说）"最终毁掉我们的名声"的人的参与；普遍认为 Б. Н. 卡拉津是"协会的发动机"的观点。

很容易推测 И. В. 瓦西里奇科夫关于那些会毁掉其名声的名字，指的是哪些人。我们所知的在奏章上签字的人中，属于此列的首先是 А. И. 屠格涅夫（Н. И. 屠格涅夫没有在第一份奏章上签字）。后来，当成立协会的意图以及随后沙皇拒绝此事在圣彼得堡广泛流传之时，恰恰是屠格涅夫兄弟的名字引起了农奴主的特别愤怒。Н. И. 屠格涅夫 1820 年 6 月 7 日在日记中写道："部分公众对我们的名字尤为反感；他们的借口就是我们并不富有，我们的农民数量少。我认为，这个借口还不够说明问题，还是要从我们富贵荣华或者名门望族之流的贵族思维方式中去寻找这种原因……最后，在听取了种种理由之后，我相信，这部分公众针对我们的愤怒是由

---

① Тургенев Н. И. Письма. С. 304.

于他们把我们看成危险的人，看成雅各宾派分子。现在我认为，这全部的谜底就在于此……所有粗鲁的、被魔鬼附身的人都在对我们严阵以待。"① 在给 А. С. 缅希科夫的信中，И. В. 瓦西里奇科夫为了维护尊严当然不可能公开承认，他撤回自己签名的原因是不希望与势力强大的多数农奴主发生冲突，他与他们有着密切的亲属关系。

在这种情况下，亚历山大一世决定不再继续支持他前一天还赞同的倡议。他最初表示赞同时的真诚性是不容怀疑的。П. А. 维亚泽姆斯基在自己的回忆录中提到了沙皇就这个问题与 Н. М. 卡拉姆津的对话。显然，这是在继续一个已经持续了很久的争论，亚历山大一世相当严肃地对 Н. М. 卡拉姆津说：您认为，解放农民的想法在俄国没有赢得回音，也没有获得同情，但最近几天我收到了一份请愿书，足以批驳您的看法。这份奏章上有一些著名人物的签字，其中有您的亲属 П. А. 维亚泽姆斯基公爵。② 但是，沙皇周围的人们明显的不满情绪，迫使亚历山大一世再次做出让步。还有一个因素可能起到了一定的作用，即公共舆论称 В. Н. 卡拉津为推动协会成立这一事件的发动机。与 И. В. 瓦西里奇科夫的谈话可能引起了亚历山大一世的怀疑，他前一天在与 М. С. 沃龙措夫的谈话中表示同意成立的这个协会，就是他以前曾经坚决驳斥的 В. Н. 卡拉津的那个设想。

第二节　皇帝与卡拉姆津和屠格涅夫

我们暂停一下，在讨论事关俄国命运的改革历史中引入另一个

---

① Архив братьев Тургеневых. Вып. 5. С. 232.

② Вяземский П. А. Заметка о записке Каразина. С. 272.

前述已经提及的人物，即 H. M. 卡拉姆津，他是改革拥护者的反对者和专制制度的捍卫者。1809 年 12 月，亚历山大一世和 H. M. 卡拉姆津在莫斯科第一次见面。H. M. 卡拉姆津写信给他的兄弟："沙皇言辞亲切。"① 随后，皇帝的妹妹叶卡捷琳娜·巴甫洛夫娜大公夫人突然邀请他到特维尔，亚历山大一世将去拜访那里。这时，《俄罗斯国家历史》的前四卷已经撰写完成。H. M. 卡拉姆津，一个著名的作家（其代表作有《苦命的丽莎》和《俄国旅行者书简》），现在也是宫廷史家，开始经常参加在特维尔的大公夫人的沙龙。

叶卡捷琳娜·巴甫洛夫娜的沙龙抵触地注视着"亚历山大一世时代美好的开端"，反对皇帝改革俄国的愿望。大公夫人和她的周围人被她兄长的"年轻朋友"所触怒，然后又被身为执事之子，却成为亚历山大一世最亲密合作者的 M. M. 斯佩兰斯基激怒。而在这里，H. M. 卡拉姆津被赋予了反对皇帝迷恋的改革思想的保守反对派角色。尤其是 H. M. 卡拉姆津在特维尔当着皇帝和康斯坦丁大公的面朗声宣读了自己所著的历史书中关于鞑靼人入侵和德米特里·顿斯科伊的章节。他常常连续朗读好几个小时。其中一次朗读持续到午夜时分。康斯坦丁大公向他身边的人承认，在所有的俄国历史中，他只知道从 H. M. 卡拉姆津那里听到的内容。②

H. M. 卡拉姆津的历史著作中的什么内容可能打动和吸引了亚历山大一世？当然，首先是打动和吸引包括 A. C. 普希金在内的所有其他读者的那些内容，我们记得，A. C. 普希金写道，H. M. 卡

---

① Эйдельман Н. Я. Последний летописец. М. : Книга, 1983. C. 64.
② Там же. C. 67.

拉姆津像哥伦布一样，为俄国人揭示了他们自己的历史。但不仅如此。对 H. M. 卡拉姆津来说，显而易见（他在自己的作品中也对此直言不讳），在任何时候，"历史的审判——除了上天的审判，是对君主唯一的审判——即使是最幸运的暴行也不能被原谅"。自然，亚历山大一世可以把这领会成是对他参与谋杀其父亲保罗一世皇帝的直接影射。然而，即使 H. M. 卡拉姆津在他的作品中没有近乎公正地写下 10~14 世纪俄国历史上充斥的无数谋杀案，他也仿佛在说"恶习不是人的，而是时代的"，从而为他笔下的英雄们的行为辩护。

H. M. 卡拉姆津受叶卡捷琳娜·巴甫洛夫娜的委托撰写了著名的《论古代和近代俄国政治和公民关系札记》（以下简称《札记》）——这是一个保守派对皇帝的改革计划的批驳。题词是"我的言辞中没有奉承"。在《札记》中，离现代越近，对政权的批判就越强烈。H. M. 卡拉姆津赋予彼得一世改革应有的伟大意义，但指出他违背了俄国历史以前的自然发展道路："我们成为世界公民，但在某些情况下已经不再是俄国公民。我将之归罪于彼得。"在他看来，正是在彼得时期，人民的"上层"与"下层"发生分裂，"俄国的农民、小市民、商人在俄国贵族中看到了德国人"。H. M. 卡拉姆津不能对彼得的改革方法保持沉默："在普列奥布拉任斯基，秘密办公厅夜以继日地运转：拷问和绞刑成为我们国家伟大改革的手段。"他提及俄国的"世风日下"，在伊丽莎白和叶卡捷琳娜大帝统治时期尤其明显。

但是，《札记》的创作主要是涉及现代。"我想要什么？"H. M. 卡拉姆津发问。"怀着良好的愿望——体验亚历山大的广阔胸怀，并说出在我看来公正的事情，以及历史还未说出的事情。"

第一，他警告皇帝不要仓促颁布宪法："专制制度是俄国的守卫神；专制制度的完整是俄国幸福的保证。"第二，不要急于废除农奴制："我不知道戈都诺夫剥夺农民自由的做法是否好……但我知道，现在不适合还给予他们自由……在我看来，为了国家存在的稳定，奴役农民比在不适合的时间给他们自由更安全。"请注意这位历史学家的一个重要说明，即如果农民还是将很快获得自由，他们必须在没有土地的情况下获得自由，因为土地"是贵族的财产，这一点无可争议"。

H. M. 卡拉姆津的总结谈到了统治者要对其行为负责："君主！历史不会因为在您之前就存在的罪恶而责备您（让我们假设农民的不自由是确定的罪恶），但您将为您自己的法规的任何恶果向上帝、良心和后代负责。"①

亚历山大一世对这些批评有什么反应？起初他很生气，冷冷地与 H. M. 卡拉姆津告别，但后来他们关系中的坚冰逐渐融化。但这并不是立即发生的，而是在 M. M. 斯佩兰斯基被贬谪之后，当亚历山大一世在与拿破仑的战争前夕牺牲了他的助手（"他们砍掉了我的右手，"他后来说）。

沙皇与历史学家日益亲密。从 1816 年春天到 1826 年去世，H. M. 卡拉姆津一直住在圣彼得堡，冬天在城里，夏天在皇村。他不断地被邀请到宫廷。亚历山大一世经常和 H. M. 卡拉姆津的妻子在舞会上跳舞。这位历史学家与两位皇后——亚历山大一世的妻子和母亲都有通信往来。亚历山大一世向 H. M. 卡拉姆津表达友谊，

---

① Карамзин Н. М. Записка о древней и новой России. СПб. , 1914；РГИА. Ф. 951（Н. М. Карамзина）. Оп. 1. Д. 28.

但后者宁愿与其保持距离。① 皇帝同 Н. М. 卡拉姆津的密友 И. И. 德米特里耶夫商谈，是否可以邀请 Н. М. 卡拉姆津到政府任职，担任国务秘书或国民教育大臣。幸运的是，这件事并没有发生。

在皇村居住期间，Н. М. 卡拉姆津经常与皇帝在"绿色办公室"，即皇村公园见面并散步。他们无所不谈，Н. М. 卡拉姆津"滔滔不绝地论及和平时期的税收、荒谬的省级财政制度、可怕的军屯、一些政要的奇怪选拔、教育部或愚民部、减少军队的必要性、军队要只为俄国而战、修路时的弄虚作假成为人民的沉重负担，以及必须制定强有力的公民和国家法律"②。

1819 年秋天发生了一件事，中断了他们之间的田园诗般的关系。1819 年 10 月 17 日，Н. М. 卡拉姆津向皇帝呈递了他的《关于波兰的奏章》，并"从八点到午夜一直"与沙皇交谈。在 Н. М. 卡拉姆津看来，结果是他们"在精神上似乎永远分道扬镳"。然而，后来（已经在亚历山大一世去世后）Н. М. 卡拉姆津写道："我错了，亚历山大对我的赏识没有改变，六年来（从 1819 年到 1825 年）我与他就不同的重要话题进行了若干次这样的促膝而谈。我总是开诚布公，他总是耐心温和、彬彬有礼；他不要求我提供建议，但是会倾听我的建议，尽管他在大多数情况下并不遵循这些建议。"③

在《关于波兰的奏章》（或在发表时所用的标题为《一个俄国

---

① Эйдельман Н. Я. Последний летописец. С. 113.

② Сербинович К. С. Н. М. Карамзин. Воспоминания//Русская старина. 1874. № 9-10.

③ Карамзин Н. М. Неизданные сочинения и переписка Н. М. Карамзина. СПб., 1862. С. 3-20.

公民的意见》）中，H.M.卡拉姆津强烈反对他所知道的亚历山大一世的计划，即恢复波兰国家在叶卡捷琳娜二世时期被瓜分前的完整状态。"您在考虑恢复以前的波兰王国，"H.M.卡拉姆津写道，"但这种恢复是否符合俄国国家利益？"他对这个问题给出了完全否定的答案："您能凭良心从我们这里拿走白俄罗斯、立陶宛、沃伦尼亚和波多利亚吗，这些地方在您统治之前就已经归俄国所有。不，我们想要一个统一的俄罗斯帝国。让波兰王国存在，甚至繁荣，就像它如今存在的那样；但也要让俄国存在并繁荣，就像它已经存在的那样，像叶卡捷琳娜二世留给您的那样。"[①]

在这里，宫廷史家表达了一种共同的意见，持有这种意见的人来自俄国社会所有阶层，从自由派和革命派到保守派和反动派。回顾一下，1818年初，十二月党人收到的关于亚历山大一世类似的计划的消息，使他们产生了谋杀皇帝的想法，他们认为，皇帝这样做是阴险地背叛了俄国的利益。

H.M.卡拉姆津是了解王位继承权从康斯坦丁大公转给尼古拉大公的秘密的少数人之一。亚历山大一世只向他最亲近的人透露了这一决定：菲拉列特大主教、A.H.戈利岑公爵和H.M.卡拉姆津。即使是接受了俄国王位继承权的尼古拉·巴甫洛维奇（以下简称"尼古拉大公"）也对此一无所知。

还有一个同时代人（用A.C.普希金的话说是"一个正直的人"）对俄国生活问题的看法，是无法忽视的。

亚历山大一世拒绝接受自由主义地主的提议，并不意味着他对农民问题的看法发生了某些重大变化。尽管对于我们已经知道随后

---

① Там же.

历史事件发展的人而言，很清楚，这是他放弃改革思想的开始，可是对于沙皇自己而言，显然只是把此看成农民改革过程中一种例行的策略步骤。耐人寻味的是，尽管屠格涅夫兄弟参与这件事情在农奴主圈内激起了轩然大波，但当时沙皇却一点儿也没有改变自己对他们的好感。他在离开首都去度长假前夕与 M. C. 沃龙措夫的谈话中提到了屠格涅夫兄弟。据 M. C. 沃龙措夫的描述，亚历山大一世说他个人了解并尊重 A. И. 屠格涅夫，而对于 H. И. 屠格涅夫，听说他在工作中做了"很多善举"。① H. И. 屠格涅夫在 1820 年 6 月 12 日写信给他的兄弟 C. И. 屠格涅夫："泄漏一个天机，我要说，沙皇本人并不同意公众对于我们的姓氏，即屠格涅夫的看法。"②

　　启动公开讨论农民问题的尝试最终失败，关于这件事情的传闻，最初在圣彼得堡广泛流传，后来在某种程度上在俄国广泛流传，这使农奴主们不胜喜悦，也让社会进步思想分子极端失望。这段插曲清楚地表明，将解放农奴的事业寄希望于政府是徒劳无益的。亚历山大一世关于自己忠于解放农民思想的声明，没有得到任何实际的贯彻，造成人们日益对他以及他周围人的能力丧失信心。1820 年 6 月，П. A. 维亚泽姆斯基在给 H. И. 屠格涅夫的信中，就他们的共同事业遭受失败的消息回应道："徇私舞弊犹如铜版上刻字，难以摧毁，出自善意的构想则如同用沙子作画，遇水消融。悲伤！痛心！在那些显贵要人当中最受尊敬者不是别人，而是一时得势的宠臣；出于高尚心灵的指引向前冲锋，至尊的信号刚一挥摆，立马习惯性地望而却步。至今，但丁描绘地狱的诗句仍然在圣彼得

---

①　Тургенев Н. И. Письма. С. 433–434.

②　Там же. С. 304.

堡的关卡上光芒万丈地闪耀。"①

　　Н. И. 屠格涅夫也有类似的情绪。1820 年 6 月 1 日他在日记中描述完他们遭受的失败后写道："我的绝望无以复加。就让时间来完成那些我们所不能做的，甚至不能开始做的事业吧。现在的生活和工作方式还有什么能让我眷恋呢？一切都令我索然无味。"② 几个月后，Н. И. 屠格涅夫写信给他的兄弟："我们的方案，С. М. 沃龙措夫伯爵和 А. С. 缅希科夫公爵所设想的如此高尚的方案所遭受的失败，实质性地表明我们不能再抱有希望可以在当前圣彼得堡空虚无聊的生活中获得某种快乐。В. П. 科丘别伊可以做些什么，可是他做了吗？我不知道。"③

　　先进的贵族不再寄希望于能以合法的方式取消农奴制，他们开始寻找其他的途径。例如，众所周知，Н. И. 屠格涅夫是从 1820 年下半年才开始在秘密社团中积极活动起来的。他与冯维津兄弟和 И. Д. 雅库什金一起成为 1821 年 1~2 月召开的十二月党人莫斯科代表大会的组织者，这次会议标志着十二月党人运动进入了新的阶段。虽然在代表大会上正式宣布秘密社团停止存在，但实际上这是一种障眼法，一方面是为了甩掉间谍和告密者；另一方面是为了摆脱 П. И. 佩斯捷利及其拥护者。④ 这时，社会先进分子与最高政权之间的分裂成为社会生活的主要矛盾，并一直持续到亚历山大一世统治的末期。同时，上述的 1820 年事件也影响到了沙皇的心态。

① 　Архив братьев Тургеневых. Пг., 1921. Вып. 6. С. 6.
② 　Там же. Вып. 5. С. 232.
③ 　Тургенев Н. И. Письма. С. 307.
④ 　См. подробнее об этом: Житомирская С. В., Мироненко С. В. Декабрист Михаил Фонвизин//Фонвизин М. А. Сочинения и письма. Иркутск: Восточно-Сибирское книжное издательство, 1979. Т. 1. С. 7-84.

亚历山大一世长期以来都在希望贵族自己提出这种倡议来实现解放农奴的想法，这次，他不费吹灰之力就收到了贵族自己提出的这种倡议，但他却拒绝了它，他认为自己这样做是迫不得已的。很难指望再发生一次类似的事件，因此，此事件给亚历山大一世造成的精神伤害显然也是无以复加的。

到1820年底，亚历山大一世在农奴问题上得出了什么结论呢？那些在1814年从欧洲凯旋后看似轻而易举就能达到的一切，到现在，依然遥不可及。一个事实让他越来越难以回避，即他充满激情地、信心满怀地开始的事业所取得的结果微不足道，前途一片渺茫。恰恰自这个时候起，亚历山大一世对国事日益变得冷漠，竭力回避这个幅员辽阔的国家所面对的棘手问题，把国家的领导委托给宠臣A. A.阿拉克切耶夫。而这反过来，又加深了最高统治者与国家进步力量之间本已明显的鸿沟。

不过，在一段时间内，亚历山大一世仍然在每个适合的机会反复强调，坚决不放弃自己的改革意图。他的坚决性只局限于在非常狭窄的高官圈子内讨论农民问题之时，这些高官赞同专制者的观点，或者是认为自己有义务去遵循他的观点。他还是没有决心使对这一问题的讨论超出这个狭小的圈子，就像他1818年3月在华沙的演讲中所说的宪法计划一样。例如，亚历山大一世甚至不同意Н. Г. 列普宁-沃尔孔斯基关于在他管理的省内就地主和农奴的相互关系开展讨论的提议，从而最终放弃了在小俄罗斯改革的想法。他，也只有他可以解决农民问题。时间表明，贵族们对它的讨论对他来说是完全不需要的。还有一点。他所信奉的一个不可动摇的原则，是不以任何形式强迫贵族改革农奴制。显而易见，是什么决定了这一点。父亲被谋杀的教训令亚历山大一世心有余悸。

可能逐步解放农民的希望被一种思想所取代，即如果不对地主使用强制手段，就不可能实现这一点。有关地主准备改变农奴关系的任何提议，都会使他振奋，并在一段时间内重新燃起希望。农奴主反对派的任何表现持续地对他产生强烈的影响，不仅让他恐惧，让他退缩，而且逐渐使他形成了在可见的时间内解放农奴是天方夜谭的想法。

亚历山大一世立场一贯的摇摆不定，在国务会议讨论禁止不带土地出售农奴之时就已经昭然若揭。① 引发这次讨论的原因，是库尔斯克省地主日丹诺夫的农奴向亚历山大一世控诉，地主不带土地并拆散家庭单独出售他们。审理案件的参政院认为，地主的行动完全符合法律。然而，司法大臣 Д. И. 洛巴诺夫－罗斯托夫斯基虽然原则上不反驳参政院的决定，却援引 1721 年彼得一世关于不希望在出售农民时拆散家庭的法令，通过专门奏章建议在法律编纂委员会讨论这个问题。亚历山大一世知道了这件事，他在 1820 年 1 月 22 日通过国务会议主席 П. В. 洛普欣要求委员会"立刻解决关于禁止不带土地出售农民的事务，并在这个周日前提交方案"。

与此同时，有两份奏章被提交到了国务会议，分别由圣彼得堡军事总督 М. А. 米洛拉多维奇和内务大臣 В. П. 科丘别伊单独起草。М. А. 米洛拉多维奇直接建议，无论是不带土地，还是带有土地出售，都禁止拆散家庭单独出售农民，他还建议禁止与家庭分离单独出售家仆。В. П. 科丘别伊只是建议在国务会议讨论这个问题，没

---

① 在 А. Н. 舍布宁资料翔实的著作《关于不带土地出售农民斗争史》中，对这个问题进行了详细的分析（Архив истории труда в России. Пг., 1923. Вып. 6/7. С. 110−129），使我们可以不必特别研究这个问题，只概述这些事件及其结果。

有提出任何预先的观点。① 1820 年 3 月 9 日，在法律编纂委员会会上讨论了这两份奏章，以及法律编纂委员会 Н. И. 屠格涅夫起草的关于禁止不带土地出售农民的草案。会议决定不做任何补充意见，直接把 Н. И. 屠格涅夫的草案提交给国务会议法律司研究。

Н. И. 屠格涅夫起草的方案，明显具有反农奴制的倾向。作者在前言中明确地指出："拆散家庭单独像买卖哑巴动物那样买卖人口，不符合时代的精神"，"买卖人类，有理智的生物，是不可以的，而出售土地是可以的，但农民不应该脱离土地而存在。"

10 月 29 日，这个方案在国务会议法律司讨论，引起了所有与会者的激烈反对。他们坚决反对对地主的权力进行任何限制，他们所依据的理由是，所有法律都规定"贵族可以无任何限制地……出售农奴"。"时代的精神"的表述引起这个司成员的特别反感。А. С. 希什科夫编写的会议纪要中直接写道，在这些词语后面所隐藏的往往是"追求自我意志和我行我素"，而"法律司不能接受此类观点表述，因为在政府稳定和法律神圣之地域，是他们在管理时代的精神，而不是时代的精神管理他们"。会议纪要的结尾强调了那些追求某些变革的人整体上的危险性。

直到 1820 年 11 月 29 日，这个法律草案与法律司的意见一起，被提交给国务会议全体会议讨论。根据 Н. И. 屠格涅夫的回忆，这次会议是暴风骤雨般的。没有一个国务委员发言支持这个方案。对这个问题的讨论，实际上以内务大臣 В. П. 科丘别伊的

---

① 关于 В. П. 科丘别伊的立场参见 П. Д. 尼古拉因科的作品《俄国第一位内务大臣 В. П. 科丘别伊伯爵》（СПб.：Изд. СПб. ун-та МВД России，2009. С. 201-214）。

发言而结束，他声明："这个问题应该在内务部再做进一步研究。"在此之后，会议纪要记载的是，决定将最终的意见留待收到所有成员的书面意见后做出，实际上这个问题已经永远被终结。

大约30年后，Н.И.屠格涅夫写道："这个机构，由帝国的最高权贵组成，无疑能够根据自己的意愿调节和限制贫穷的、无知的地主的权力，但是，有一点它不可忽视，即这个方案的主要意义不在于此，它将给人们造成一种政府中存在倾向于解放农奴的印象。"

那么沙皇又是怎么回事？他在1820年1月命令"在这周日前"起草关于禁止不带土地出售农民的法律方案，无疑是希望将这个法律贯彻执行。亚历山大一世在知晓了讨论过程之后，心若明镜，对那些希望根据"时代的精神"进行改革者的激烈攻击，主要就是对他的攻击。要知道，是他希望变革，用"时代的精神"来论证改革的必要性。在面向利夫兰的贵族时，他提到了"时代的精神"，А.А.阿拉克切耶夫在阐述沙皇的思想时，也不得不写道"时代的精神"是改革的根源。

这个方案根本没有触动农奴制的基础，但帝国的最高政要们却不无根据地将之看成政府"倾向于解放农奴"的体现，他们的坚决反击立刻迫使亚历山大一世知难而退。要知道，毋庸置疑，对于终止有关这个方案的进一步讨论，他不可能不知情。而且，沙皇拒绝对这个局部的措施进行立法和实施，成为他最终放弃解决农民问题的征兆。随着皇帝所付出的努力接二连三地无果而终，专制政权致力于改革农奴制的政策危机不断加剧，这是显而易见的。

第三节　宪法方案余声与政府转向反动

现在让我们回到俄国的宪法方案。1820 年，似乎国家即将发生根本性的变革。可证明这一点的是 H. H. 诺沃西利采夫档案中所保留的一份法语文件，文件名称为《文书实施方案（试行）》（以下简称"《实施方案》"）。它实际上应该是一份宣言，宣布沙皇"赐予""善良和忠诚的臣民"以宪法。① 这份《实施方案》文件所用的纸张与俄语文本的《法定文书》相同，无疑，两者是同时起草的。

《实施方案》中的文字表明，专制政权担心宣布如此重要的改革可能引起社会动荡，于是决定采取 1810 年 M. M. 斯佩兰斯基向亚历山大一世建议的方式：在改革开始时先是庄严地保证，所公布的文件，即《法定文书》，"并不会带来任何创新，不会对国家制度造成改变。它是基于我们现有的国家制度之上，只是把这些制度联合起来，发展这些制度的基础原则并付诸实施，由此使各个管理领域秩序井然，和谐协调"②。

宣言的作者们使用这种手法，想给人形成这样的一种印象，似乎话题谈论的不是根本性的改革，而是发展和完善现存的权力制度。文本中不仅没有聚焦人民代议制的建立，反而对此只是轻描淡写。文本的重心在外部行政事务方面，详细阐述了参政院、国务会议的改革，总督管区的建立，等等。然而，当话题不得不涉及议会

---

① РГАДА. Ф. 3（разряд XII）. Оп. 1. Д. 269. Л. 73–75.
② Там же. Л. 73.

职能时则直接指出，人民"代议机构的目的是使我们善良的、忠诚的臣民享有政治权利，吸收他们参与立法活动，鼓励他们与我们一起分享国家管理的负担"①。因此，这个意义非同寻常的问题整体上被巧妙地隐藏在各个分散的内容之中。结论中指出，未来将"通过颁布组织章程和专门规章"来发展《法定文书》。②

H. H. 诺沃西利采夫办公室起草这份宣言的同时，无疑，还根据沙皇的直接指示起草了关于废除 1815 年波兰宪法，把波兰变成俄罗斯帝国的一个总督管区的宣言。这样做，如前所述，是"考虑到，我们帝国的《法定文书》是建立在 1815 年 11 月 15（27）日我们赐给我们波兰王国的宪法中所批准的原则之上的，这些保障和特权被广泛地赐予我们所有的臣民……在一个帝国存在两个宪法对行动的统一百害无而一利，而行动的统一是任何组织有序的管理制度所必不可少的"。根据宣言，波兰只保留了以前的法律和独立的军队。③

这两份文件的起草有力地证明，在 1820 年，亚历山大一世确实离在俄国实际贯彻宪法只有一步之遥。但是类似的事情并没有发生。然而，这并不意味着有关俄国宪法方案的准备工作已完全停止。这项工作还持续了一段时间，尽管已经远非我们所研究的这段时期那样积极。

见微知著，一部分有关资料没有被保留下来，在 1830~1831 年起义期间失踪，但还有一份被保留下来的文件可以证明，进一步的

① Там же. Л. 74 об.
② Там же. Л. 75.
③ РГАДА. Ф. 3. Оп. 1. Д. 269. Л. 76–76 об.；ср. также：Аскенази Ш. Указ. соч. С. 60–68.

工作是如何展开的。这份文件是用法语写成的《组织章程草案第二卷和第三卷包含对象汇编》（以下简称"《汇编》"），在档案中被装订在前文提到的《法定文书》俄语和法语文本之后。①

在 1819 年的《基础原则概要》中已经提到制定某种组织章程的思想，以在《法定文书》颁布之后发展和明确宪法的基本原则。1820 年 1 月，П. А. 维亚泽姆斯基对 С. И. 屠格涅夫提到了旨在补充宪法的"组织法"，认为不应该急于颁布它们。在《实施方案》中，也提到了试图在未来"通过颁布组织章程和专门规章"来发展宪法。利用一系列被称为《组织章程》的相关法令来发展宪法，符合实施波兰宪法的实践经验。

然而，与《法定文书》相比，较晚出现的《汇编》无疑表明，专制政权后来完全放弃了先颁布俄罗斯帝国宪法，随后再用《组织章程》对其进行补充的思想。《汇编》是对《组织章程》草案第二卷和第三卷的详细介绍。这里没有第一卷的介绍。很明显，第一卷应该由已经成文的《法定文书》构成，《汇编》也是为它而编写的。根据《汇编》的内容来看，"关于管理"和"关于司法制度"的相关法令构成了"组织章程"的第二卷和第三卷。我们在《汇编》中只发现了俄国宪法方案结尾的一段，被用作整个《组织章程》的结尾，并且根据其新使命进行了编辑调整。其中《法定文书》的术语消失，而"基本规定""本文书"等词语被"本组织章程"等词语代替，这再次证明，宪法只是被作为一份比较庞大的文件中的第一卷而已。

---

① РГАДА. Ф. 3. Оп. 1. Д. 25. Л. 99 – 109 об. Текст «Общего свода» был опубликован М. – Т. Шиманом. См. : Государственная уставная грамота Российской империи. Берлин, 1903. С. 116–128.

《汇编》是什么时候制定的，以及独立颁布宪法的思想是什么时候被当局放弃的？

文件本身没有日期标注。[①] 但是，很难想象，这种想法能够在1821年以前出现。使宪法成为远未完成的《组织章程》的一部分的想法，显然表明准备把宪法的颁布推迟到相当长远的未来。正如我们在研究解放农民方案的历史时所得出的结论，亚历山大一世逐渐放弃了自己的改革计划，转向反动，从时间上来说恰恰是在1821~1822年。

《总督管区章程方案》的制定工作也主要是在1821年开始的。从西伯利亚回来的 M. M. 斯佩兰斯基立刻被吸收到这个方案的工作之中。他撰写了方案的"附注"以及《总督管区（州）章程导言》。[②] 这些方案与《组织章程》第二卷（"关于管理"）之间的联系显而易见，其第二卷第一章的名称为"关于总督的职责和权限"。

问题是，在随后的几年，这些方案一项也没有被完成，因此，《组织章程》的工作也停滞不前。

下面分析 A. Д. 巴拉绍夫在为实践新思想而专门设立的总督管区的境况，实际上这也描述了最高统治者在接下来的两年之内如何从推迟转向了完全放弃颁布宪法本身以及《组织章程》。

A. Д. 巴拉绍夫抵达委托其管理的地区后，首先着手研究那里的局势。他到各省巡视了几次，所看到的局势糟糕透顶。1820 年 5

---

① A. B. 普列德杰琴斯基凭空指出，《汇编》是《法定文书》的第三个版本，出现在 1824 年，这明显与事头有矛盾。参见 Предтеченский А. В. Указ. соч. С. 384。

② Там же. С. 396.

月2日，А.Д.巴拉绍夫在沃罗涅日将这些情况坦率地写信告知亚历山大一世。А.Д.巴拉绍夫信件的内容形象地再现了当时俄国外省实际生活的画面，下面全文引用。

А.Д.巴拉绍夫写道："君主，您慈父般的心肠，将会因我所披露的各省内部状况的所有细节不寒而栗——不仅仅是在城市内盗窃猖獗，不仅仅是道路上抢劫频繁且劫匪逃遁于无形，而且劫匪团伙还常常光临庄园，捆绑地主和仆人，洗劫房屋和财物，然后就不知所踪；凶杀案时有发生，凶手却逍遥法外。在农村，地主肆无忌惮，农民没有丝毫的权利，流言肆虐使农民不再把服从地主看成天经地义，盲目反抗。欠款数以百万计。警察局被取消。办公场所事务堆积如山，官员只是随意地挑选一些事物处理。法庭和法官都威信扫地，涉嫌敲诈勒索。因循拖延现象令人忍无可忍，且有许多的告密者。最优秀的贵族不屑于参加选举。官阶和勋章未得到理应的崇高评价。官吏和办事员的薪俸少得可怜，负责酒销售的官员和海关官员除外！经济领域亦无亮点。国家的主要收入源于酒的销售！至仁的君主啊！……您作为战士和外交官的荣誉响彻欧洲，但您的国家内部管理却是积弊沉疴！……各个部分之间分崩离析，各项事务之间互相阻碍，难以实现进步；在这种状况下唯一的手段是加强地方管理，您也提出了这一点。君主，完成您的意愿吧！"①

А.Д.巴拉绍夫在信件的末尾要求辞职。他认为，单凭以前的职权他不可能清除积弊，他也没有收到计划扩大他职权的新总督管区章程。亚历山大一世没有接受А.Д.巴拉绍夫的辞职：宪法的制定工作已全面展开，并计划很快将俄国划分为具有新的权力和机构

---

① РГИА. Ф. 1409. Оп. 1. Д. 3329. Л. 1 об. -2 об.

的总督管区。А. Д. 巴拉绍夫应该耐心地等待。

1821 年 11 月 4 日，在他被任命为总督两周年之际，А. Д. 巴拉绍夫再次上书沙皇，抱怨缺乏章程条例，他所负责的各省都面临举步维艰的局面："今天，是陛下任命我为总督的两周年！请允许我斗胆阐述真相——应该说我的心在战栗：在这段时期，我看到周围是一片恐怖的景象。滥用职权现象比比皆是，且对此无能为力。您的神圣的法律常常被用作掩护这种邪恶的私下交易的盾牌。人员的任命与我无关。他们的薪俸微薄，这成为他们敲诈勒索的理由。惩罚和奖励机制效率低下，对任何人都没有触动作用。我没有可以遵循的工作章程，我唯一可以遵循的，还是在部体制建立之前所颁发的《各省管理条例》，这已远远不能适应现在的情况。民政事务的程序和机制与当前局势格格不入，困难重重，我的双手为这一切所束缚！"①

这一次，А. Д. 巴拉绍夫的呼吁没有得到任何回应，这当然完全是出于其他的原因。在接下来的 1822 年，他也没有收到新任务。虽然他被委托管理一个全新的行政单位，但在三年之内，他实际上只能无所作为，因为以前的所有法律都没有对总督的职能进行规定。最终，直到 1823 年 3 月，А. Д. 巴拉绍夫才收到给他的圣谕。但圣谕中没有包含任何工作章程，而只是规定他着手对省管理"进行改革"。

А. Д. 巴拉绍夫期待着扩大自己的权限，明确规定自己的权力和责任，他期待着能够为他建立这样的机制，使他能依此行之有效地管理辖下庞大的地区。但是，圣谕中没有这一切。圣谕只允许他

---

① Архив СПБ. ИИ. РАН. Ф. 16 (А. Д. Балашева). Оп. 1. Д. 9. Л. 5–5 об.

在一个省——梁赞进行管理改革，而且在非常有限的框架之内。①

显然，1823年3月2日的圣谕内容与专制政权已经坚决地、明确地放弃改革的做法相得益彰。1822年底1823年初，专制政权已经最终做出选择，皇帝放弃了在政治和社会领域的根本性改革，回到了以前那种对现有的"丑陋建筑"进行局部改变和修复的实践，这是前景渺茫的实践。

在亚历山大一世逐渐放弃他对俄国进行现代改革的意图方面，欧洲事件的影响至关重要。欧洲事件亦成为使俄国秘密社团日益激进的催化剂。

1815年9月26日，俄国、奥地利和普鲁士为保障战后欧洲稳定和平签约成立三皇神圣同盟。所有欧洲国家政府随即都加入了这个组织。虽然这个同盟活动的基础是维也纳国际会议上制定的合法性原则，即权力的"合法性"原则，以及法国大革命之前确定的国家边界不可侵犯性原则。在最初时期神圣同盟的保守主义趋势表现得并不明显。②．

在神圣同盟存在的最初时期，一些参加者，包括亚历山大一世，积极维护在拿破仑败退之后欧洲出现的自由主义情绪。亚历山大一世一直要求在波兰施行宪法并达到了自己的目的，他还要求在法国实行君主立宪制。德意志的一些小公国借神圣同盟之手建立了立宪制度，瑞典的宪法也得到了确认。

然而，随着时间的推移，情形发生了变化。1818年，神圣同盟举行了亚琛大会。这次会议表明，有关"人权"、有关保护国家而

---

① ПСЗ-1. Т. 38. № 29344. С. 811–812.
② Манфред А. З. Общественно-политические идеи в 1815 г. // Вопросы истории. 1966. № 5. С. 57.

不是个别统治者利益等的声明等，不过是一纸空文。1818 年 11 月
3 日，俄国、奥地利、英国和普鲁士签署的保密协议清楚地证明了
这一点。协议签署国重申，自己有职责采取措施，加强"预防有可
能给法国带来灾难性后果的新革命动荡"。①

　　1819 年事件（首先是 3 月 23 日大学生 K. 桑德杀死了著名的
反动作家 A. 科采布）使神圣同盟有了公开宣布支持武装干涉政策
的借口。这一年秋天，参加卡尔斯巴德会议的几个德意志公国实际
上承认了可以从外部干涉同盟国家内政的原则。

　　1820 年 11 月，神圣同盟在特洛波签署初步协议，规定可以使
用"强制力量"镇压革命。② 1821 年春天，神圣同盟在莱巴赫制定
并且通过了有权武装干涉任何面临革命威胁的国家内部事务的特殊
宣言，这是对意大利、西班牙和葡萄牙革命事件的回应。③

　　《特洛波议定书》签署之后，俄国军队开始准备武装干涉意大
利的革命。1821 年 3 月 3 日，沙皇给立陶宛军团统帅以及第一军团
和第二军团统帅下达特别命令，调动 19.9 万人的部队到奥地利—
撒丁岛边界。A. П. 叶尔莫洛夫被从高加索地区召回，负责指挥这
支部队。1821 年春季，进入意大利的奥地利军队镇压了那不勒斯和
皮埃蒙特的革命，这才阻止了俄国的武装干涉。1822 年，维罗纳国
际大会批准了法国皇家军队入侵西班牙。1823 年，西班牙的革命被
镇压。

---

① Мартенс Ф. Собрание трактатов и конвенций, заключенных Россиею с
иностранными державами. СПб., 1885. Т. 7. С. 318.
② Внешняя политика России XIX и начала XX века. М., 1979. Сер. 2. 1815–
1830. Т. 3 (11). Май 1819—февраль 1821 г. С. 289–292.
③ Мартенс Ф. Указ. соч. СПб., 1878. Т. 4. С. 289–292.

同时，俄国的内部生活最终转向反动。1822年3月3日，亚历山大一世批准了国务会议"关于把犯下恶行的农奴流放到西伯利亚"的建议。在亚历山大一世统治时期所颁布的法令中，这是第一个不仅没有削弱或者是限制农奴制，反而极大地拓宽了地主权限的法令。"自由主义"的亚历山大一世，大笔一挥就使地主从恣意妄为变成了真正的享有无上权力。①

这个法令的颁布是有代表性的，甚至是象征性的，最高统治者在农民问题上最终与改革的设想分道扬镳，全面转向了反动。要知道，不是别人，正是亚历山大一世自己，在自由主义思想占据上风的鼎盛时期，在1809年3月10日和1811年7月5日颁布过法令，禁止地主根据自己的意愿将农奴流放到西伯利亚服苦役或居住。②现在，这一切都已经成为过去，已经失去了意义。

在国家管理领域，在这个不久前还在讨论要施行宪法、限制皇帝的专制权力的领域，也转向了反动，且具有了完全出人意料的形式。亚历山大一世统治最后几年中的政治现实是，皇帝放弃了国家治理。国家权力完全从专制者手中转到了无所不能的宠臣——A. A. 阿拉克切耶夫手中。A. A. 阿拉克切耶夫对亚历山大的影响一直很大，而且这种影响逐年增加。但是，沙皇的这个"亲密朋友"此前从来没有担当过独自决定俄罗斯帝国各领域事务的政治领袖的角色。

在讨论改革之时，亚历山大一世所依靠的是一些政治视野开阔的人。我们不假思索即可列举出这些名字，M. M. 斯佩兰斯基、

---

① ПСЗ-1. Т. 38. № 28954. С. 99–101.
② Там же. Т. 30. № 23530. С. 871；№ 24707. С. 803–806.

А. 恰尔托雷斯基、Н. Н. 诺沃西利采夫。当时，А. А. 阿拉克切耶夫在他们的圈子之中也占据着相当重要的地位。但是，那是畅想改革的年代——他也与时俱进，设计改革方案。另外一个时代到来了，这是他的时代。难怪，在他从君主手中感恩戴德地接受伯爵封号之时，为自己的徽章选择了这样的座右铭：披肝沥胆尽忠心。

现在，А. А. 阿拉克切耶夫将沙皇以前的谋士一脚踢开，获得了一人之下、万人之上的地位。毋庸置疑，这个人绝非平庸之辈，但完全不具备伟大政治家的素质。尼古拉·米哈伊洛维奇大公是一个谨慎细心且明察秋毫的历史学家，他写到了 А. А. 阿拉克切耶夫在亚历山大一世生命最后几年起到的作用："自从 1822 年起，皇帝对所有的事务开始只听 А. А. 阿拉克切耶夫一人的意见，只听取他有关各个管理领域的报告；而全能的伯爵在君主周围安插的完全是自己的爪牙和傀儡，他们不敢对他有丁点儿的反驳，若不事先与他商量则不敢提出任何建议。在亚历山大一世统治的最后 4 年，实际上成为 А. А. 阿拉克切耶夫在俄国只手遮天的年代。他颁布法律、下达命令、实施惩罚、赦免罪责、进行批评或表示不满、提出各种平庸的措施，从整体上用自己无情的枷锁压迫俄国和俄国的臣民。"[1]

所有这一切，仅在寥寥数年后，不需经过一段历史时期的沉淀就会一目了然，同时代人对此已经洞若观火。А. М. 屠格涅夫写道："成为沙皇，沙皇中的霸主，亚历山大一世变得冷漠无情，远离持

---

① Николай Михайлович, вел. кн. Император Александр I: Опыт исторического исследования. СПб., 1912. Т. 2. С. 624.

不同政见者和社会进步运动，他把自己庞大国家的管理委托给了
А. А. 阿拉切克耶夫，一个愚昧无知、心狠手辣、满腔仇恨的人，
除了那些最令人发指的马屁精，没人能忍受他，说出他的名字之时
人们都不无鄙视之情。社会各阶层人民都把 А. А. 阿拉克切耶夫称
为'九头蛇'！这种说法不需要用任何言语和实例来佐证。"[1] 有关
证词可以无止境地增加下去。这是众所周知的事实，已牢固地进入
公众意识中。但是，似乎被整个俄国都认识到了的这一点，却只为
亚历山大一世本人所忽视。

亚历山大一世的思想是如何发生这种转折的？他是如何以及在什
么时候认识到，实现他的改革计划只是一种痴心妄想？亚历山大一世的
改革设想对社会和大多数执政精英都秘而不宣，我们很难深入了解。只
有一点确凿无疑：这个过程是相对漫长而痛苦的。我们只能够阐释这一
命途多舛的改革进程中的若干片段，它以亚历山大一世出现严重的心理
危机，沉浸于神秘主义之中以及最后的死亡而告终。

亚历山大一世很可能在1821年夏天就意识到，自己的改革计划
实际上已经不了了之。我们这样说，是基于 М. М. 斯佩兰斯基日记
中一则简短却有力的证明。这一年春天，这位被贬谪的高官在被迫
离开九年之后，重返圣彼得堡，再次成为皇帝宠信的人员之一。
М. М. 斯佩兰斯基依然几乎每天与亚历山大一世会面，他们共同工
作。1821年8月24日，М. М. 斯佩兰斯基在他的日记中记录了沙皇
以下话语："不仅在我们这里谈论，到处都在谈论有关能力突出、业
务熟练的人员极端匮乏的问题。由此得出结论，改革不能操之过急；

---

① Тургенев А. М. Из одного дневника//Русский архив. 1903. № 12. C. 623-624.

但对于那些渴望改革的人，则要做出样子，我们正在筹备改革。"①

　　这次对话反映出亚历山大一世立场的复杂性和其绝望的心态。首先，他这是在痛苦地承认自己无力对国家进行改革，含蓄地以"能力突出、业务熟练的人员极度匮乏"为借口来掩饰自己的无能为力。其次，他试图说服（自己抑或谈话对象），这并不是最终的撤退，而只是不愿"操之过急"。最后，他公开表示打算向社会进步人士隐瞒自己的失败，要向他们"做出样子"，似乎最高统治者依然在准备改革。顺便说一句，直到1823年，对于 A. Д. 巴拉绍夫总督管区，亚历山大一世采取的正是这种做法。趋向反动的选择一经做出，就已经无法停止。

　　在那些年代，秘密社团中发生了什么？秘密社团经历了自然的演变过程。一些成员出于各种原因离开幸福协会。其中一些人看到政府不再热衷于改革也就激情消散；另一些人因为结婚、创业或离职而离开社团。但仍有一些成员继续相信变革的不可避免性，并寻找途径达成目的。1820年，在圣彼得堡举行的会议上，他们讨论了哪种政治制度——君主立宪制还是共和制，更适合未来的俄国。大多数与会者都表示赞成共和制。当然，这只是志同道合者的友好谈话，仅此而已。但重要的是：在表示支持共和制后，第二天与会者开始讨论如何实现国家政治制度的变革。而在这里，不可避免地再次出现了自1817年以来第二次谋杀沙皇的想法。在这里，П. И. 佩斯捷利说出了他关于临时革命政府专政的最初话语。他得到了 Н. М. 穆拉维约夫的支持。但事情暂时这样告一段落。关于南欧的革命事件对政权和亚历山大一世的影响前面已经提及。如果说在这

---

① ОР РНБ Ф. 731（М. М. Сперанского）. Оп. 1. Д. 42. Л. 3 об.

些革命事件的影响下政府采取了愈加反动的路线，那么秘密社团的情况与之截然相反。西班牙革命的主要力量是军队这样的例子使他们开始谈论在俄国"通过军队"发动革命的可能性，在幸福协会图尔钦分会成员们就进行了类似的谈话。在莫斯科代表大会上人们讨论了军事革命的策略。幸福协会解散后，成立十二月党人南方协会和北方协会。思想更激进的新成员入会，他们不仅进行思考，而且准备行动。作为对政权放弃改革的回应，秘密社团从密谋开启民智的策略转向直接革命行动的策略。

苏联历史学对这一切已经进行了长期而深入的研究。① 我们并不想与这些作者进行争论，只是指出，在他们严肃而经典的研究中，有许多看似自然的阐述实际上夸大了事实。事实上，十二月党人的秘密社团并不是通常意义上的革命组织。它们是一种讨论俱乐部，讨论俄国生活中迫在眉睫的问题，寻找解决这些问题的方法。同样的讨论俱乐部在法国大革命期间也出现过，在那里有关未来的想法逐渐孕育成熟。唯一不同的是，在法国，这些俱乐部的成员公开聚会，而在俄国，他们秘密聚会。

秘密十二月党人社团成员是真正的爱国者，他们祝愿他们的国家幸福和繁荣。为此他们在 1825 年 12 月 14 日寒冷的清晨走上了参政院广场。他们走出去是为了改变俄国，用形象化的表述，是为了"从她的脸上抹去奴隶制的烙印"，即政治和社会领域的奴隶制。他们功败垂成，而最高政权、皇帝亚历山大一世亦前功尽弃。原因何在？

---

① 我在此只指出两本专著，首先是 M. B. 涅奇金娜院士的两卷本著作《十二月党人运动》（莫斯科，1955 年），它为苏联历史学对十二月党人的看法奠定了基础，还有 C. C. 兰德的研究《革命改造的精神》（1975 年），试图在当时可能的框架内对十二月党人现象提出一些不同的看法。

结　语

1839 年，一位著名的旅行家，法国贵族阿斯托尔弗·德·丘斯京侯爵来到了俄国，他后来撰写了著名的《1839 年的俄国》一书。作为一个君主主义者，丘斯京希望通过访问俄国以加强他的信念，即不受约束的专制制度是管理国家的理想方式。但是，他离开俄国时的心情已全然相反，确信这不是生存方式，并建议他的同胞们，如果他们"对法国牢骚满腹"，就把他们的孩子送到俄国，以儆效尤。

19 世纪初，俄国最高统治者乃至整个社会都意识到不能维持现状，提出了无限专制制度和农奴制存在的合法性问题。而且，值得注意的是，这一时期，这个问题的提出不再是作为一个抽象问题（以前也对这个问题进行了很多讨论），而是作为 1810～1820 年俄国生活所迫切需要解决的问题。一些人认识到了进行根本性变革的必要性和必然性。

先是 M.M. 斯佩兰斯基宏大的改革计划，然后是俄国宪法和解放农奴的具体方案的准备工作，表明最高政权切实意图着手进行这些变革。秘密社团的出现、纲领性文件——H.M. 穆拉维约夫的章

程和 П. И. 佩斯捷利的《俄罗斯法典》的制定以及 1825 年 12 月 14
日起义本身，亦有力证明了这些变革也是社会进步人士孜孜以
求的。

当然，专制政权和社会进步分子试图以不同的方式进行变革：
政府通过制定改革方案的方式；社会则首先是支持政府的改革设
想，其次是向政府施压，最后以革命斗争的方式。如我们所悉知
的，无论是前一种方式，还是后一种方式，都没有取得成功。当时
取得胜利的依然是陈旧的制度。

在作者看来，造成这种情况的主要原因是：国家没有准备好进
行根本的改革，以及缺乏足够广泛的对改革感兴趣的阶层。亚历山
大一世真诚地相信，只要让地主以优惠的条件解放农民，事情就会
迎刃而解。众所周知，自由劳动比强迫劳动的生产效率更高，利润
更大。似乎，在 1813~1814 年国外远征期间俄军曾到过的西欧发展
的例子清楚地印证了这一点。

现代化的经典模式（这也是俄国改革者和革命者所谈论的内
容）众所周知。起初，在古老制度的内部形成新的生产关系，以使
用自由雇佣劳动以及用机器劳动取代手工劳动为基础。然后，随着
时间的推移，工业和农业使用雇佣劳动力的份额逐渐增加，第三等
级（资产阶级）开始高调宣布自己的存在，要求自己的政治权利得
到承认。已经不是个别的业主，而是大量的居民团体按照新的生产
方式进行经营。人们越来越深刻地认识到，现行的政治制度已经没
有进一步发展的空间。一场冲突正在酝酿，或者是通过改革或者是
通过革命来解决。

但是，俄国不是西方。在这里，地主和农民自愿同意改变经济
关系的条件还没孕育成熟。在 19 世纪前 25 年的俄国，掌握全部权

力的绝大部分贵族和官僚机构都反对改革。与第三等级充当进步改革动力的西欧不同，在当时的俄国，第三等级根本不存在，或者更确切地说，它还处于萌芽状态。

　　但是，甚至在19世纪中叶，大部分地主依然反对废除农奴制。那么我们如何解释，亚历山大二世成功地做到了在19世纪20年代看起来还是天方夜谭的事情？原因在于，专制政权为了整个国家的利益利用当时已经发育成一股现实力量的自由主义官僚，得以对自己的社会支柱采取了暴力手段。正是自由主义官僚在俄国扮演了缺席的第三等级的角色。在我看来，这种特殊性是所有赶超型现代化国家所固有的。亚历山大一世对此力不从心。十二月党人也没能达成所愿。

附　录

十二月党人案件侦讯委员会会议纪要与奏章①

　　会议纪要与奏章在侦讯委员会的档案中占有重要地位。通过它们，我们能够追踪整个侦讯过程以及每一天、每一步的工作进展。这些会议纪要与奏章起到了一种纽带作用，它们将浩瀚的侦讯材料串联成一个整体。

　　会议纪要与奏章的内容是对侦讯委员会会上所审议的所有问题的连续记录。从中我们可以了解到，侦讯委员会在什么时候以及对哪位十二月党人进行了口头讯问，随后被审讯者的书面供词什么时候在侦讯委员会会上被宣读，被审讯者在什么时候以及与谁进行了当面对质，以及侦讯委员会是否对获得的信息感到满意，或者是否决定继续侦查并讯问新的人员。会议纪要还记载了在侦讯委员会会上宣读的尼古拉一世关于侦讯工作的旨意。会议纪要与奏章反映了

---

① 十二月党人侦讯委员会会议纪要与奏章在《十二月党人起义·资料汇编》第 16 卷出版，本文是作者为这些文献出版所撰写的导言，刊于原书第 9~26 页（Восстание декабристов. Документы. Т. XVI. Журналы и докладные записки Следственного комитета. М. : Наука, 1984. С. 9-26）。

侦讯委员会收到的公函在会上被宣读的情况，以及其他许多事情。会议纪要与奏章是准确记录侦讯委员会所做决定的唯一官方文件，其重要性不言而喻。

当然，在会议纪要与奏章中，研究十二月党人的历史学家最为关注的是有关秘密社团成员的供词记录。为了评价这些记录作为研究十二月党人运动历史资料的价值，有必要至少从总体上概述在侦讯委员会内部形成的侦讯制度。这种侦讯制度大体如下。

首先，被捕的十二月党人由 В.В. 列瓦绍夫审讯，有时由沙皇审讯（在侦讯委员会成立之前，除了 В.В. 列瓦绍夫之外，К.Ф. 托里①也参加了审讯）；В.В. 列瓦绍夫对他提出的问题以及受审者的回答做了笔录，从而建立了审讯记录。侦讯委员会办公室官员根据审讯记录及侦讯委员会搜集的有关受审者的其他材料（来自告密者的信息、十二月党人的供词），准备起草书面问题——所谓的"问询清单"。准备好问询清单后，十二月党人被带到侦讯委员会接受审问。这里已经不再做审讯笔录，但供词无疑以某种方式被记录下来，因为若没有这样的记录，不可能有撰写会议纪要与奏章所用的记录文本。与 В.В. 瓦列绍夫和 К.Ф. 托里的审讯记录不同，这些记录的草稿几乎没有流传下来。在根据事先拟定的书面问题对受审者进行口头审讯后，侦讯委员会通常决定将写有相同问题的问询清单发给他，让他进行书面回答。② 侦讯的下一个阶段是在

---

① Журнал генерал-адъютанта графа К. Ф. Толя о декабрьских событиях 1825 года. СПб. , 1910. С. 30-32.

② 1826 年 4 月 13 日审讯十二月党人 А. П. 阿尔布佐夫的会议纪要中的记录证实了在口头审讯中使用事先准备好的书面问题："起初他依然顽强抵赖，拒不招供，但后来，他在向他宣读的审讯要点中看出，政府已经掌握了事情的所有细枝末节，因此供认不讳。"

会议上宣读这些回答。为了澄清不断发现的新情况，这样一套程序——侦讯委员会审问、发放问询清单、会上讨论书面供词——可能会重复几遍。很多时候，受审者并没有经过口头讯问环节，直接被发放了问询清单。此外，还存在这样的情况：十二月党人主动向侦讯委员会提交书面供词，或致函给侦讯委员会主席和成员，有时还直接向沙皇写信，汇报他们在秘密社团中的活动信息。在这两种情况下，上述文件都在侦讯委员会会上被宣读和讨论。

在侦讯委员会工作接近尾声之时，对质的做法变得很普遍。当面对质以如下方式进行。如果两位十二月党人的供词在某些方面相互矛盾，则侦讯委员会办公室根据他们的书面回答起草他们供词的简要总结。然后他们两人都被带到侦讯委员会，并分别向他们宣读对方的供词。如果对质的一名参与者认可向他宣读的对方的供词，那么案件就此结束，不会让这两名十二月党人进行当面对质。然而，如果再次出现矛盾，则立即对十二月党人进行审讯（但还是分别进行）。只有在双方持续存在矛盾的极端情况下，才会举行真正的当面对质。在对质中双方的供词由在场的官员简要记录，并由每个十二月党人签名。①

---

① 这种对质做法的典型例子是 1826 年 5 月 3 日进行的 И. Д. 雅库什金和 П. А. 穆哈诺夫之间的对质（《十二月党人起义》第 3 卷，第 176 页）。И. Д. 雅库什金在自己的《札记》中对此进行了叙述，他当时甚至都没有意识到这是一场对质。他写道："次日，我被带到了委员会。А. И. 切尔内舍夫独自坐在红桌旁。他庄严地向我宣读了并不是我亲手写下的我的供词……之后他问我，我是否准备确认我的供词。我答道，我确认这些供词……之后我被带到另一个房间，在那个房间我听到了 А. И. 切尔内舍夫和 П. А. 穆哈诺夫之间的对话……我像受刑一样等待着与 П. А. 穆哈诺夫之间的对质，只有在读完我的供词后，П. А. 穆哈诺夫说出'我不反对……'，我才能呼吸自如。"（Записки, статьи, письма И. Д. Якушкина. М., 1951. С. 78）

　　上述侦讯工作的每一个阶段，在会议纪要与奏章中都有简要记录（只在个别情况下记录相当详细）。因此，会议纪要与奏章中包含了十二月党人的四类供词记录：（1）宣读 B. B. 列瓦绍夫和 К. Ф. 托里对十二月党人的口头审讯供词的记录；（2）侦讯委员会对十二月党人口头审讯供词的记录；（3）侦讯委员会宣读十二月党人书面供词的记录；（4）对质供词的记录。

　　对问询清单的书面回复、对质的文件以及十二月党人给侦讯委员会的致函都被保存在他们的个人侦讯案卷中。这自然而然地产生一个问题：会议纪要与奏章中是否包含无法从这些档案中得出的关于十二月党人运动的信息？换言之，这些会议纪要与奏章在何种程度上可以作为研究十二月党人历史的第一手材料，还是说它们所包含的信息是次要的，只是重复了从其他侦讯文件中已经知道的内容？

　　会议纪要与奏章的撰写者在撰写关于 B. B. 列瓦绍夫审讯、书面供词和对质的记录时所依据的文献，都被放入相应的十二月党人的侦讯案卷中，作为其中的一部分在《十二月党人起义·资料汇编》文献系列各卷中出版。当然，这里的第一手材料不是会议纪要与奏章中的记录，而是撰写它们所依据的文件。因此，会议纪要与奏章中只有对十二月党人的口头审讯记录可以被视为第一手材料。最有可能的是，它们是根据会议期间所做的记录草稿撰写，这些草稿只有极少数被保存下来：例如，А. Д. 博罗夫科夫对 П. Г. 卡霍夫斯基 1825 年 12 月 25 日的供词的记录（《十二月党人起义·资料汇编》第 1 卷，第 342 页）或 Д. И. 瓦赫鲁舍夫对 И. Л. 冈察洛夫和 И. С. 法捷耶夫 1826 年 4 月 4 日的审讯记录（ГА РФ. Ф. 48. Оп. 1. Д. 153. Л. 10–11 об.）。在编写会议纪要与奏章之后，这些记录草稿几乎都被销毁了。

因此，在会议纪要与奏章中有关侦讯委员会口头审讯的记录，特别是其中有关回答内容的地方，应该引起我们的注意。然而，乍一看，它们的意义似乎并不大：要知道在口头审讯之后，写有同样问题的问询清单要被发给十二月党人，要求其提供书面回答。如果在审讯中出现了事先准备的问题中未预见到的情况，则根据新的信息对问询清单进行修正和补充。但是，即使是将会议纪要与奏章中的口头审讯记录与书面回答进行抽样比较，也可以看出，十二月党人并不总是简单地将他们在审讯期间所说的话写成文字。有时，他们书面阐述的事实与他们的口头供词明显相悖。这里列举几个例子。

早在1927年，Б.Е.瑟罗耶奇科夫斯基在评论П.И.佩斯捷利的侦讯档案时就注意到，侦讯委员会会议纪要中有关他的口头审讯的记录包含了他的书面回答中没有的"一些细节"。例如，根据会议纪要记录，1826年1月13日，П.И.佩斯捷利在委员会口头审讯中提到"波兰人打算在那不勒斯革命期间脱离俄国"，提到他反对博布鲁伊斯克计划，并谈到他与М.Ф.奥尔洛夫关系的结束。但在他的书面供词中只字未提这些事。1826年4月1日，П.И.佩斯捷利在口头审讯中说，А.П.尤什涅夫斯基在图尔钦时曾警告过他关于А.И.迈勒罗达的告发；他在书面供词中也没有再提及这一点。①

---

① Восстание декабристов. Т. IV. С. 437, 439. М. Н. 波克罗夫斯基的观点很难使人赞同，他认为，从 П. И. 佩斯捷利的供词中似乎也很难看出，"他严肃地对待这个好细传递的信息"（《十二月党人起义》第4卷，第 X 页）。会议纪要中的记录表明，尽管 П. И. 佩斯捷利当然无法估量 А. И. 迈勒罗达告发的范围和具体内容，但是他很清楚 А. И. 迈勒罗达的背叛行为。

还可以举出其他十二月党人的类似例子。只有 4 月 5 日会议纪要中对 С. И. 穆拉维约夫-阿波斯托尔的口头审讯记录为我们留下了他充满勇气和高尚精神的话语，生动表明了这位杰出的十二月党人的纯洁道德和坚定信念。侦讯委员会的官员记录道："最后，他只是为牵连了其他人，特别是下级官员卷入灾难而忏悔，但仍然认为他的意图是高尚的和纯洁的，只有上帝才能审判他，这是他目前处境中唯一的慰藉。"

口头审讯记录不仅向我们揭示了侦讯档案中没有反映出来的有关十二月党人运动历史的新事实，而且表明，一个十二月党人先是在侦讯委员会接受口头审讯，然后在彼得保罗要塞的牢房里独自书面回答时，对同一起事件、同一个场景、同一种行为可以有不同的阐释。口头审讯和书面回答中的供词内容在形式上的吻合并不意味着供词在实质上的吻合。让我们回到 4 月 1 日对 П. И. 佩斯捷利的审讯，并继续比较书面回答和会议纪要中的口头审讯记录，这种比较由 Б. Е. 瑟罗耶奇科夫斯基开始，但没有彻底完成。

在当天向 П. И. 佩斯捷利提出的问题中，有一个关于建立弑君特别小组阴谋的问题："М. И. 穆拉维约夫-阿波斯托尔、С. И. 穆拉维约夫-阿波斯托尔中校、А. В. 波德日奥和 М. П. 别斯图热夫-留明指出，您为了实施上一个问题中提到的犯罪意图，打算组建一个由几个勇敢的人组成的名为'卫队'（garde perdue）的团体，并把它委托给以果敢而闻名的 М. С. 鲁宁。"在接下来的一个问题中，用新的供词强调这项指控，特别是 А. В. 波德日奥的供词中提到的 П. И. 佩斯捷利对他说过的话："我已经委托博里亚金公爵和 М. П. 别斯图热夫-留明为我准备

12 个意志坚定的人，以达到这个目的！！！"① 在接受侦讯委员会口头审问时，П. И. 佩斯捷利对此回答如下。"我从来没有打算以'卫队'（garde，cohorte）或'敢死队'（enfants perdus）的名义组建一个由 12 名勇士组成的特殊匪帮，我从来没有向 М. С. 鲁宁或其他任何人提到过这一点，但 М. П. 别斯图热夫-留明想建立一个由意志坚定的人组成的特殊社团，称为'革命'（la revolution），以区别于现行称为'阴谋'（la conspiration）的社团。"П. И. 佩斯捷利的书面回答中包含与这份口头供词非常重要的差异。他否认与 М. С. 鲁宁和 А. В. 波德日奥就弑君特别小组进行过任何会谈（"我从未与 А. В. 波德日奥谈论过 М. С. 鲁宁，我没有也不可能对 М. С. 鲁宁有这种打算，因为仅仅是就 М. С. 鲁宁所在的位置而言就不可能发生这种事。此外，自 1820 年以来，我就没有收到过来自 М. С. 鲁宁的任何消息"），然而，П. И. 佩斯捷利承认存在这样的阴谋（"消灭沙皇的意图当然会导致这样一个团体的成立"），但试图把这个责任推给其他人（"上述成员将上述所有事实混为一谈，将这一提议的罪过全部归咎于我，但是，瓦西里科夫分会比任何人都更关心开始行动和尽快成功的方法，有很多证据表明这一点，而我不仅没有煽动这一行动，相反，我还一再阻挠这一行动。"）。

在 П. И. 佩斯捷利的书面供词中变化最大的是有关 М. П. 别斯图热夫-留明的意图的描述。其中没再提到在秘密社团内部创建一个以响亮的"革命"为名的新的特殊组织的计划，也没有说 М. П. 别斯图热夫-留明称现在的秘密社团为"阴谋"社团，总的

---

① Восстание декабристов. Т. IV. С. 142–143.

来说，这起对十二月党人历史极其重要的事件整体上被 П. И. 佩斯捷利缩小，只归结为白教堂计划①。他在书面回答中写道："事实是，М. П. 别斯图热夫－留明想为白教堂计划组织这样一个团体，1824 年他问我，在图尔钦是否有人有这种能力，我回答说，我无法保证在图尔钦委员会中找到这种人。他把这个团体成员称为'阴谋家们'（Les conspirateurs）。"②

　　当然，我们的任务不是解释这些供词差异的原因——这个问题需要专门的研究，但 П. И. 佩斯捷利在侦讯委员会口头审讯时的供词，仅靠会议纪要与奏章才被保存了下来，其重要性是显而易见的。显然，研究十二月党人运动史上的这一时刻不能只依靠 П. И. 佩斯捷利的书面供词，他的书面供词包含了对"卫队"阴谋的一种说法，我们还必须考虑到他口头供词中的另一种说法。③

　　当然，研究 П. И. 佩斯捷利在受审期间的行为时，也应该将会议纪要和奏章中记录的口头供词与他后来的书面回答进行比较，

---

①　白教堂计划是南方协会成员在 12 月 14 日起义失败后发动的起义计划。1825 年 12 月 26 日，在得知圣彼得堡 12 月 14 日起义失败的消息后，切尔尼戈夫军团军官决定联合周围由南方协会成员指挥的军团发动起义。起义队伍于 12 月 30 日集合向白教堂进发，并于 1826 年 1 月 2 日前后抵达白教堂。多个军团在抵达白教堂后被逮捕，最终计划失败。

②　Восстание декабристов. Т. IV. С. 159.

③　在这方面值得注意的是，М. И. 穆拉维约夫－阿波斯托尔对 4 月 10 日发给他的问题的书面回答中所做的供词："……П. И. 佩斯捷利在圣彼得堡逗留期间，试图说服北方协会的领导人接受南方协会的意图，借助临时政府建立新秩序。他希望，参加这个密谋的成员是社团之外的人，于是他提出组建他所说的由 М. С. 鲁宁领导的'敢死队'。他称之为'首次革命行动'。"（《十二月党人起义·资料汇编》第 9 卷，第 254 页）引人注意的是，根据上述供词 П. И. 佩斯捷利给予这个组织以"敢死队"的名称，与 П. И. 佩斯捷利本人给予 М. П. 别斯图热夫－留明的名字相同。

可以获得大量信息。同一天，即 1826 年 4 月 1 日，侦讯委员会就 1820 年在圣彼得堡 И. П. 希波夫上校的房间举行的集会审问 П. И. 佩斯捷利。为了使 П. И. 佩斯捷利的回答看起来更明晰，我们引用问询清单中所列问题的全文："1820 年总杜马在普列奥布拉任斯基兵营 И. П. 希波夫上校的房间召开的会议上，当一些与会者对实行共和制后可能会出现的无政府和无秩序表示担心时，您表示反对，说这可以通过建立一个临时政府来避免，然后您捎带提到了刺杀沙皇的必要性。这一想法引起了 И. А. 多尔戈鲁科夫公爵和 Н. М. 穆拉维约夫之间的巨大争论，前者反对，后者则支持您的提议，会议也至此结束。但您在回答中却没有说到这一点。请解释一下这一切是如何发生的。"① 在侦讯委员会的口头审讯中，П. И. 佩斯捷利回答说："1819 年②在 И. П. 希波夫上校房间里举行的会议并不是幸福协会总杜马的正式会议，就像在 Ф. Н. 格林卡家一样，只是一些成员的偶然会面。在那里讨论了许多事情，如国家政治改革，但没有就此发生争论，也没有得出任何结论。他（即 П. И. 佩斯捷利）没有提及杀死沙皇的必要性，И. А. 多尔戈鲁科夫公爵和 Н. М. 穆拉维约夫之间的争论不是关于杀死沙皇的，而是关于建立临时政府的。"③

　　П. И. 佩斯捷利在他的书面回答中，在保留甚至在一定程度上发展了他在接受口头审讯中所提到的事实的同时，对于刺杀沙皇的

---

① Восстание декабристов. Т. IV. С. 140.

② 实际上在 1820 年。

③ 在分析口头审讯的记录时，需要始终注意，这只是侦讯委员会官员以第三人称身份对大量的口头供词做出的简要总结。在对会议纪要与奏章进行专门史料学分析时，有必要根据上述特征进行修改。

计划他所写的与上述的口头回答直接相反："至于刺杀沙皇的必要性，把关于它的最初想法和最初提议归于我是毫无根由的：因为它不是在那天才第一次被谈论，1817 年的'莫斯科密谋'已经证明了这一点。在这次会议之前的很长一段时间里，我们都很不幸地支持这种想法，И. А. 多尔戈鲁科夫公爵也是支持这种想法的人之一。如果在这次会议上，他开始与 Н. М. 穆拉维约夫争论这个问题，那这就表明，正如我经常说的那样，成员们经常反对他们自己以前赞同的观点，然后他们又把这些观点称为自己的观点。这种争论因为个人间的相互讥讽而变得激烈，它们取代了谈话的真正主题。"① "在这次会议之前的很长一段时间里，我们都很不幸地支持这种想法。"这句话意味着 П. И. 佩斯捷利完全放弃了他以前的防线。

在被囚禁在要塞中的漫长的几个月里，他不仅顽固地、始终如一地否认自己的参与，甚至否认知道消灭皇帝和整个皇室的计划。在 4 月 1 日，他还承认许多指控是公正的，并提供了相当广泛且详细的供词，从而给侦讯人员留下了他完全坦白的印象，但他坚决否认参与制订和讨论暗杀沙皇的计划。而且，诚然，他在这方面相当成功。在 4 月 1 日的会议纪要中有这样的记录："再次对他进行了审讯，以补充和澄清 П. И. 佩斯捷利上校之前的供词。总的来说，他看起来很坦诚，几乎令人满意地回答了所有问题。"这份记录似乎是一个总结，П. И. 佩斯捷利在审讯中的表现（包括他否认参与准备刺杀沙皇的行为）给侦讯委员会留下了总体上的积极印象。但 П. И. 佩斯捷利对他给侦讯人员留下的印象一无所知。当他回到牢

房并收到问询清单时，他决定在书面回答中承认对他的主要指控，他的书面回答在4月6日侦讯委员会的会上被宣读。

因此，只有根据会议纪要中的记录才有可能准确地还原对П. И. 佩斯捷利侦讯中这一高潮时刻的历史。有趣的是，А. П. 尤什涅夫斯基在回答类似问题时的行为路线与П. И. 佩斯捷利的行为在时间顺序上完全吻合。会议纪要中有关А. П. 尤什涅夫斯基在4月1日口头审讯中的供词记载："他对以前的回答没有任何补充，对向他提出的所有补充问题都做了否定的回答。"在4月6日委员会上宣读的他的书面回答中，如同П. И. 佩斯捷利的供词一样，А. П. 尤什涅夫斯基几乎承认了所有指控，包括参与刺杀沙皇的阴谋。① 会议纪要中就此写道："他承认了一切，非常坦诚，但尽可能地否认自己直接参与南方协会的所有阴谋活动。"

如上所述，会议纪要与奏章包含了关于秘密社团历史的新的、有时是极其重要的事实，同时也为重建个别十二月党人的生平提供了重要材料。然而，它们作为信息来源的价值并不限于此。会议纪要与奏章最重要的意义，首先是对侦讯活动本身的历史而言，还原了侦讯活动的整体情况。

将会议纪要与奏章作为引导研究者探寻所有侦讯文件的指南，可以追踪侦讯人员手中关于秘密社团的任务、性质、活动和参与者的信息逐渐积累的过程，并相当准确地还原侦讯的每个阶段这些信息的内容和范围。仅此一点就有助于我们更好地深入理解侦讯活动的方向，以及侦讯人员对某些问题的特别关注和对其他问题的不重视。就后一类问题的探究而言，会议纪要与奏章中记录的委员会的

---

① Восстание декабристов. Т. X. C. 72–80.

决定具有更为重要的意义。在会议纪要与奏章中，除了常见的对十二月党人供词的真实性和完整性的评价之外，这些决定更清楚地说明了侦讯的关注点、表明侦讯持续关注哪些方面和所采用的方法。奏章上保留的尼古拉一世的御批，在这方面具有特殊的价值。因此，在所有这些方面，会议纪要与奏章再次成为重要的第一手资料。

然而，很明显，尽管侦讯活动本身很有趣，但是研究侦讯活动历史的主要意义在于，正是这段历史提供了评价侦讯材料作为研究十二月党人运动历史资料价值的标准。因此，我们再次回到主要问题上。

显然，这套资料具有特殊性，它源自十二月党人在受审中会竭力掩盖，而不是坦诚讲述其运动历史中的重要时刻，这决定了使用这些资料的困难，以及对它们保持批判性态度的必然性。M. B. 涅奇金娜写道："在整个审讯过程中，审讯人员和被审讯人员之间不断斗争，被告试图给审讯员留下这样的印象，即他们几乎与案件无关，试图以'忠诚'的姿态掩盖他们革命活动的事实。研究人员理应澄清的正是后一个问题——在明确被讯问者的革命活动时，必须考虑到审讯的情况、被审讯者的立场。在研究这种复杂的资料时，有必要对材料进行交叉比较，并考虑到审讯和被审讯者回答的情形。"①

侦讯活动的历史表明，十二月党人运动的哪些方面是侦讯关注的中心，秘密社团历史的哪些部分可能仍在其视野之外，这首先使人们可能了解到，侦讯文件在多大程度上反映了十二月党人运动的各个方面。

---

① Восстание декабристов. T. X. C. 10.

　　显而易见，十二月党人的所有供词都与侦讯委员会向他们提出的问题的方向和性质息息相关。侦讯的历史能让人们认识到，侦讯人员在每个具体时刻所掌握和没掌握的信息，他们在准备问询清单时是如何剖析其所掌握的信息的，他们向十二月党人提出的问题采用某种措辞是希望弄清楚什么，这为把十二月党人的供词作为史料分析提供了充分的可能。正是侦讯的历史能够让人们认识到，侦讯人员对一些情况的不了解以及侦讯的特别关注点使十二月党人有机会来掩盖真相。

　　同样非常重要的是，通过会议纪要与奏章复盘整个侦讯过程，我们可以不再孤立地看待每一位十二月党人的供词，而是在所有事件的发展背景下看待这些供词。文献中已经指出了这种方法的可能性和必要性。Н. И. 莫尔道夫琴科在谈到他对侦讯进行广泛的专门研究的想法时指出："'十二月党人档案'的每份文件只有在侦讯过程的总体背景下才能理解，在使用从中提取的文件之前需要先重建这一背景。"① 他所提出的这种想法确实非常重要。

　　然而，应该指出，遗憾的是，会议纪要与奏章中并不能反映侦讯委员会的所有活动，而只能反映其主要活动。

　　众所周知，侦讯委员会除了进行主要的侦讯之外，它还在进行另一项秘密侦讯——关于 M. M. 斯佩兰斯基和 Н. С. 莫尔德维诺夫等主要国务活动家可能参与秘密社团计划的可能性。这种侦讯的保密性非常高，甚至没有反映在会议纪要与奏章中，侦讯文件在侦

---

① Лотман Ю. М. Н. И. Мордовченко. Заметки о творческой индивидуальности ученого // Историографический сборник. Саратов, 1973. Вып. 1 (4). С. 209.

讯结束之后由尼古拉一世下令销毁。①

还有一个重要的事实是，会议上发生的事情并不总是完全被记录在会议纪要与奏章中。A.A.波克罗夫斯基就注意到，在 H.M.穆拉维约夫的侦讯案卷中，在他的三份供词中分别注明，它们分别在1826 年 2 月 3 日、4 月 14 日和 4 月 29 日的侦讯委员会会上被宣读，但在相应的会议纪要中却没有这方面的记录。② 在其他一些档案中也有这样的例子。例如，在 2 月 3 日的同一会议纪要中，没有提到宣读 H.П.科热夫尼科夫的供词的信息。同时，这份供词本身带有 B.Ф.阿德勒伯格所做的标记："2 月 3 日宣读。"③

对侦讯档案和会议纪要的比较还显示，并不是所有十二月党人的供词都在侦讯委员会会上被宣读。书面回答中往往并没有被标注在侦讯委员会会上宣读，因此，在会议纪要与奏章中也没有这方面的记录。例如，B.И.施杰因戈尔对 1826 年 3 月 8 日④发给他的问询清单的书面回答、К.Ф.雷列耶夫对 4 月 8 日⑤发给他的问询清单的书面回答等，就是这种情况。

最后，不能忽视的一种情况是，这些会议纪要与奏章只涉及圣彼得堡侦讯委员会进行的侦讯，而同时进行的其他侦查的材料，通常只以总结汇报的形式反映在档案中。

即使有这些局限性，会议纪要与奏章还是构成了审讯案卷的一个重要和有价值的部分。

---

① Семенова А. В. М. М. Сперанский и декабристы // Исторические записки. М., 1978. Вып. 102. С. 214.
② Восстание декабристов. Т. I. С. 501.
③ ГАРФ. Ф.48. Оп. 1. Д. 196. Л. 13.
④ Восстание декабристов. Т. XIV. С. 162–163.
⑤ Там же. Т. I. С. 166.

为了正确使用这些资料，有必要了解它们因侦讯委员会撰写方式而导致的具体特点。

提交会议纪要的制度在俄国公文处理实践中早已形成。会议纪要作为记录任何集体讨论结果的日常官方文件形式，早在18世纪20年代就已成为文献系统的一部分。[1] 在十二月党人案件侦讯委员会的活动中，传统的会议纪要编撰制度也被保留了下来。

侦讯委员会每天晚上开会：从下午6点开始，经常在午夜后结束（在委员会工作接近尾声时，每天下午和晚上举行两次会议）。会议纪要在第二天撰写，并在下次会议上宣读，由委员会成员在上面签字。签字之后，它才获得了正式文件的效力。尼古拉一世在第二天早上才能读到它。因此，委员会会议和向沙皇提交的会议汇报（如果将会议纪要看作给沙皇的会议汇报）的间隔时间达到一天半或更长。因此，它们不可能也并未成为沙皇关于委员会工作信息的来源。而奏章则成为这样的信息来源。

奏章也不是一种新的文件形式。它们以前也被用于各种国家机构的工作中，旨在获得最高权力对某些措施的批准。但这些奏章的提交频率要低得多，而且通常只报告机构活动的最终结果。侦讯委员会奏章的情况有所不同：侦讯委员会需要立即向沙皇汇报信息，并由他同意拟议的行动。这就有必要系统地每天向沙皇提交一份行动汇报——奏章。

对侦讯委员会的奏章进行仔细分析表明，从本质上讲，在"奏章"这个名称下包含了目的不同的两类文件。

在侦讯委员会工作的前两周，即1825年12月，由 А. И. 塔季

---

[1] Эйдельман Н. Я. Журналы и докладные записки Следственного комитета по делу декабристов // Археографический ежегодник за 1972 год. М., 1974. С. 161.

谢夫向皇帝提交的奏章，只履行其通常的任务，即将委员会提出的措施呈报沙皇定夺。所有其他奏章，除此以外，还有另一个目的：向沙皇通报委员会的会议和侦讯的进展。就信息价值而言，它们类似于会议纪要。然而，1826 年 1 月至 6 月的奏章也不尽相同：如果说在 1 月和 2 月上旬，它们在内容上仍与相应的会议纪要有明显差异，但此后这些差异逐渐缩小。因此，为了解这些奏章的史料学意义，有必要追踪它们变化的特点。

在侦讯委员会成立初期，它所审查的所有文件（包括 B. B. 列瓦绍夫和 K. Φ. 托里所记录的对十二月党人的最初审讯）通常来自皇帝本人，或者已经为他所知。因此，没有任何必要将委员会会议的相当一部分内容重复告知尼古拉一世。在这种情况下，最初 A. И. 塔季谢夫没有定期呈交奏章，只是在必要时才呈交，而且只是为了获得沙皇的批准——主要是为了逮捕十二月党人和组织侦讯。在这些日子里，甚至出现了 A. И. 塔季谢夫绕过侦讯委员会直接向沙皇呈交奏章的情况。① 对比十二月的奏章和侦讯委员会的相应会议纪要可以看出，当时的奏章中只包括委员会的这样一些决定，它

---

① 1826 年 12 月 18 日（很可能是在上午，在向沙皇汇报第一次会议内容期间），A. И. 塔季谢夫从尼古拉一世处得到 И. И. 季比奇 12 月 11 日的报告，这份报告与由 И. B. 谢尔伍德告密引发的对 C. C. 尼古拉耶夫上校活动的报告一同从塔甘罗格寄来。A. И. 塔季谢夫没有等到委员会的傍晚会议，向皇帝递交了第 2 号奏章，在其中他要求将逮捕 Φ. Φ. 瓦德科夫斯基时没收的文件交给委员会，同时提出逮捕从塔甘罗格寄来的报告中提及的十二月党人。尼古拉一世同意了 A. И. 塔季谢夫的提议，并在相关决议上做了批示后将奏章还给了委员会。12 月 18 日傍晚的会议上宣读了奏章。12 月 24 日 A. И. 塔季谢夫做了类似的事情，他绕过委员会，向尼古拉一世提交了通过分析十二月党人初期审讯所列出的新查明成员的名单。

们在会上已确定要被提交给沙皇定夺，并被记录在了会议纪要中。①

会议的性质逐渐发生了变化：从1825年12月23日开始，侦讯委员会开始审讯十二月党人。到月底，С. П. 特鲁别茨柯依、К. Ф. 雷列耶夫、А. И. 雅库波维奇、П. Г. 卡霍夫斯基、Н. А. 别斯图热夫和А. А. 别斯图热夫兄弟、А. И. 奥多耶夫斯基、Д. А. 谢平-罗斯托夫斯基、И. И. 普辛等被审讯。同时，奏章的性质暂时保持不变：其中没有列出十二月党人的回答内容。诚然，即使在最初阶段，在一些奏章中，其撰写者显然不仅希望向沙皇报告需要他批准的决定，而且还希望向他通报整个侦讯委员会的活动。例如，第二次会议奏章的标题由其编撰者、侦讯委员会主任А. Д. 博罗夫科夫直接命名为《1825年12月18日委员会活动简报》。因此，它声称是对侦讯委员会这一天活动的准确汇报。这份奏章（侦讯委员会整个工作期间的唯一一次）甚至包括有关办公室活动的信息："根据皇帝的旨意，已经为不同人员准备了流放预谋犯罪参与者的公函，今天就已经发出。"

然而，将这篇奏章的内容与12月18日的会议纪要相比，并不能证实它所声称的，即汇报内容是全面的。首先，奏章完全没有反映出会议纪要的前四项内容：确认并签署上一次会议的工作纪要，宣读А. И. 塔季谢夫的第一份奏章和尼古拉一世关于它的决定，通

① 在侦讯委员会工作期间，只有一次在会议纪要中记录的，需要皇帝批准的决定没有被列入奏章中，在1825年12月17日委员会第一次会议的日志中，在需要"圣上首肯"的措施中，指出必须向А. А. 阿拉克切耶夫索取"告密者И. В. 谢尔伍德的信件以及他那里关于这个问题的所有文件"。但奏章中对此未置一词。然而，显然А. И. 塔季谢夫用另外一种方式向沙皇汇报了这一点，并且А. А. 阿拉克切耶夫寄来了所需要的文件（见 журнал 6-го заседания 22 декабря）。

报委员会的哪位成员已经采取措施逮捕上一条中所列出的一些十二月党人，以及在会上宣读的 И. И. 季比奇从塔甘罗格发来的报告、第 2 号奏章和沙皇关于它的决定。奏章中未列入这些项内容的原因非常明确：它们都是尼古拉一世已经知道的事实或者是细节的程序环节。

接下来，第五项内容在奏章和会议纪要中都有反映，但在后者中的阐述要详细得多，有一点（乍看似无关紧要）在会议纪要中进行了更加精确的说明。这指的是米哈伊尔大公提议将他被捕时从他那里拿走的钱归还给 А. Н. 苏特戈夫指挥的一个近卫军连。会议纪要与奏章中记载的归还的金钱的数额不同（会议纪要上是 1970 卢布，奏章上是 1930 卢布纸币）。也许，这是在某种情况下的一个单纯笔误的结果。但是，也有可能是另外一种情况：奏章与会议纪要由不同的人撰写，会议纪要作者通过核对文件上的钱数对奏章中的数据进行了修订。我们还会再来讨论这种差异。

会议纪要的第六项内容写道："继续对 О. В. 高尔斯基、А. И. 雅库波维奇、Н. Д. 谢尼亚文和维尔登堡公爵副官 А. А. 别斯图热夫的文件进行分析和审查；没有发现他们参与任何预谋犯罪的事件，但我们发现了其中一些人具有自由主义精神，这就是为什么决定要将他们分开进行审讯。至于 Н. Д. 谢尼亚文的文件……则请求皇帝允许把这些文件还给 Н. Д. 谢尼亚文。很明显，决定的后半部分需要征得沙皇的同意。"而奏章中对此只写道："继续分析从叛乱分子那里查获的文件。"①

会议纪要的内容仅限于上述六项，但奏章显示，侦讯委员会的

---

① 这一决定后来出现在 1825 年 12 月 20 日的第 4 号奏章中。

活动并不局限于此。根据奏章判断，12 月 18 日，侦讯委员会还做出另一项决定（"请求皇帝允许派两名官员进行誊写"）。此外，主席宣布皇帝的旨意，从被捕的十二月党人手中查获的所有外语文件都被直接从委员会上呈给皇帝。显然，这种首次尝试将奏章与汇报的撰写形式统一的做法收效不大，奏章与会议纪要之间的差异仍然非常大。

《1825 年 12 月 18 日委员会活动简报》是一次尝试，在 12 月这种做法并没有被固定下来。12 月接下来的奏章，撰写者并没有试图再把它们变成关于侦讯进展的汇报，尽管奏章中确实包括一些这类汇报信息（例如在 12 月 20 日的第 4 号奏章中写道："从叛乱分子手中查获的文件的审查工作继续进行，但很快就会完成。"）。

这样的信息很难让皇帝满意。尼古拉一世将侦讯工作委托给了一个特别委员会，虽然在形式上他不是委员会成员，但事实上，领导侦讯工作的是他，而不是 А. И. 塔季谢夫。П. Е. 谢戈列夫写道，"从 12 月 14 日这个难忘的日子开始，恐惧的感觉环绕着尼古拉一世。担心侦讯不彻底，促使尼古拉一世亲自领导侦讯委员会，使他不仅警惕地监督委员会的所有行动，而且还把自己屈尊为审讯员的角色，他亲自进行审讯，亲自下令逮捕，亲自下令监禁"①。

为了能在不出席侦讯委员会会议的情况下持续了解其工作进展，并指导其活动，尼古拉一世需要准确和即时的信息。尽管在整个 12 月，被捕的十二月党人中最重要的人物已经被侦讯委员会审讯，但奏章并没有向沙皇提供有关秘密社团及其成员、计划和阴谋的主要信息。因此在 12 月底委员会审讯工作出现了两天的间隔

---

① Щеголев П. Е. Николай I и декабристы: Очерки. Пг., 1919. С. 31.

（12 月 30 日和 31 日），之后奏章的性质发生了变化——这可能不是偶然发生的。虽然我们没有尼古拉一世提出这种要求的直接证据，但几乎可以肯定这一点。

从关于 1826 年 1 月 1 日的会议汇报开始，如前所述，奏章获得了新的功能，并相应地被充实了新的内容。虽然保留了获得沙皇批准的原始功能，但从这时起，它们还变成了关于十二月党人的审讯和供词的汇报，这里不仅反映了审讯的事实，而且还总结了特别重要的供词。关于这时撰写奏章的方式，А. Д. 博罗夫科夫在他的回忆录中写道："每天在出席所有会议后，我立即为君主撰写关于审讯和供词的简报；在第二天早上陛下一起床，它们就被送到陛下面前。当然，这些简报是在艰苦劳累的一天过后，在深夜匆匆写成的，无疑是未经加工的，但它们作为对最初新鲜印象的反映，应该极其忠于事实。"①

从 1 月 1 日起，奏章的格式也有变化。它们出现了符合其新的性质的标题：起初是《关于秘密委员会会议的奏章》（1 月 3~5 日、7 日），然后是《秘密委员会会议的奏章》（1 月 6 日、8~15 日），最后只是《会议》、编号和日期（1 月 15 日之后，委员会的名称从标题中消失）。这种简明的标题一直保留到委员会工作结束。奏章的格式更加规范，这也反映在 1 月 3 日会议后奏章中出现了 А. И. 塔季谢夫的签名（之前没有签名）。这似乎与向沙皇提交奏章的程序的变化有关。如果说在 1 月初之前，А. И. 塔季谢夫亲自把它们呈给尼古拉一世，那么现在则通过从塔甘罗格回来并成为委

---

① Александр Дмитриевич Боровков и его автобиографические записки // Русская старина. 1898. № 11. С. 343.

员会成员的总参谋长 И. И. 季比奇呈递。①

1 月 1 日会议的奏章已经按新的方式撰写。将其与同次会议的会议纪要相比较，可以看到一个有趣的情况。这时 А. Д. 博罗夫科夫试图对委员会会议的内容做出尽可能全面的阐述。每次会议开始时宣读上一份日志的内容并签字对沙皇来说是不必要的，奏章中将此省略，从委员会工作的实质内容开始。他先是列举了那些书面回答被最先宣读的十二月党人的名字，然而没有说明书面回答的内容，之后他报告说，委员会"在提出一些意见之后，决定对所提出意见之处进行明确和补充"。在从前的奏章形式中，根本不可能有这样的汇报。在新的情况下，这成为惯例。接下来的报告，只是单调地列举了所宣读的供词，并没有揭示回答的本质，之后 А. Д. 博罗夫科夫对 С. П. 特鲁别茨柯依和 К. Ф. 雷列耶夫的书面供词做了相当详细的总结，并立即指出了委员会对每一项的决定。然而，对他来说，要把奏章完全改变为新的形式仍然很困难。因此，有关 1 月 1 日会议的奏章仍然保留了以前奏章的特点。它分成两个不同的部分：第一部分连贯地叙述了会议的过程和所查获资料的内容（"秘密委员会在 1 月 1 日的会议上研究了回答""然后宣读了供

---

① 这可以从一些事实中得到证明。在许多有关十二月党人的奏章中，尼古拉一世所做的决定并非由他亲笔书写，而是由 А. И. 塔季谢夫记录。这种情况最后一次发生在 А. И. 塔季谢夫向沙皇提交的关于 1 月 2 日会议的奏章中。这份奏章中没有他的署名。在下一份奏章中，在沙皇的决议中首次出现了 И. И. 季比奇的标注（"1 月 5 日。我昨天执行。"）。这份奏章已经由委员会主席签署。如果 А. И. 塔季谢夫本人亲自向尼古拉一世提交奏章，那他就没有签字的必要。而当奏章开始由 И. И. 季比奇呈交时，就必须由他签字了。随着奏章从沙皇处返还给委员会，1 月 10 日的公文中首次出现了一种新型文件——И. И. 季比奇给 А. И. 塔季谢夫的公函，这证明了奏章呈交程序的改变。

词""A. H. 苏特戈夫指出"，等等）；第二部分与以前的奏章完全相同，从叙述变成列举所做的决定（"委员会决定请求"，"委员会认为有用"，甚至只是"请求皇帝允许"）。正如我们所看到的，奏章的第一部分在叙述中也提到了需要征得沙皇同意的委员会决定，但第二部分只列举了这些决定。

在试图理解关于 1 月 1 日会议的奏章的这一奇怪的特点时，我们发现，其第二部分最开始不是列举在这次会议上做出的决定，而是在几天前做出的决定。在 12 月 30 日，O. B. 高尔斯基在委员会接受了审讯，由于"在回答中表现出来的固执"和"表述上的无礼"，他被戴上镣铐（见这次会议的会议纪要）。可以理解，在阐述 1 月 1 日会议进程的奏章中不可能讲到这一点。因此，其中写道："委员会决定请求皇帝的首肯，将五等文官 O. B. 高尔斯基铐起来，他在审讯中回答问题表现固执且言辞粗鲁。"① 随后以类似方式报告了委员会在 1 月 1 日做出的其他决定。显然，因为 O. B. 高尔斯基，A. Д. 博罗夫科夫回到了习惯的奏章形式，且整个奏章用以前的形式结束。

对照这份奏章和会议纪要可以看出，这份奏章中也没有包括 1 月 1 日做出的全部决定。当天宣读的 Г. C. 巴滕科夫和 A. И. 雅库波维奇的书面供词中，除其他外，还包括与他们的财产事务有关的若干个人请求。根据会议纪要记载，委员会决定将这些请求呈报皇帝。但不知为什么，这一决定只被写入了下一份奏章中。

我们不打算分析委员会的奏章和会议纪要之间的所有差异，特

---

① 在关于十二月党人的奏章中，这样的时间断裂很常见，事实上也并不重要。这时，奏章已经变成一个简短的会议总结，其中列入以前做出的决定会引起混乱。

别是在 1 月到 2 月上旬期间，这里只阐述一些有助于理解它们的特点的思考。

从会议纪要与奏章中可以提取两组信息：一系列事件（委员会在会议上讨论了哪些问题、审问了谁、听取了哪些文件）和一系列内容（供词、会议上公布的其他文件和委员会的决定）。让我们根据这两个参数来对会议纪要与奏章进行比较。首先显而易见的是，一系列事件的信息在会议纪要中呈现得比较完整——毕竟这是此类公文的主要任务。相比之下，在奏章中这方面的疏漏则完全正常。在绝大多数情况下都是如此。但是，也有特例，直到 1826 年 2 月中旬，在奏章中还可以找到一些在会议纪要中漏掉的事件的报告。例如，我们只能从 1 月 2 日的会议奏章中得知，当天 A. X. 本肯道夫向委员会成员宣布利文伯爵没有参与 12 月 14 日起义以及他的"出色"表现。会议纪要并没有记录这一点。1 月 10 日，А. И. 奥多耶夫斯基在会上接受了审讯，会议纪要中也无关于这个问题的任何记载。

在比较奏章和会议纪要的内容时，出现了稍微不同的情况。在这方面，奏章在某些情况下比会议纪要更为详细。文献中已经列出了这方面的例子。① Н. Я. 艾伊德尔曼将会议纪要的简结性归因于对过度泄密的恐惧。我们很难同意这种说法：委员会成员已经知道了一切，而会议纪要的秘密程度不亚于奏章。让我们举例说明，这种动机对会议纪要的撰写者来说是不可能的。1 月 2 日的会议纪要只记载，Г. С. 巴滕科夫和 С. Г. 克拉斯诺库茨基在当天接受了审

---

① Эйдельман Н. Я. Журналы и докладные записки Следственного комитета по делу декабристов // Археографический ежегодник за 1972 год. С. 166, 174.

讯，委员会决定"给他们发放问询清单"。奏章中不仅通报了他们被审讯的事实，而且还传达了他们供词的实质。奏章中写道，"委员会在 1 月 2 日会议上的主要工作，包括审问检察官 C. Г. 克拉斯诺库茨基和 Г. C. 巴滕科夫中校，在在场的人的劝诫下，他们中的前者承认，当他还在军队时，他加入了一个叫作幸福协会的社团，但对其犯罪目的一无所知；而 Г. C. 巴滕科夫解释说，他之所以会被看作社团成员，只是因为他经常自由表达自己的观点，但他并没有直接加入社团。委员会决定给他们发放问询清单。"显然，在会议纪要中未包括这些供词完全不可能是出于保密的考虑。

在少数情况下，会议纪要的内容比奏章更为完整。例如，1 月 3 日，委员会让 П. X. 格拉贝和 H. И. 科马罗夫对质，后者在对质中"指控 П. X. 格拉贝上校属于秘密社团"。奏章一反常态，对 П. X. 格拉贝在对质时的供词只字未提，但会议纪要中却对其进行了非常详细的描述。

会议纪要与奏章之间的差异并不限于在传达委员会会议内容方面的不同。但它们之间的差异只能通过分析有关文件的撰写方法和撰写者来解释。

让我们再次仔细阅读会议纪要与奏章，比较它们阐述相同事件的文本。在 1 月 1 日的会议上，宣读了一些十二月党人的书面供词，如 A. H. 苏特戈夫的供词。根据他的供词（《十二月党人起义·资料汇编》第 2 卷，第 126 页）和会议纪要判断，他写道，12 月 14 日，他被 C. M. 帕利岑带到 K. Ф. 雷列耶夫那里，于是委员会决定逮捕前者。在奏章中，有两处提到 A. H. 苏特戈夫的供词。第一处是关于宣读不同供词的事实汇报和总决议部分："秘密委员会在 1 月 1 日的会议上审议了五等文官 O. B. 高尔斯基、И. И. 普辛上尉、A. H. 苏特戈夫中尉、贵族 O. M. 索莫夫、A. C. 戈罗让斯基中尉和斯维斯图诺夫少尉的供词。在提出一些意见之后，秘密委员会决定对所提出意见之处进行明确和补充。"

随后奏章转入一个完全不同的主题——详细复述了 C. П. 特鲁别茨柯依的供词和与之相关的决定。但之后，奏章的撰写者突然又回到了 A. H. 苏特戈夫身上："A. H. 苏特戈夫供认，12 月 14 日，近卫军团参谋部准尉 C. M. 帕利岑来找他，并带他到 K. Ф. 雷列耶夫那里，因此要抓捕 C. M. 帕利岑。"如果我们只根据奏章来判断所发生的事情，我们就有理由认为，除了 A. H. 苏特戈夫的书面供词被宣读外，他还在那次会议上接受了口头审讯，并承认了有关 C. M. 帕利岑的情况，当然，实际情况并非如此。在会议纪要中并没有出现这种明显的不一致，逮捕 C. M. 帕利岑的决定是在对所有已宣读供词的一般决定之后立即做出的。

会议纪要与奏章的文本在撰写手法上也有不同。在奏章中，决定是用相当笨拙的短语表达"在提出一些意见之后，决定对所提出意见之处进行明确和补充"。而在会议纪要中，有关这个决定的措辞是："决定：根据出席人员的意见要求进行明确和补充。"

奏章和会议纪要随后对 C. П. 特鲁别茨柯依和 K. Ф. 雷列耶夫书面供词的阐述也有所不同。如前所述，在奏章中，对他们供词的叙述穿插着对个别问题的决定（例如，在叙述了 C. П. 特鲁别茨柯依说南方协会通过 П. И. 莫辛斯基与波兰人接触后，指出，"委员会认为有必要传唤这个 П. И. 莫辛斯基"）。在会议纪要中，按照其通常的形式，所有的决定都被合并起来，放在 C. П. 特鲁别茨柯依的全部供词文本之后。

两份文件文本之间差异的特点（也可以通过其他会议的例子来

仔细研究它们）表明，会议纪要的撰写者在工作时是依据已经准备好的奏章文本，将其转换为会议纪要的文本形式，在某些地方根据一些文件进行修正（如上述近卫军团金钱数额的事件），并简单地进行编辑。纯粹修辞学方面的修正的存在也证实了这一点。不能不指出，在这些修正的过程中，会议纪要补充了奏章中所缺乏的信息。例如，在上述事例中，奏章中含糊其词地说"进行了这种联络"，而在会议纪要中准确地说："П. И. 佩斯捷利进行了这种联络。"这种修正的根源很清楚：这句话取自 С. П. 特鲁别茨柯依的供词——"П. И. 佩斯捷利进行了这种联络"（《十二月党起义·资料汇编》第 12 卷，第 331 页）。因此，毫无疑问的是，会议纪要的撰写者使用了当天所听取的十二月党人的书面供词和其他文件来对奏章进行修正或补充。通过这一分析，明显可见，奏章是先撰写的，而会议纪要是后撰写的。

然而，也可以提出另外一种设想：奏章和会议纪要之间的这种相似性和差异性，难道不是因为这两份文件都源于会议期间所做的同一个原始记录草稿吗？让我们也分析一下这个设想。

毫无疑问，会议期间发生的一切都以某种方式被大致地记录下来，没有这些，之后就不可能撰写任何汇报。遗憾的是，这些记录草稿几乎没有流传下来。因此，为了解决我们提出的问题，我们必须根据逻辑推理复原我们研究的两类文件的撰写过程。显然，当 А. Д. 博罗夫科夫在会议期间做粗略的记录时，他不可能把所宣读的书面供词和其他材料的内容立即放入其中——因为没有时间这样做，而且一般来说，这些材料可以在之后使用。因此，这种记录可能只记录决定的措辞。对供词内容的详细记录，显然只是在会议上对十二月党人进行口头审讯时做的。它理应是连续的、相对详细的：在记录时不可能对供词的内容进行概括，只能把它们照实记录下来。我们的推理得到了保留下来的为数不多的 А. Д. 博罗夫科夫的类似记录的证实。

与这些记录相比，奏章和会议纪要都只是以概要的形式转述了十二月党人的供词。如果它们是由不同的人根据记录草稿独立撰写的，那么这些概要的文本就不可避免地会有很大的不同。我们不能想象，对一份内容广泛的文件，由不同人撰写的摘要概述会大体上完全吻合，只是在编辑手法上略有不同。因此，我们要么假设，在奏章和会议纪要撰写之间还存在一个过渡环节，委员会工作人员还根据记录草稿起草了一份总结性的草稿，要么完全放弃这种可能还存在一份总结性草稿资料的想法。而上述关于 А. Д. 博罗夫科夫奏章起草时间和仓促程度的事实，使我们完全否定了存在总结性草稿的假设。

然而，现在我们还是对照一下，少数现存的几份对十二月党人进行口头审讯的记录草稿与后来在会议的汇报中有关它们的叙述的契合程度。1825年12月25日，十二月党人 П. Г. 卡霍夫斯基接受了委员会的审问。他的回答记录由 А. Д. 博罗夫科夫所做、由他本人签名，被纳入他的侦讯案卷中，由于一些特殊情况，以这种草稿的形式流传下来。与通常的程序不同，这次的问询清单并没有事先准备好，甚至在口头讯问后，委员会也没有决定向他发放问询清单。因此，А. Д. 博罗夫科夫的记录就具有等同于书面供词的特征，而这正是使它被保留下来的原因。在其他情况下，在确信十二月党人的书面回答与他们在口头审讯中的供词完全一致后〔会议纪要中反复出现的一种表述可证明这一点："伊万诺夫的书面回答与口头供词一致"（3月13日会议纪要）或 "А. З. 穆拉维约夫的书面回答……重复了他的口头供词中的内容"（2 月 1 日会议纪要）〕，关于他们供词的记录草稿就被完全销毁。

А. Д. 博罗夫科夫所做的 П. Г. 卡霍夫斯基审讯记录相当详细，包含了向他提出的八个问题的回答（《十二月党人起义·资料汇编》第 1 卷，第 342 页）。奏章中丝毫没有关于这次审讯的内容，因为正如我们所看到的，在 12 月这种资料没有被列入其中。在 1825 年 12 月 25 日的会议纪要中，对这次审讯的陈述如下："П. Г. 卡霍夫斯基在自己的回答中表明，关于社团在实施其计划时得以获得高级法庭援助的手段，以及关于社团人员的所有信息，他都是从 К. Ф. 雷列耶夫那里得到的，为了弄清这一情况，要让他们互相对质。"

我们看到，А. Д. 博罗夫科夫的记录草稿不仅没有被逐字逐句地转移到会议纪要上，而且从中只摘取了审讯中直接引起委员会做出与 К. Ф. 雷列耶夫对质决定的相关内容。

留存下来的记录草稿的另一个例子，是 П. Х. 格拉贝在前述 1 月 3 日的会议上与 Н. И. 科马罗夫对质中的供词。与前一个案例不同，我们既可以把这个记录与奏章相比较，也可以与会议纪要相比较。在记录中，有关对质和随后 П. Х. 格拉贝口头审讯阐述得非常简要："Н. И. 科马罗夫揭发了 П. Х. 格拉贝上校，说他属于预谋犯罪者的协会，并在 1821 年参加了他们在莫斯科举行的大会。"然后记录中提到了 И. И. 季比奇在会上决定逮捕 П. Х. 格拉贝。会议纪要中对这件事的记录不仅较为冗长，而且直接借用了 А. Д. 博罗夫科夫在会议上记录的 П. Х. 格拉贝的供词文本（ГА РФ. Ф. 48. Оп. 1. Д. 106. Л. 5）。然而，即使是这一次，供词也没有完全被转用到会议纪要中：它完全没有反映出 П. Х. 格拉贝在

А. Д. 博罗夫科夫的记录草稿中亲手增加的那部分文字。如果那天的会议纪要与奏章只反映了对质和对 П. Х. 格拉贝的审讯，那么人们可能会认为，在编撰会议纪要时根本没有使用奏章。但委员会当天还处理了其他一些问题，会议纪要其他部分的结构与通常一样：奏章的文本根据会议纪要的形式进行了略微的编辑和一些结构上的调整。会议纪要编撰者对 П. Х. 格拉贝的供词采取了不同的处理方式，这可以简单地解释为奏章中对它们的阐述过于简短，这迫使他在会议纪要撰写中使用了审讯的记录草稿，没有它就无法理解委员会的决定。

现在让我们来分析奏章和会议纪要的作者问题。这些文件的外部形式表明，只有两个人参与了文件的撰写工作：委员会主任 А. Д. 博罗夫科夫和他的助理、侍从武官 В. Ф. 阿德勒伯格。1 月 26 日之前（以及关于 1 月 30 日会议），几乎所有奏章都是 А. Д. 博罗夫科夫①亲手书写的。他还亲手书写了第一份会议纪要。所有其他的会议纪要与奏章都是由委员会较低级别的官员和抄写员誊写的。一开始，А. Д. 博罗夫科夫自己在会议纪要中标注委员会决定的执行情况，并在十二月党人的书面供词上做了"已阅"的标注，注明日期。从 1 月上旬末开始，В. Ф. 阿德勒伯格开始在会议纪要和供词上做标注。对委员会决定执行的监督权于 1 月 9 日从 А. Д. 博罗夫科夫转到了 В. Ф. 阿德勒伯格手中：在 1 月 7 日会议

---

① 第 11 号奏章（关于禁止同 М. Ф. 奥尔洛夫的一切联络）、第 18 号奏章（关于 1 月 4 日会议）与第 44 号奏章（关于 1 月 28 日会议）由抄写员誊抄，第 13 号奏章（Н. И. 科马罗夫的供词摘录）由官员 А. П. 格里高利耶夫誊抄，第 14 号奏章（Н. И. 科马罗夫的供词）与第 43 号奏章（关于 1 月 27 日会议）由 А. И. 卡拉谢夫斯基誊抄。

纪要中，关于前两个决定执行的标注由 A. Д. 博罗夫科夫亲笔所写，而 1 月 9 日执行的下一个决定的标注已经由 B. Ф. 阿德勒伯格所写。从 1 月 10 日开始，B. Ф. 阿德勒伯格的单独标注出现在十二月党人的供词上，而从第二天开始，所有"已阅"的标注都是由他亲手所写。1 月 27 日，A. Д. 博罗夫科夫停止在会议纪要上签名，而 B. Ф. 阿德勒伯格开始签名。只有这两个人参与了奏章和会议纪要的撰写工作，这一点从侦讯工作的组织和委员会办公室官员之间责任分配的材料中得到了证实。对委员会公文处理的研究特别表明，A. Д. 博罗夫科夫的第二助手 A. И. 卡拉谢夫斯基承担另外一项工作：他负责委员会的通信工作，并处理其经济事务。

A. Д. 博罗夫科夫和 B. Ф. 阿德勒伯格究竟具体撰写了哪些奏章和会议纪要？从上述事实来看，很明显，在 1 月 26 日之前，奏章是由 A. Д. 博罗夫科夫编撰的，无疑，他后来撰写了 1 月 30 日的奏章。当时是谁在撰写会议纪要呢？由于所有的会议纪要（除了显然也是由 A. Д. 博罗夫科夫所书写的第一份）都被完全誊写，我们只能通过将它们的文本和奏章进行对比来解决这个问题。上述指出，会议纪要的文本来源于奏章，是对奏章的编辑和补充。原则上，这可以由奏章的作者来完成，由他来对匆忙撰写的文本进行完善。如果修正工作不是由他自行编辑完成，那么可以假定有另一个人参与。12 月的奏章显然不能作为这种比较的材料。

将 1 月的奏章与会议纪要相比较，我们首先发现一种奇怪的情况：会议纪要中记载的审讯、宣读书面供词和会议上发生的其他事件的顺序与奏章中的不同（关于 1 月 3 日、4 日、5 日、7 日会议的汇报）。无论是用表述的逻辑，还是用适应会议纪要的形式的理由，都不能令人满意地解释这一点。对于事件顺序的变化，我们只能解释为，需要在会议纪要中如实体现会议的实际过程。对于撰写奏章来说，会议上事件的顺序并不重要，重要的是要向沙皇报告某些事务的本质（要知道，奏章根本没有必要完全传达会议的内容）。但是，如果奏章和会议纪要是由同一个人撰写的，那么毫无疑问，他从最开始就不会忽视这样一个事实，即在随后的会议纪要中，他必须按顺序陈述一切，那么他在奏章中就会这样做。可以想象，奏章是如何写成的。我们已经看到，现存为数不多的审讯记录草稿是由 А. Д. 博罗夫科夫单独撰写。此外，在侦讯委员会会上宣读的十二月党人的书面供词也被单独撰写。最有可能的是，在会议期间，委员会的决定也被单独记录在纸上，以方便附录在文件后。① 在夜里撰写奏章时，А. Д. 博罗夫科夫将这些成堆的纸张排列起来，并按任意顺序阐述其内容。这是认为会议纪要与奏章是由不同人员撰写的第一个论据。

我们再提出一个论据：奏章中所指出的会议结束时间，在会议纪要中常常被更改。显然，只有另一个对会议过程有不同记忆的人才能纠正这个时间。

现在让我们来看看，1 月 26 日之后发生了什么。如果在 1 月 26 日的会议纪要的撰写中，像以前一样对奏章内容进行了明显的改动，那么 1 月 27 日、28 日和 29 日的会议纪要则没有对奏章进行这样的改动，这些会议的奏章不是由 А. Д. 博罗夫科夫写的。然而，关于 1 月 30 日会议的奏章又是由 А. Д. 博罗夫科夫写的，因为在会议纪要中又对奏章的文本进行了修正。我们很自然地得出结

---

① 可证明这一点的还有一个事实：В. Ф. 阿德勒伯格后来编撰奏章时，有时会把决定直接记在供词旁边。

论，在奏章的文本未经任何修改就被转写到会议纪要的日子里，两份文件是由同一个人撰写的。这个人只可能是 B. Ф. 阿德勒伯格。

我们现在把注意力转向这样一种情况，即从 1 月 27 日开始，B. Ф. 阿德勒伯格开始在会议纪要上签名。毫无疑问，从那时起，他就是这些文件的编撰者：一个下级永远不用在上级起草的文件上签名。但上述所有情况都阐明，更早时期，在整个 1 月，B.Ф. 阿德勒伯格编撰会议纪要，而他在会议纪要上的签名只是正式确定了既定的秩序。1 月 30 日之后，所有奏章都是由委员会的下级职员誊写的，所以不可能通过笔迹确定作者身份。此时，奏章和会议纪要之间像以前一样的那种差异还经常存在。

还有一个更明显的案例。2 月 6 日没有编写会议纪要，代之以一份报告，而当天的奏章依然简短，阐述了当天委员会所做的事情，就其内容而言，与取代会议纪要的相应报告完全相同，但起草时的措辞却完全不同。在这种情况下，两份文件的作者不同是不容置疑的。然而在 2 月上旬，奏章和会议纪要在叙述相同事实方面的差异开始减少，而从 2 月 9 日开始，在大多数情况下，只剩下这样的差异，其可以很容易地解释为是由作者的编辑手法造成的，或者是为了使奏章中的表述适应会议纪要的形式。从那时起直到委员会的工作结束，奏章和会议纪要都是由同一人编撰的——B.Ф. 阿德勒伯格。

通过比较委员会存在的最后一个阶段的奏章和会议纪要，我们看出，B. Ф. 阿德勒伯格将奏章的文本内容全部用到了会议纪要中，只做了最微小的、编辑上的修改。这种编辑一般不是很频繁，纯粹是修辞上的编辑（编辑修正之处最多的一次是对 2 月 14 日会议上审讯卢卡舍维奇的叙述）。在一些地方，B. Ф. 阿德勒伯格纠正了他在奏章中的错误（例如，2 月 15 日，他纠正了 В. К. 丘赫尔贝克尔的农奴仆人巴拉绍夫的姓氏，在奏章中其被错误地称为莫尔恰诺夫）或使含义更精准（例如，在 2 月 11 日审问 П. А. 维亚泽姆斯基少尉的决定中，他在会议纪要中补充道："并向主要成员询问有关卡普尼斯特的事情。"）。

只在两种情况下，会议纪要与奏章的内容有根本的不同。例如，2 月 20 日会议纪要中写道，С. П. 尤什涅夫斯基是由 П. И. 佩斯捷利介绍加入秘密社团的，而在奏章中写道——他是由他的兄弟 А. П. 尤什涅夫斯基介绍的。4 月 4 日会议纪要与奏章之间也出现了类似的差异：会议纪要中指出，有一份供词——М. П. 别斯图热夫-留明的供词，说霍特克维奇属于波兰协会。奏章中则将 А. 雅布洛诺夫斯基和 С. 克里扎诺夫斯基的供词作为这件事的唯一证据。我们在此不对这种差异是如何产生的进行解释。但很明显，在两份文件都是由同一人编制的，或者是由不同的人编制的情况下，都可以进行这种更正。

应该指出的是，即使在这个阶段，会议纪要中偶尔会对奏章中记载的会议结束时间进行更正，尽管在其他方面会议纪要的文本与奏章的文本相吻合。其原因很难说，但它可能表明，在这些情况下，奏章的作者不是 В. Ф. 阿德勒伯格，而是委员会的另一名官员。

作为总结我们指出，尽管有相当多的文本重复，但会议纪要始终比奏章内容更为全面：只有会议纪要反映了十二月党人的一些组织和经济问题，以及十二月党人的一些个人请求（在对这些问题和请求做决议时不需要沙皇的首肯）。当会议纪要与奏章的其他部分雷同时，这些部分特别值得注意。此外，从一开始，只有会议纪要中指出，每次会议由委员会的哪些成员出席，他们直接参与了侦讯的哪个环节。只有奏章被呈交给尼古拉一世，正是在这些奏章中他的御批被保存了下来，这些御批在日志中往往完全以另外一种形式写出。

所有上述情况表明，无论是会议纪要还是奏章，单独来看，都不能完全反映委员会的工作内容，因此也不能反映十二月党人案件的侦讯历史。研究者需要同时使用会议纪要与奏章。

我们所研究的侦讯委员会奏章和会议纪要撰写的历史还使我们能够得出一个有趣的结论。当奏章和会议纪要由两个不同的人编撰的时候，呈现给我们的侦讯画面更加全面和多样。尽管这些文件都是官方的，但会议上发生的一切，两个人以各自的方式表达。B. Ф. 阿德勒伯格利用 A. Д. 博罗夫科夫的奏章，修正并补充了其中的叙述。令人遗憾的是，自 2 月 9 日以来，奏章和会议纪要中不再出现对同一事件表述不同的现象，同时我们也失去了将二者进行比较的可能性。

侦讯委员会的会议纪要全文都被本书刊载。从委员会工作开始到（包括）2 月 8 日的奏章文本也被全文发表。其余的奏章，由于其文本与会议纪要重复，所以没有被列出；只描述了与会议纪要文本的不一致之处（除了在每份会议纪要中重复，而在奏章中缺失的第一点，即确认上一次会议的纪要），并复制了上面的所有标注和决议。尼古拉一世的绝大多数御批和总参谋长 И. И. 季比奇在奏章空白处的标注都被 B. Ф. 阿德勒伯格在相同之处用墨水笔复写一遍。我们没有指出这些重复的情况。最高刑事法院和十二月党人案件侦讯委员会第 25 号档案的主要部分是奏章。此外，还有一些其他文件：И. И. 季比奇给委员会的文件的附函，关于一些十二月党人的情报等。所有这些都在本书中得到了完整的再现。应该指出的是，48号档案中没有第141号至第144号会议的奏章。

参考资料由两部分组成：《十二月党人起义·资料汇编》系列传统的页下注以及注解。由于所发表的文献资料的特殊性，这些注解与通常的注解不同。

注解的主要任务，是将记录侦讯过程的会议纪要与奏章和所有的侦讯文件联系起来，这些侦讯文件被发表在《十二月党人起义·资料汇编》系列的第1卷至第18卷和其他出版物中，还有一些尚未出版。为此，注解中对会议纪要或奏章中提到的每份文件都做了说明。对于《十二月党人起义·资料汇编》系列各卷中发表的文件，不再注明所保存的位置。对于在其他出版物中刊载的文件，在提供参考文献的同时，还列出了档案编码。当然，它是针对在本卷出版时未发表的所有文件给出的。会议纪要作为有关侦讯过程的主要文件，本书对其做了充分的注解，而对于奏章，只对那些在会议纪要中没有提到的文件进行了注解。

注解的第二项任务，是确定已出版资料中提到的每份侦讯文件由谁所写，以及这些文件中的大量标注出自谁（当侦讯文件在《十二月党人起义·资料汇编》系列各卷中刊载时，通常不会指出这一点）。因此，这些注解不仅为重建侦讯委员会工作的真实情况提供了可能，而且也为纠正十二月党人侦讯案件出版物中的错误提供了可能。很明显，在本书的范围之内，甚至没有办法简单地谈论这些错误。然而，读者可以将我们的注解与《十二月党人起义·资料汇编》系列各卷进行比较，很容易发现这些错误。让我们通过一个例子来说明这样的重大错误的性质。《十二月党人起义·资料汇编》第1卷发表 C. П. 特鲁别茨柯依的侦讯文件时指出，第4号文件是他亲手写的（即在这位十二月党人被捕后的第一次审讯时）。事实上，审讯是由 В. В. 列瓦绍夫记录的。С. П. 特鲁别茨柯依只承认"在这最后的悲惨时刻"这句话中的最后两个词语是他所说。很明显，在分析秘密社团领导人之一的供词时，准确地知道，哪些是这位受审者亲自写下的，哪些是侦讯人员根据他的话写下的，是非常重要的。在同一天，接受口头审讯后的 С. П. 特鲁别茨柯依写了补充供词，其被发表在同一卷的第 3 号文件中。可惜，出版者不仅没有确定，这份文件的标题《上校 С. П. 特鲁别茨柯依公爵的亲笔供词（1825 年 12 月 15 日）》是由 К. Ф. 托里所命名的，而且也没有指出这份供词不是由 С. П. 特鲁别茨柯依本人写的。文末的话语："向 С. П. 特鲁别茨柯依公爵询问 М. П. 扎戈尔斯基的情况，在他的口袋里发现了 М. П. 扎戈尔斯基的诗"，在页下注中被模糊地解释为"另一个人的附注"，尽管实际上它是 В. В. 列瓦绍夫的标注。仅仅这个例子就足以让我们理解，在对会议纪要与奏章进行注解时，需要将所有先前发表的侦讯案件文件上的标注与原件进行比较，这使我们能够消除其信息与归属性方面的错误。所有标注的文本都在注解中给出。

我们主要根据委员会的收支簿（ГА РФ. Ф. 48. Оп. 1. Д. 288. Ч. I и II）来确定官员的笔迹，其中除了每个官员的签名外，还有他们相当长的亲笔手书。侦讯委员会成员的很多亲笔签名被保留了下来，并且为人知晓。

本书在引用出版的《十二月党人起义·资料汇编》系列各卷文件时，省略了这一系列著作的标题；罗马数字表示卷号，阿拉伯数字表示页码。在引用侦讯委员会的档案材料时，省略了档案馆的名称（ГА РФ）和档案的编号（ф. 48）。

《十二月党人传略》与出版原则①

　　《十二月党人索引》（«Алфавит декабристов»）出版已经 60 多年，这是苏联史学术界第一本有关俄国十二月党人生平的手册。②《十二月党人索引》在参政院广场起义 100 周年前夕，即

---

① 《十二月党人传略》（«Декабристы. Биографический справочник»）由 С. В. 米罗年科策划、М. В. 涅奇金娜编辑，于 1988 年出版，是一本有关十二月党人生平的手册。其中收录了十二月党人秘密社团成员、1825 年 12 月 14 日参政院广场起义和乌克兰切尔尼戈夫军团起义参与者以及被卷入十二月党人运动的众多人士的生平简介。本文是 С. В. 米罗年科对《十二月党人传略》出版过程及出版原则的介绍，刊于此书第 376~379 页。——译者注

② 《十二月党人索引》（«Алфавит декабристов»）为《十二月党人起义·资料汇编》第 8 卷，由 Б. Л. 莫德扎列夫斯基和 А. А. 西韦尔斯编撰和注解，于 1925 年出版。其中发表了十二月党人案件侦讯委员会主任 А. Д. 博罗夫科夫于 1827 年在侦讯工作结束时编撰的《前预谋犯罪秘密社团成员索引》（其中按字母排列顺序概述了每个涉案人员的调查结果），还包括对该索引中提到的人员进行生平介绍的《指南》（«Указатель»）（Восстание декабристов: Материалы. Л., 1925. Т. VIII. Алфавит декабристов / Под ред. и с примеч. Б. Л. Модзалевского и А. А. Сиверса）。两年后，阐述贵族革命运动阶段的《俄国革命运动活动家》传记词典第 1 卷第 1 册出版（Т. 1. От предшественников декабристов до конца «Народной воли». Ч. 1 — до 50-х годов XIX в. / Сост. А. А. Шиловым и М. Г. Карнауховой. М., 1927）。实际上，这本词典中有关十二月党人的介绍是对 Б. Л. 莫德扎列夫斯基与 А. А. 西韦尔斯的版本中资料的简短总结。但在一些方面，该词典的内容要比《十二月党人索引》更为全面。其中包括了参与十二月党人参政院广场起义和切尔尼戈夫军团起义的士兵与海员的简介，以及《十二月党人索引》中没有的两个十二月党人（“联合斯拉夫人”协会成员 Е. Н. 托洛茨基与 С. П. 特鲁索夫）的介绍。此外，该词典列出了 1927 年时已出版的有关每个十二月党人的著作。最终，编者又在书中加入了十二月党人的画像。

1925 年秋首印 3000 册，立即成为生平介绍类图书之珍品。这并非偶然，本书内容丰富，提供了关于十二月党人运动 300 多名参与者虽简短但异常丰富的生平介绍。此外，《十二月党人索引》中关于俄国第一批革命者案件涉案人员的宝贵资料，使它不仅成为专业历史学家手边必备的参考书，而且吸引了俄国历史爱好者的广泛关注。显然，随着时间的推移，人们对它的需求越来越大，而获得它或至少能够在图书馆使用它的机会急剧减少。今天，只在俄国一些大图书馆收藏有《十二月党人索引》（甚至在俄国许多著名的大学里都没有），只有少数幸运者的书架上有这本书。

然而，这种严峻而令人忧虑的状况并不是促使我们着手准备编撰一本新的十二月党人手册的主要原因。早在 1925 年，鲍里斯·利沃维奇·莫德扎列夫斯基（以下简称"Б. Л. 莫德扎列夫斯基"）和亚历山大·亚历山德罗维奇·西韦尔斯（以下简称"А. А. 西韦尔斯"）就思考了将来再版他们作品的可能性，在书中"序言"的结尾处说："然而，书中《指南》部分的资料难免会有一些遗漏，甚至是错误，这也是这类作品不可避免的。因此，编者们请求读者，如果对他们收集的信息有更正和补充，一定要告诉他们，以便将它们纳入下一版《十二月党人索引》，如果其注定要问世的话。"

当然，当时这些话指的是关于 1925 年以前已知内容的错误或遗漏。在此后的几十年间，苏联十二月党人研究积累了丰富和宝贵的、以前未知的事实材料，以至于新版本的问题已经具有完全不同的性质。但在阐述《十二月党人传略》的任务和原则之前，我们先向读者介绍 1925 年出版的《十二月党人起义·资料汇编》

系列第 8 卷①是一部什么样的作品。

Б. Л. 莫德扎列夫斯基和 А. А. 西韦尔斯的这部著作，只有通过研究，至少从总体上研究出版这部著作的想法本身是如何形成的，以及它是如何实现的，才能得到充分的评价。

这个想法源于研究封建主义的著名历史学家 Н. П. 巴甫洛夫-西利万斯基。1900 年，他开始在国家档案馆对侦讯委员会和十二月党人最高刑事法院的档案进行编目。② 他这项工作的成果之一，是根据档案文献撰写了 П. И. 佩斯捷利的传记。③ 当时，Н. П. 巴甫洛夫-西利万斯基就产生了一个想法，即编写一本介绍十二月党人生平的手册，其所使用的基础资料是 1827 年由侦讯委员会主任А. Д. 博罗夫科夫编撰，委员会主席 А. И. 塔季谢夫签署并呈交给皇帝的《前预谋犯罪秘密社团成员和 1825 年 12 月 17 日皇帝谕旨成立的侦讯委员会调查案件涉案人员索引》（以下简称"《前预谋犯罪秘密社团成员索引》"）。④

保存在 Н. П. 巴甫洛夫-西利万斯基档案中的有关他这种想法的文本草稿（或者是序言草稿，或者是出版申请），使我们有可能勾勒出他的想法（档案中没有准备付梓的手稿，也很难确定这样的手稿是否存在过）。Н. П. 巴甫洛夫-西利万斯基打算将《十二月党人索引》文本分为三部分：第一部分是 А. Д. 博罗夫科夫对被交付最高刑事法院的十二月党人的介绍；第二部分是对运动参与者的

---

① 即《十二月党人索引》。——译者注
② Опись фонда в настоящее время хранится в ГА РФ (Ф. 48).
③ Павлов-Сильванский Н. П. П. И. Пестель // Русский биографический словарь. СПб., 1902. Т. XIII. Павел – Петр. С. 599–615.
④ 对此文件的评述参见 Б. Л. 莫德扎列夫斯基与 А. А. 西韦尔斯在 1925 年版中有关它的"序言"。

介绍；第三部分是对因误解而被牵涉进审讯工作中的人员的介绍。
Н. П. 巴甫洛夫－西利万斯基写道："1827 年《前预谋犯罪秘密社
团成员索引》中关于十二月党人的资料以法院判决为结尾，我会进
行补充，根据来自国家档案馆保存的带有手写补充内容的打印文件
补充他们服苦役和流放生活的信息，以及通过其他资料补充他们后
来生活的信息。这里我还会给出其最重要的生平注解。"从接下来
的文字可以看出，Н. П. 巴甫洛夫－西利万斯基打算把这些补充内
容直接放入《前预谋犯罪秘密社团成员索引》的文本中，只是用特
殊的字体来强调它们。① 不过，在当时书刊审查条件下，他出版这
样一部著作的设想并未实现。② 不过，Н. П. 巴甫洛夫－西利万斯
基提出的这个非常重要的想法，即需要对《前预谋犯罪秘密社团成
员索引》的文本加上人物生平介绍，被后人所承继并发展。

1906~1907 年，Н. П. 巴甫洛夫－西利万斯基（这次是与 П.
Е. 谢戈列夫一起）再次尝试出版《十二月党人索引》。Б. Л. 莫德
扎列夫斯基和 А. А. 西韦尔斯在 1925 年版的"序言"的一个注解
中简要提到了这一点："顺便一提，众所周知，已故历史学家 Н.
П. 巴甫洛夫－西利万斯基（1908 年 9 月 17 日去世）在 1906~1907
年与 П. Е. 谢戈列夫合作，计划出版《十二月党人索引》。本版的
编写者们认为有责任向 П. Е. 谢戈列夫表示感谢，感谢他提供了其
为出版《十二月党人索引》收集的一些材料。"1907 年，П. Е. 谢
戈列夫被驱逐出圣彼得堡，许多有他参与的十二月党人出版物（包
括三卷本的《十二月党人历史》，其作者之一应该是 Н. П. 巴甫洛

---

① РГИА. Ф. 1014. Оп. 1. Д. 34. Л. 1, 1 об.
② Невелев Г. А. Н. П. Павлов－Сильванский — историк декабристов //
Освободительное движение в России. Саратов, 1971. Вып. 1. С. 57.

夫-西利万斯基）都没有问世。①

几年过后，Б. Л. 莫德扎列夫斯基和 А. А. 西韦尔斯着手编撰关于十二月党人生平手册性质的出版物。很难找到比他们更有资格编撰这样一本手册的学者。Б. Л. 莫德扎列夫斯基（1874～1928年），他那个时代研究 А. С. 普希金的杰出学者，关于 А. С. 普希金的生平和著作的专家，他的名字在科学史中牢固地占有一席之地。Б. Л. 莫德扎列夫斯基作为一名档案专家也发挥了巨大的作用——在1917年革命前和苏联时期，他积极参与了科学院普希金之家的手稿档案的建立工作。他的学术兴趣范围一直涵盖着对十二月党人运动参与者活动的具体研究。②

Б. Л. 莫德扎列夫斯基著名的卡片库，无疑是对《十二月党人索引》进行注解的一个不可或缺的辅助工具，其中包含了19世纪数万份书籍、杂志和报纸中提及的有关十二月党人的内容。

鲜为人知的是该出版物的第二位编者——А. А. 西韦尔斯（1866～1954年）。作为历史辅助学科的专家③，А. А. 西韦尔斯主要研究家谱问题。因为研究了许多贵族家庭的家谱，А. А. 西韦尔

---

① Невелев Г. А. Замысел издания «Истории декабристов» в 1906–1907 гг. // Исторические записки. М. , 1975. Т. 96. С. 380–382.

② 还在革命前，Б. Л. 莫德扎列夫斯基就已经出版了一系列十二月党人（Г. С. 巴杰尼科夫、А. А. 别斯图热夫-马尔林斯基、Е. П. 奥博林斯基等）的书信与其他文件，主持出版了如《拉耶夫斯基档案》（圣彼得堡，1908～1915年）、《十二月党人 С. Г. 沃尔孔斯基档案》等经典作品，编辑出版了刊载许多十二月党人资料的《火花》选集。在18世纪20年代，他在这一领域的研究与出版事业尤为成功，他将 М. С. 鲁宁从卡图亚写的信件、К. Ф. 雷列耶夫的信件、И. И. 普辛的信件、А. П. 巴里亚津斯基的诗歌等极其重要的资料引入学界，他也有《"绿灯"历史探秘》等很多精彩研究问世。

③ 在 А. А. 西韦尔斯生命中的最后几年，他负责管理国家历史博物馆古钱币学部，并且为其科学组织做了很多工作。

斯成为革命前俄国最伟大的家谱学专家之一。他广博而扎实的知识使他具有很高的学术威望，遂当选为俄国家谱协会主席。А. А. 西韦尔斯对贵族家谱历史整体上的兴趣引发了他对专门研究十二月党人家谱和传记的兴趣。除了钻研家谱外，А. А. 西韦尔斯还在苏联时期出版了一些专门研究十二月党人的作品。① 两位编者对时代的清晰认知、广博的学识和专业的技能，保证了他们所策划的出版物具有较高的学术水平。

遗憾的是，我们所掌握的 А. А. 西韦尔斯和 Б. Л. 莫德扎列夫斯基的档案材料并不能让我们确定，他们是如何以及何时开始工作的。很可能，它不晚于1917年，因为他们在1925年版的"序言"中说，在1917年一部分国家档案被从圣彼得堡运送到了莫斯科，这导致他们无法"从十二月党人的档案本身中提取信息"。在1918年春天，工作已经如火如荼。1918年3月12日，Б. Л. 莫德扎列夫斯基从加特契纳写信给 А. А. 西韦尔斯："《十二月党人索引》有进展了吗？序言——包含关于侦讯委员会和最高刑事法院历史介绍的导言是否已经写好？非常懊恼，我没能按时完成您安排的工作，还剩最后几页没写完，也许我争分夺秒能赶上进度。我附上一张关于古尔科的卡片，似乎可以根据这个卡片对我写的有关他的介绍进行补充。"②

遗憾的是，保留下来的书信并不允许我们全盘复原他们工作的

---

① А. А. 西韦尔斯撰写了有关下列十二月党人的文章：Ф. Ф. 瓦德科夫斯基、А. И. 韦格林、П. А. 穆哈诺夫、М. Ф. 奥尔洛夫、А. Ф. 弗罗洛夫。1920年，他发表了《摘要》，其中摘录了"军人之友"协会档案摘要，后来被放入《十二月党人索引》的附录中。他首次将第三厅关于1856年大赦后十二月党人从流放中归来的公文往来引入学界。

② РГИА. Ф. 720 (А. А. Сиверса). Оп. 1. Д. 51. Л. 25 об.

所有阶段。然而，信件显示，到 1919 年 7 月，书稿已经完成，由 B. A. 利亚茨卡娅-佩平娜经营的《火花》出版社于当年夏天开始印刷。但过了一段时间，不知什么原因，出版速度放慢了，后来就完全停止了。在 1920 年 2 月，A. A. 西韦尔斯和 Б. Л. 莫德扎列夫斯基又对其中的《指南》部分进行了积极修订。① 同年 11 月，A. A. 西韦尔斯不时给 Б. Л. 莫德扎列夫斯基寄去一些书稿。② 然而，一年后，他们通信中谈论的已经完全不是关于要出版的文稿，而是关于寻找出版该书的新途径。1921 年 11 月 1 日，A. A. 西韦尔斯提醒 Б. Л. 莫德扎列夫斯基："我和您必须去找约诺夫，讨论一下《十二月党人索引》。这些天有空闲时间的话到我的档案馆来，我和您一起去书店。"③ 显然，《十二月党人索引》在《火花》出版社的出版工作没有最终完成。然而，还有一件事是不容置疑的——在印刷厂流产的那个版本的几份校样被保留在专家手中。著名图书编目学家 Н. М. 切佐夫对此明确写道："这本书很稀少，已知的只有几份印刷本。"④ B. 谢利瓦诺夫在自己的索引中提到了

---

① 1920 年 2 月 10 日，A. A. 西韦尔斯给 Б. Л. 莫德扎列夫斯基的信中写道："翻阅了我们《十二月党人索引》手稿的结语部分，我发现我漏掉了对两个冯维津的介绍。在谴责我之前，麻烦您这些天起草一下绪论以及结尾部分。"在 2 月 18 日，他写道："我归还已使用过的卡片。我找到了 B.C. 诺罗夫的资料。我纠正了 A. Г. 穆拉维约娃去世年份的错误，原先的年份我们是根据 А.Б. 洛巴诺夫的观点写的（应该是 1832 年，而不是他所认为的 1833 年）。不能相信任何人。"［РО ИРЛИ. Ф. 184（Б. Л. Модзалевского）. Не обработан］

② РО ИРЛИ. Ф. 184. Письмо А. А. Сиверса от 24 ноября 1920 г.

③ РО ИРЛИ. Ф. 184. И. И. Ионов в то время заведовал Госиздатом.

④ Ченцов Н. М. Восстание декабристов: Библиография. М., Л., 1929, c. 22；см. также：Азадовский М. К. Рецензия на библиографию B. Селиванова // Красная летопись. 1926. № 2. С. 192.

《十二月党人索引》，将它作为一本问世的著作。① Б. Л. 莫德扎列夫斯基本人提到了这个版本，在对 А. С. 普希金《日记》的评论中引用了其中的内容。② 我们一直在尝试找到哪怕是这个版本的一份印刷本，最终仍一无所获。因此，我们很难肯定地判断这个版本的真实情况。然而，间接证据表明，它与 1925 年版本只有细微的差别。在 1925 年中央档案馆周年纪念委员会的材料中，保留了一份《火花》出版社的版本的序言的校样。除了微小的编辑方面的差异，它几乎与 1925 年版的"序言"完全吻合。③ 1925 年版本在很大程度上重复了 1919~1920 年在《火花》出版社印刷的版本，这一点在 С. Я. 施特赖赫的《札记》中也得到了证实，该《札记》于 1919 年 12 月发表在《艺术生活》周刊上，通报了即将出版《十二月党人索引》的消息。在通报《火花》出版社即将出版《十二月党人运动手册词典——十二月党人索引》的消息时，无疑已经看过成书的 С. Я. 施特赖赫写道，Б. Л. 莫德扎列夫斯基和 А. А. 西韦尔斯编写的《指南》部分对 А. Д. 博罗夫科夫的《前预谋犯罪秘密社团成员索引》文本进行了补充，"他们在书中给每位涉案人员撰写了从几行到一整页不等篇幅的生平介绍，提供了关于'十二月党人'出身、成长经历和 1825 年之前的工作、接下来的命运、他们的家庭情况等方面的补充信息"④。熟悉 1925 年版的读者，通过

① Селиванов В. Декабристы, 1825–1925: Систематический указатель русской литературы. Л., 1925. С. 46.

② Пушкин А. С. Дневник, 1833–1835. М., Пг., 1923. С. 94, 140.

③ ГА РФ. Ф. 5325. Оп. 9. Д. 981. Л. 51–58. 我为 К. Г. 利亚申科指出这一情况深表谢意。

④ Штрайх С. О первых русских революционерах // Жизнь искусства. Пг., 1919. 13, 14 декабря. 316/317. С. 3.

这一描述可以很容易联想到这个版本的体例，甚至是其外观。因此，我们可以认为，这个版本的主体到 1919 年就已经完成，在那时确定了其基本原则——用介绍人物生平的《指南》来补充《前预谋犯罪秘密社团成员索引》的文本。

毫无疑问，在 1919～1920 年出版失败之后，《十二月党人索引》的编者们继续通过纠正和补充《指南》部分的人物生平介绍来完善他们的作品。特别是 1925 年版文献索引中列出了一些 20 世纪 20 年代前半期的出版物，如 1922 年出版的 М. И. 穆拉维约夫－阿波斯托尔的《回忆录与书信》，以及 Б. Л. 莫德扎列夫斯基同年出版的 Ф. П. 沙霍夫斯基的笔记摘录。

直到 1925 年，Б. Л. 莫德扎列夫斯基和 А. А. 西韦尔斯出版他们完成的作品的不懈努力才获得成功。全国各地广泛庆祝十二月党人起义 100 周年对此起到了推动作用。《十二月党人索引》被列入中央档案馆出版《十二月党人起义·资料汇编》系列文件的计划中。1925 年秋天，它出现在书店的书架上。[1]

最终问世的这部著作由两部分组成：主体部分和附加部分。主体部分发表了 А. Д. 博罗夫科夫的《前预谋犯罪秘密社团成员索引》，在这部分中补充了一些官方文件，扩大了该索引中所描述人员的范围（例如，第三厅关于参与切尔尼戈夫军团起义的十二月党人的介绍，关于他们的信息在该索引中或者完全没有，或者极其稀少；从立陶宛先锋营军事法庭档案中摘录的关于"军人之友"协会的文件）。附加部分包括 Б. Л. 莫德扎列夫斯基和 А. А. 西韦尔斯

---

[1] 从 Ю. Г. 奥克萨曼拥有的《十二月党人索引》上的赠书题词来判断，这本书是由 Б. Л. 莫德扎列夫斯基在 1925 年 11 月 14 日赠送给他的（现在这本书属于 К. П. 波加耶夫斯卡娅）。

撰写的简短序言，以及《指南》部分，即对书中发表的文件中提到的人物的生平介绍。

　　我们首先要指出，这部著作附加部分的《指南》远远超出了人们有关文献出版物手册工具书的一般认识。直至今日，它仍然是科学史上的一个前所未有的现象。编者们认识到《前预谋犯罪秘密社团成员索引》作为十二月党人传记信息汇编重要性的同时，也深知其局限性（由其编撰目的和时间所致），他们认识到自己的任务是，在附加的《指南》中"介绍《前预谋犯罪秘密社团成员索引》中列出人员的出身、所受教育和在 1825 年 12 月 14 日之前的职务信息，追踪他们后续的命运"。他们力求在其中提供"对涉案的五百多人中每一个人真实的、尽可能有文件证实的、简明扼要的生平介绍汇总"。因此，Б. Л. 莫德扎列夫斯基和 А. А. 西韦尔斯从一开始就明白，虽然《指南》部分标题简单，在书中所处位置靠后，但它的意义十分重要。他们写道："应该编成一部包含五百多人的手册，其中包括俄国 19 世纪初期所有（除了少数例外）信仰进步、受教育水平最高的知识分子精英。"因此，即使在 1925 年，尽管《指南》部分在结构和功能上从属于该出版物的文献部分，但其独立的意义是显而易见的，其中体现的信息价值绝不逊于《前预谋犯罪秘密社团成员索引》部分。

　　《指南》中的人物生平介绍是怎样的呢？尽管不同人物之间的生平介绍具有明显差异（有些非常简短和正式，而另一些则具有通讯叙述的风格，内容详细、篇幅较大），但从中明显可以看出编者意图用事实材料对其进行补充。人物生平介绍按照完整的提纲撰写，包括七个要点：（1）姓氏、名字、父称、服役地点以及职务（参考 А. Д. 博罗夫科夫的《前预谋犯罪秘密社团成员索引》）；（2）审讯档案和监督档案的代码；（3）起义前生活的信息（出生日期和出生地、父母、教育情况、职务，有时还包括财产状况）；（4）参与秘密社团的信息（非常不充分且自相矛盾）；（5）被捕、审判和判决的信息；（6）1825年后生活的信息（被定罪者服苦役与被流放，未被定罪者后续的职务，这些人的去世日期及地点）；（7）亲属信息（妻子、孩子、兄弟姐妹）。除此以外，一些生平介绍中提供了十二月党人的履历、引用同时代人的证词等。如果说这个提纲中的一些要点（例如姓氏、名字、父称和生卒年）要求信息的准确性，那么其他一些要点（例如起义前后的生活），在撰写时则可以具有一定的灵活性。按照这个提纲撰写的具体人物生平介绍取决于编者所知的人物生平事实。

　　大多数人物的生平介绍按照上述提纲撰写。但还是有这样一些人员，对于他们，除了《前预谋犯罪秘密社团成员索引》中所包含的信息外，Б. Л. 莫德扎列夫斯基和 А. А. 西韦尔斯大体上找不到任何信息，甚至一些属于秘密社团或被怀疑属于秘密社团，并且侦讯委员会已经为其建立专门档案的人员，也是如此。① 然而，那些编者已经掌握充分信息的人员的生平介绍，彼此之间也存在着差异。这些差异在很大程度上是由编者追求扩展生平介绍的内容而造成的，这违背了《指南》本身"简明扼要的生平介绍汇总"的原则。这主要涉及 1825 年以后十二月党人的生活。例如：对 М. К. 丘赫尔贝克尔的生平介绍中包含了他的兄弟威廉给 А. Х. 本肯道夫的一封长信的文本；对 Ф. П. 沙霍夫斯基的生平介绍中包含

---

① 　编者专门说明，对《十二月党人索引》文本中只是简略提及人物的名字，指出他们在 1826 年的职位或者社会地位，而不再进行详细的生平介绍。

了 С. И. 克里夫佐夫用法语写给 А. Г. 穆拉维约娃的一封信中的一大段摘录，描述了 Ф. П. 沙霍夫斯基的精神疾病；对 Г. С. 巴滕科夫的生平介绍中包含了尼古拉一世对宪兵司令 А. Ф. 奥尔洛夫关于改善 Г. С. 巴滕科夫处境所下达的旨意。这样的例子有很多。然而，所有这些对拟定提纲的偏离为《指南》补充了有价值的信息。

毫无疑问，在当时，Б. Л. 莫德扎列夫斯基和 А. А. 西韦尔斯的著作是一项重大的学术成就。无怪乎《十二月党人索引》在学界中被广为使用，并确立了其作为最可靠详尽的传记手册之一的声誉。

然而，在过去的六十多年中，十二月党人研究的情况发生了根本性的变化。可以说，苏联学者不仅富有成效地深入研究了十二月党人运动的整体历史，而且还研究了大多数参与者的传记，他们在这一领域取得的几乎所有成就，都是在《十二月党人索引》出版后做出的。这部著作准备出版的历史表明，它主要总结了革命前学界的相关资料。此外，尽管广泛利用了档案资料，但在 1917 年革命后初期的困难情况下，Б. Л. 莫德扎列夫斯基和 А. А. 西韦尔斯甚至无法利用其中最基本的资料——十二月党人的审讯案卷，因此审讯案卷中最丰富的事实材料没有被纳入这部手册中。①

多年来，面对强烈的学术和社会需求，编写一部新的十二月党人生平资料汇总的必要性日益凸显。每一项新的重要研究或文献的出版都使人们对十二月党人的生活和活动的看法产生很大的影响，对 1925 年版的资料进行反驳、明确和补充。与此同时，《十二月党

---

① Б. Л. 莫德扎列夫斯基与 А. А. 西尔韦斯在《十二月党人索引》的"序言"中写道："由于在 1917 年部分国家档案迁至莫斯科，编者未能从十二月党人的卷宗本身中摘录信息。"

人索引》仍然是最完整的汇编手册。很明显，并非所有研究十二月党人及其时代的专家都有时间密切关注通常发行量很低且难以获得的专门研究和出版物，就更不用说众多只是需要了解十二月党人运动及其一些参与者生平资料的地方志专家、记者和作家了。但是，每个人都很熟悉《十二月党人索引》。因此，1925年版本中的很大一部分信息，虽然早已在科学的自然发展过程中被完善和修正，但继续在各部著作中以讹传讹。这在很大程度上解释了近几十年来文献中有关十二月党人生平资料中的不一致现象。这种现象也不足为奇，因为一些作者使用了最新的研究成果，而另外一些则主要使用了《十二月党人索引》中的内容。这特别体现为随处可见的有关十二月党人生卒日期信息的差异。原因显而易见：在1925年版本中，几乎有三分之一的十二月党人的生卒日期错误（甚至五个被处决的人中有三个的出生日期也是不正确的）。

1978年，根据苏联科学院苏联历史研究所 M．B．涅奇金娜院士的提议，出版十二月党人新手册的准备工作启动了。然而在工作开始时，人们远未充分了解《十二月党人索引》中需要做出更正的信息的真正数量，也就是要进行的工作的真正规模。似乎，可以简单地再版《十二月党人索引》（或者只需重印即可），并附上少量的注解，在其中提供必要的说明和补充。然而，在工作过程中，很快就出现了大量的新信息、更正和说明，起初的构想被推翻。很明显，新的著作不可能是 Б．Л．莫德扎列夫斯基和 A．A．西韦尔斯著作的再版，哪怕是对其的修正版、扩充版。于是，任务变成了编写一本新的十二月党人生平手册。但1925年版仍是新著作的基础和起点，尽管并非其遵循的所有原则都值得保留。其中一些历史证明是有生命力的，被保留下来，而另一些则不得不被放弃。

　　例如，在手册性作品中将人物生平介绍和 A. Д. 博罗夫科夫的《前预谋犯罪秘密社团成员索引》文本与补充文件结合起来，这种做法是非常合理的。当然，在过去的六十多年里，这部分文献作为史料的意义已经发生了根本性的变化：随着 18 卷《十二月党人起义·资料汇编》系列文件（其中发表了大部分十二月党人的侦讯档案）的出版，A. Д. 博罗夫科夫的《前预谋犯罪秘密社团成员索引》不再是依据侦讯材料阐明第一批革命者秘密社团活动的唯一资料。但是，它仍然是所有涉案人员（579 人）资料的重要概括汇总。

　　当然，仅凭这一点就足以在新手册中保留这部分文献，但还有一个更重要的问题，即不能破坏人物生平资料本身和《前预谋犯罪秘密社团成员索引》之间的密切联系。事实是，1925 年《十二月党人索引》中所包含的人员范围与 A. Д. 博罗夫科夫的《前预谋犯罪秘密社团成员索引》及其文件附录中包含的人员范围是相同的。而这个人员范围明显要比确定的十二月党人秘密社团成员与南方和北方起义参与者的范围宽泛得多。因此，《十二月党人索引》提供了大量人物的生平信息，这些人以某种方式被卷入十二月党人运动中，或者至少被牵涉进对这个运动的侦讯中。覆盖面广是 A. Д. 博罗夫科夫的作品的一大优势，它翔实地记录了从侦讯中所知的一切，1925 年版的《指南》部分也是如此。如果不利用这一优势，将新手册局限于十二月党人本身，那将是巨大的失策。关于以某种方式被牵涉到侦讯中的所有人员（其中只有一部分是被揭发出来的秘密社团成员）的生平介绍，呈现出了对广泛的社会阶层的认知：这里既有那些在审讯中设法欺瞒的十二月党人，也有那些已放弃自身最初愿望的人，也有在某个关键时刻意外地被卷入该事件中的人，或者只是旁观者，最后，甚至是叛徒和政府间谍。虽然十二月党人生平手册中包括许多这样的人物可能并不符合逻辑，但是，不这样做可能就会制约对一些问题（在侦讯中未完全调查清楚，或者并未予以关注的问题）的进一步研究。

新版手册完整复制了1925年版的文献部分，对《前预谋犯罪秘密社团成员索引》及其所有附录都根据档案原件进行了重新核对，并按照现代历史文献的出版要求进行刊载。

然而，新版手册中人物生平资料和文献部分的排布却与1925年的版本大不相同。在1925年出版的《十二月党人索引》中，编者采用的是介绍人物生平的《指南》隶属于文献资料的功能从属原则，这在当时是合理的，现在则已明显过时。《十二月党人索引》的多年使用经验令人信服地证实，研究人员和历史爱好者都在不断转向介绍人物生平的《指南》中的信息。因此，人物生平资料才应该是《十二月党人传略》的核心部分。

人物生平资料同样由两部分组成。第一部分提供了 A. Д. 博罗夫科夫在《前预谋犯罪秘密社团成员索引》中列出的以及在附录文件中提到的所有人物的生平信息。然而，这一人物范围并没有涵盖秘密社团成员与南方和北方起义参与者的真实构成。《十二月党人传略》在扩大和明确认识其真实构成方面迈出了一步。第二部分包含了1925年版中未提及的20位十二月党人的生平介绍。我们根据其他史料可明确这些人属于十二月党人秘密社团成员。目前，关于他们中的一些人已经有研究著作出版，而他们中的另外一些人，暂时还没有关于他们的研究著作，但他们作为秘密社团成员的身份是由十二月党人自己指出的。关于这些"新发现"的十二月党人的生平介绍没有被混入一般的人物生平介绍中，而是被划在一个特殊部分里。这是希望吸引研究人员对他们的注意，并推动这一领域的进一步研究。

　　下面阐述人物生平介绍撰写的基本原则。它们基本上遵循 Б. Л. 莫德扎列夫斯基和 А. А. 西韦尔斯制定的原则，这些原则几十年来已经被证明是合理的。每份人物生平介绍都是对有文献证明的、日期准确的事实尽可能简明扼要地汇总。例如，在人物生平介绍中会提供职务晋升的信息，但是对其在某个岗位上的实际活动并不展开说明，也不做任何评价。即使是对于其在秘密社团的活动，也遵守同样原则——介绍加入秘密社团的情况（如果可能的话注明其加入秘密社团的日期），与参与十二月党人运动历史上重大事件的情况。

　　但生平介绍的结构本身发生了一些变化。在新手册中它的结构是：（1）基础资料（十二月党人的姓氏、名字、父称、生卒日期、1825 年起义时的公职或社会地位）；（2）起义前的生活（社会出身、出生地、宗教信仰、父母、成长经历、1825 年及以前的职务，财产状况，参加文学及其他社团、共济会情况）；（3）对于秘密社团成员，介绍其加入秘密社团的情况以及加入的时间，参加参政院广场起义、切尔尼戈夫军团起义与立陶宛先锋营行动的情况；对于其他人，介绍其在本作品的文献部分被提及的原因；（4）逮捕和监禁；（5）判决与随后的生活（对被判有罪的十二月党人，介绍最高刑事法院的判决或者影响十二月党人命运的其他决定、其特征、其在服苦役和流放期间的生活、其被赦免后的生活或 1825 年后的其他生活道路；对没有受到惩罚的十二月党人，介绍其去世和安葬的地点）；（6）家庭（妻子、子女、兄弟姐妹）；（7）指明审讯档案存放地或发表情况，以及监督档案的存放地。

为了方便寻找某一生平事实的读者能够轻松在文本中找到所需内容，每个关于生平介绍的文本撰写都严格遵守上述结构顺序。

最后，还应该提及撰写新的十二月党人生平手册时采用的一个原则。整部著作所依据的原则是，便于读者不必再使用前一版《十二月党人索引》。人物生平介绍将 Б. Л. 莫德扎列夫斯基和 А. А. 西韦尔斯提供的事实（当然，前提是它们没有被推翻）完全包括在内。他们在一些人物生平介绍中引用的引文，甚至是最长的引文，以及所有细节都被保留下来。只有文献索引部分没有遵循这个原则。因为以前的文献索引具有极强的选择性，在目前已出版的关于十二月党人主题的基础文献索引的情况下，它们已经失去了意义。① 本版全文转载了 1925 年版编者对全书的"序言"以及他们对《指南》部分的简短介绍。在文献附录中，文献本身的文本与 Б. Л. 莫德扎列夫斯基和 А. А. 西韦尔斯的注解分开——后者被置于括号内，并注明他们的名字。

因此，新的十二月党人生平手册实际上包括人物生平介绍（"十二月党人与秘密社团案件侦讯涉案人士"和"在侦讯调查中被遗漏的十二月党人"）、文献部分（《前预谋犯罪秘密社团成员索引》及附录）、相关的科研论文以及人名和地名索引。

著作的主要部分——生平介绍本身——是如何进行撰写的呢？当然，它的撰写是基于 Б. Л. 莫德扎列夫斯基和 А. А. 西韦尔斯撰写的人物生平介绍。然而，新手册对他们两人撰写的生平介绍中包含的所有材料都经过了仔细核对。因此，新手册中的任何生平介绍

---

① Ченцов Н. М. Указ, соч.；Эймонтова Р. Г. Движение декабристов：Библиография. 1928 – 1959. М., 1960；Эймонтова Р. Г и др. Движение декабристов：Указатель литературы，1960- 1976. М., 1983.

都是严谨的科研成果。有关十二月党人运动历史及他们时代的文献达到数万册。为了核对人物生平信息，我们对有关人员的概括性作品以及所有最严谨的研究作品中的资料都进行了参考。

核对和补充事实的另一个基础是已出版和未出版的文献资料。在编写本手册时，编者充分利用了《十二月党人起义·资料汇编》系列文献和近几十年来的大量其他文献出版物。当然，我们不可能将任务设定为对档案资料进行全面研究，因为这将使这部著作的准备工作延长数十年之久。因此在生平介绍的撰写中，本书编者只使用了主要的十二月党人档案资料。它们主要是侦讯委员会和最高刑事法院的档案（ГА РФ. Ф. 48）、第三厅档案中有关十二月党人监督的档案（ГА РФ. Д. 109.1 эксп. 1826 г. Д. 61. Ч. 1-234）、"军人之友"协会成员和立陶宛先锋营行动参与者的侦讯档案及其监督档案（РГВИА. Ф. 801. Оп. 70.1827 г. Д. 45. Ч. 1-3），以及俄国国家历史档案馆和俄国国家军事历史档案馆的其他档案中的十二月党人履历表。

1979 年 5 月，М. В. 涅奇金娜在《图书评论》中向十二月党人研究专家及所有对十二月党人运动历史感兴趣的人发出请求，请他们给苏联科学院苏联历史研究所寄来他们所积累的对 1925 年版中《指南》部分的更正、说明和补充，并收到来自全国各地的历史学家、档案学家、作家、教师、十二月党人后代和地方志学家的约 100 封回信。本书中所做的说明和补充多数通过引用文件来证明，在许多情况下，这些文件来自地方的档案馆。通过这种方式，广泛的社会群体参与了本手册的编撰工作。

同时，我们也在收集上面有手写的修正和补充的 1925 年的版本，这些版本的拥有者通常是著名历史学家。最终我们使用了

М. В. 涅奇金娜、Ю. Г. 奥克斯曼和 А. А. 西韦尔斯所拥有的 1925 年的版本。此外，我们还研究了 Б. Л. 莫德扎列夫斯基和 А. А. 西韦尔斯的档案，希望能在档案中发现他们进一步完善《十二月党人索引》工作的痕迹。这个期望得以实现：俄国国家历史博物馆的钱币学部恰好保存了一份 А. А. 西韦尔斯在 20 世纪 30 年代对《指南》部分进行修正的手稿。① 经过仔细校对后，这些材料也被应用于新的人物生平介绍文本的撰写中。

为了让读者对我们工作的成果有所认识，首先我们要指出，此手册本身的篇幅已经增加了一倍多。然而，如果不对我们工作本身及其文献资料做一些阐释，就无法理解对人物生平介绍所做修改的性质和可靠性。人物生平介绍的每个组成部分，以及在手册中被单独列出的"在侦讯调查中被遗漏的十二月党人"部分，都是如此。下面按人物生平介绍的结构来阐述这个问题。

1. 基础资料（十二月党人的姓氏、名字、父称、生卒日期、1825 年起义时的公职或社会地位）

在第一部分，超过三分之一的十二月党人的资料被修正。绝大多数的修正和补充都与生卒日期有关。在出生日期被修正的人中包含一些著名的十二月党人，像被处死的 М. П. 别斯图热夫-留明、П. Г. 卡霍夫斯基、С. И. 穆拉维约夫-阿波斯托尔，还有 А. П. 巴里亚津斯基、Н. В. 巴萨尔金、别利亚耶夫兄弟、冯·德·布里根、А. О. 科尔尼洛维奇、С. Г. 克拉斯诺库茨克、Н. И. 洛列尔、Н. М. 穆拉维约夫、Е. П. 奥勃林斯基、В. Ф. 拉耶夫斯基、Ф. П. 沙霍夫斯基、А. И. 雅库波维奇、И. Д. 雅库

① 我对 О. В. 雷科娃指出这份手稿深表感谢。

什金。

　　唯一能让人们准确判断出生日期的绝对可靠资料，是教会登记
册中的记录。遗憾的是，许多十二月党人的出生记录要么没有被发
现，要么没有被保存下来。如果他们的出生记录得以发现，那么会
提供重要的信息。例如，不久前人们还认为，М. П. 别斯图热
夫-留明出生于 1803 年。这个日期出现在以前版本的《十二月党人
索引》中，并被列入当代几乎所有手册和百科全书中。然而，它没
有得到任何可靠文献资料的证实。此外，它还与一些文献相矛盾，
最重要的，是与 М. П. 别斯图热夫-留明本人在审讯期间的供词相
矛盾。这位十二月党人在 1825 年的履历表中指出，他"26 岁"①。
因此，他可能出生于 1798 年或 1799 年。但这与 М. П. 别斯图热
夫-留明对所谓有关"成长经历"问询清单中所列问题的回答不对
应。在回答问题："您的名字和父称是什么，多大年纪?"时，他写
道："米哈伊尔，巴维尔之子，24 岁。"② 仔细分析十二月党人对关
于"成长经历"问询清单中所列问题的回答就会发现，这些问题是
在 1826 年 3 月至 6 月期间发给他们的。因此，从 М. П. 别斯图热
夫-留明自己的供词中，我们可以得出结论，他出生于 1801 年或
1802 年初。只是在 Е. Н. 马丘里斯基发现了 1801 年尼日哥罗德省
戈尔巴托夫县杰里亚耶夫村教会的 1801 年登记册上的记录后，事
情才被完全弄清楚。该登记册上面记载，1801 年 5 月，在库德廖什
卡村"巴维尔·尼古拉耶夫·别斯图热夫之子米哈伊尔于 23 日出

---

① Восстание декабристов. Т. IX. С. 28.
② Восстание декабристов. Т. IX. С. 49.

生，并于 29 日接受了神圣的洗礼"①。

С. И. 穆拉维约夫-阿波斯托尔的出生日期问题更加复杂。研究人员掌握了似乎非常权威的 М. И. 穆拉维约夫-阿波斯托尔的证明，他肯定，他的兄弟 С. И. 穆拉维约夫-阿波斯托尔出生于 1796 年 10 月。② 直到最近，一些历史学家还完全相信这个证明。③ 然而，同时在文献中出现一个与其有些不同的日期——1796 年 9 月 25 日。正是这个日期进入了《十二月党人索引》，从而进入了现代俄国几乎所有手册及百科全书中。因此一个事实被忽略，即 С. И. 穆拉维约夫-阿波斯托尔本人的供词否认了他出生于 1796 年秋天。他在回答关于"成长经历"的问询清单时写道，他"31 岁"。④ 因此，他可能出生于 1795 年 6 月至 1796 年 3 月之间的某一天。同样，直到 В. Ф. 舒宾发现了位于圣彼得堡铸工场后的基督复活教堂中的登记册的记录后，这个问题才被确定下来。依照登记册中的记录，1795 年 10 月 23 日，"康斯坦丁殿下部队的伊万·穆拉维约夫中校的儿子谢尔盖"出生。⑤

本书中列出的登记册中所包含的信息，往往驳斥了一些看似不可动摇的观点。例如，在长达一个半世纪的时间里，十二月党人 М. А. 冯维津出生于 1788 年 8 月 20 日都是不容置疑的。这个日期

---

① Мачульский Е. Н. Новые данные о биографии декабриста М. П. Бестужева-Рюмина // Исторические записки. М., 1975. Т. 96. С. 348.

② Декабрист М. И. Муравьев-Апостол. Воспоминания и письма. Пг., 1922. С. 26.

③ Медведская Л. А. Сергей Иванович Муравьев-Апостол. М., 1970. С. 7.

④ Восстание декабристов. Т. IV. С. 264.

⑤ Шубин В. Ф. Дата рождения декабриста // Ленинградская правда. 1985. 25 августа.

是他的妻子娜塔莉亚·德米特里耶娃（在第二段婚姻中嫁给了A．C. 普希金在贵族学校的同学十二月党人 И．И. 普辛）在布罗尼茨阿尔汉格尔斯基教堂墓地所立的纪念碑上标注的。М．А. 冯维津本人也确信他出生于 1788 年。1826 年春天，他在回答关于"成长经历"的问询清单时写道："我的名字和父称是米哈伊尔·亚历山德罗夫，我今年 38 岁。"① 所有这些供词都有官方文献的支持。然而，1986 年莫斯科地方志学家 С. 罗曼纽克在莫斯科斯帕斯卡区普列奥布拉任斯基教堂发现了一本登记册，其中记录，1787 年 8 月 20 日，"亚历山大·伊万诺夫·冯维津中校的儿子米哈伊尔出生"②。因此，М．А. 冯维津要比一直以来所认为的要早一年出生。正如同一研究者所证实的，他的兄弟十二月党人 И．A. 冯维津也早一年出生（不是 1925 年版中所写的 1790 年，而是 1789 年）。

确定出生时间的另一类重要史料是十二月党人在受审中自己的供词。遗憾的是，审讯人员感兴趣的不是确切的出生日期，而是年龄，因为年龄对判决有一定影响。因此，在收到关于"成长经历"问询清单的 150 多名十二月党人中，只有少数人在回复中说明了自己的确切出生日期（例如，A．П. 巴里亚津斯基和 Н．A. 奇若夫）。③《十二月党人传略》根据 A．П. 巴里亚津斯基的供词纠正了 Б．Л. 莫德扎列夫斯基和 A．A. 西韦尔斯所犯的错误——他们指出，他生于 1798 年，并给出了确切日期——1799 年 1 月 7 日。在绝大多数情况下，被调查者的回答仅限于说明年龄（某某岁或即将

①　Восстание декабристов. Т. Ⅲ. С. 65.
②　Романюк С. Его личность к себе привлекала // Московская правда. 1986. 17 августа.
③　Восстание декабристов. Т. Ⅹ. С. 262；Т. ⅩⅣ. С. 264.

某某岁）。有时，在生日接近他们做书面回复时间的情况下，十二月党人会写，他们刚刚，或不久前满多少岁。这样就可以准确地判断他们出生的月份和年份。

在绝大多数情况下，必须通过综合分析所有的史料来解决十二月党人的出生日期问题。例如，对十二月党人 H. B. 巴萨尔金出生日期的确定就是这种情况。文献中确定了 H. B. 巴萨尔金生于 1799年的观点。这个日期出现在《十二月党人索引》以及所有百科全书和手册中。这位十二月党人本人在受审中说，他当时 25 岁，① 由此可见，他可能是在 1800 年或 1801 年出生。通过比较他的回忆录和履历表，可以确定他的出生年份。在回忆莫斯科军官学校学习的经历时，H. B. 巴萨尔金写道，他进入学校时是 17 岁。② 然而，在履历表中有一个确切的日期——1817 年 12 月 22 日。③ 因此，H. B. 巴萨尔金出生在 1800 年。十二月党人 И. Д. 雅库什金在他的一封信中提到一件事，即在 5 月 9 日庆祝 H. B. 巴萨尔金④的命名日，这个信息使我们有可能更准确地判断他的出生日期（通常，人们为某位圣徒举行庆祝活动的日子与其生日一致或者非常接近）。在那些审讯时的供词是唯一的信息来源的情况下，我们只得指出两个可能的出生年份。以十二月党人 И. H. 霍江因佐夫为例，他在受审时说："我 39 岁。"⑤ 因此，他可能生于 1786 年或 1787 年。我们找不到任何其他更精确的证明（履历本上说他在 1825 年时 30 岁，

---

① Восстание декабристов. Т. XII. С. 310.

② Мемуары декабристов. Южное общество. М., 1982. С. 145.

③ Восстание декабристов. Т. XII. С. 280.

④ Якушкин И. Д. Воспоминания, записки, письма. М., 1951. С. 365.

⑤ ГА РФ. Ф. 48. Оп. 1. Д. 87. Л. 5.

Б. Л. 莫德扎列夫斯基和 А. А. 西韦尔斯以此为基础确定了他的出生年份，无论如何也不能认为这个日期要比他自己的供词更有权威性)。

通过其他资料核对十二月党人关于自己年龄的供词证实，在大多数情况下他们供词中的数据是正确的。在那些没有准确说明自己出生年份的人中，让我们以 К. Ф. 雷列耶夫和 М. С. 鲁宁为例。北方协会的领袖 К. Ф. 雷列耶夫在 1825 年 12 月 24 日被问及年龄时回复说："我 30 岁。"几个月后，当回答关于"成长经历"的问询清单时，他改小了自己的年龄："我 29 岁。"① 审讯时供词与确切的出生日期之间差异较大的唯一案例与 М. С. 鲁宁相关。他在回答关于"成长经历"的问询清单时指出："我今年 43 岁。"② 事实上，当时他只有 38 岁。③ М. С. 鲁宁提供这一错误供词的目的还无法被解释清楚。

确定出生日期的另一类史料，是包含年龄信息的官方文件。这种官方文件中包括履历表、各种证明、呈文等。然而，按 19 世纪初期公文处理的方式，这类文件中的相关信息往往是根据当时文件接收者的口述填写。因此，它们的可信度相对不高。如果这样的材料是据以判断十二月党人年龄的唯一史料，那么在本书中，在标注出生年份时就会加上"大约"一词。

---

① Восстание декабристов. Т. I. С. 156–157.

② Там же. Т. III. С. 128.

③ 多年以来，人们一直认为 М. С. 鲁宁出生在 1783 年。之后他确切的出生年份被查明，是 1787 年，而稍迟一些，他的出生日期又被查明，为 12 月 18 日（Окунь С. Б. Декабрист М. С. Лунин. Л., 1985. С. 8, 9）。然而，即使是在这种情况下，后来在登记册上发现的一条记录使这位十二月党人的出生日期更加准确。结果是，М. С. 鲁宁出生在 1787 年 12 月 29 日，而 18 日是庆祝他的命名日（Бройтман Л. Запись в метрической книге// Вечерний Ленинград. 1986. 29 мая）。

　　墓碑上的铭文在明确十二月党人的生卒年方面发挥了重要作用。根据这些碑文修正了 М. М. 斯皮里多夫、А. П. 别利亚耶夫、Ф. Г. 维什涅夫斯基等的死亡日期。以此为基础，一些十二月党人的出生日期也得到了纠正。例如，М. В. 涅奇金娜从 П. С. 尤京那里得到信息：Ф. М. 巴什马科夫的墓碑表明他的出生年份与《十二月党人索引》中所写的不同，是 1774 年。她将此记入了自己收藏的《十二月党人索引》中。П. С. 尤京亲自抄写了这个铭文。本书在此基础上进行了更正。

　　确定生卒日期的一类宝贵史料，是十二月党人及其亲属的通信。遗憾的是，其中大部分信件没有被出版，而是被保存在档案馆中。因此，编者只能有选择性地使用这类史料。有一个例子可以证明书信史料在确定十二月党人生卒日期方面的重要性。在 1825 年《十二月党人索引》出版前，关于十二月党人 И. Б. 阿夫拉莫夫的死亡日期，文献中提出了不同的假设。例如，М. И. 穆拉维约夫-阿波斯托尔编撰的《追荐亡人名簿》中指出，1856 年在图鲁汉斯克，И. Б. 阿夫拉莫夫与 Н. Ф. 利索夫斯基于同一天被杀害。Б. Л. 莫德扎列夫斯基和 А. А. 西韦尔斯给出的 И. Б. 阿夫拉莫夫的死亡日期更为准确，但仍然是近似的日期——1840 年 10 月。1926 年 Е. Е. 雅库什金发表了雅库什金家族档案中的一些材料，其中有 1841 年 9 月 22 日 П. С. 波布里谢夫-普希金的一封信。这封信中附有 Н. Ф. 利索夫斯基给 И. Б. 阿夫拉莫夫兄弟的一封信的抄本，其中详细描述了 И. Б. 阿夫拉莫夫的病情，并指出了他的确切死亡日期，即 1840 年 9 月 17 日。①

---

　　① Декабристы на поселении: Из архива Якушкиных. М., 1926. С. 111–113.

　　在撰写《十二月党人传略》的过程中，我们得以发现不少以前只知道姓氏的十二月党人的名字和父称。对这方面信息的补充大部分是基于保存在俄国国家军事历史档案馆中的军官晋升资料，这些资料都被收录到 Л. П. 彼特罗夫斯基编撰的大部头手册中。[①] 我们还以侦讯资料为基础进行了一些补充。例如，通过使用奔萨省省长 Ф. П. 卢比亚诺夫斯基寄给侦讯委员会的资料，Б. Н. 拉夫丁和 А. Б. 罗金斯基确定，幸福协会成员列文的名字为费多尔·伊万诺维奇，是奔萨省地主，而不是 1925 年版中错误指出的坦波夫省地主。[②]

　　履历表是这种探索中不可或缺的史料。它们所包含信息的可信度非常高。这里我们只举出一个例子。在 А. Д. 博罗夫科夫的《前预谋犯罪秘密社团成员索引》中提及，第五骑兵连中尉纳肖金参与了南方协会的活动（根据 М. П. 别斯图热夫-留明和 С. И. 穆拉维约夫-阿波斯托尔的供词，他是非正式的秘密社团成员）。Б. Л. 莫德扎列夫斯基和 А. А. 西韦尔斯认为，这里所指的纳肖金是波尔菲里·纳肖金。然而，审讯案卷中保存的纳肖金履历表显示，这实际上指的是德米特里·亚历山德罗维奇·纳肖金。[③] 非常重要的，是恢复一些十二月党人姓氏的正确拼写。这类校正基于十二月党人自己所坚持的拼写。例如，在本书中，В. И. 施杰因戈尔的姓名拼写为 "Штейнгейль"，而在 1925 年版中，这个姓氏的拼写没有第二

① Движение декабристов: Именной указатель к документам фондов и коллекций ЦГВИА СССР. М. , 1975. Вып. 1—3.

② Равдин Б. Н. , Рогинский А. Б. Записка декабриста М. Н. Новикова «О земледелии и мануфактурах в России» (1816 г.) // Освободительное движение в России. Саратов, 1975. № 5. С. 127.

③ ГА РФ. Ф. 48. Оп. 1. Д. 93. Л. 29, 29 об.

个 "й"（Штейнгель）。"Штейнгейль" 是这位十二月党人自己一生中对自己姓氏的拼写方式（见《十二月党人起义·资料汇编》第 14 卷中的 В. И. 施杰因戈尔侦讯案卷），他的儿子们也是这样拼写的。他在 1819 年出版的《新旧历法时间计数原则和规则研究经验》一书的扉页上也是这种拼法。① 遗憾的是，在学界广为人知的 "Штейнгель" 的这种拼法只能在官方公文中找到，似乎，这种拼法是因为口头审讯记录中对这个姓氏的写法而传播开来的。

2. 起义前的生活（社会出身、出生地、宗教信仰、父母、成长经历、1825 年及以前的职务，财产状况，参加文学及其他社团、共济会情况）

在第二部分，从某种程度上来说，本书所做的更正与补充无一例外涉及所有十二月党人。

在《十二月党人传略》编写中，我们得以确定一些十二月党人的出生地，并在某些情况下推翻了文献中流行的错误观点。例如，与 1825 年版不同，本书中没有提到 К. Ф. 雷列耶夫的出生地。而这并非偶然为之。直到 20 世纪 50 年代初，人们都认为 К. Ф. 雷列耶夫出生在圣彼得堡省索菲亚县巴托瓦村。然而，专门从事巴托瓦历史研究的 В. 涅恰耶夫发现，К. Ф. 雷列耶夫的母亲直到 1800 年②才获得这个庄园（根据其他资料可知，这个庄园被赠予她），并且在同年与丈夫分居，搬到了这里。因此，К. Ф. 雷列耶夫不可

---

① Майстров Л. Е. Новаторский труд В. И. Штейнгейля по времяисчислению и астрономии // Декабристы и русская культура. Л., 1975; Он же. Забытый труд по астрономии декабриста В. И. Штейнгейля // Историко-астрономические исследования. М., 1978. Вып. 14.

② Нечаев В. Батово, усадьба Рылеева // Звенья. М., 1951. Вып. IX. С. 195-196.

能在那里出生。他的出生地至今不明。

关于出生地最可靠的信息来源，与出生日期一样，仍然是教堂登记册的记录。例如，正是通过教堂登记册得以确定，М. П. 别斯图热夫-留明出生于尼日哥罗德省戈尔巴托夫县库德廖什卡村，而十二月党人，幸福协会成员 А. Г. 涅别宁出生在阿尔汉格尔斯克。[①]

有关社会出身、宗教信仰、成长经历、职务和财产状况的信息，主要来自履历表。其中绝大部分作为十二月党人侦讯案卷被保存下来，并在《十二月党人起义·资料汇编》文献系列第 1~15 卷与第 18 卷中出版（尚未出版的档案中的履历表来自侦讯委员会档案）。通过俄国国家军事历史档案馆的档案发掘缺失的履历表，这使得已知履历表的数量增加了一百多个。由此，在编写这本新手册时，总共使用了 250 多份原始履历表。因此，许多十二月党人的生平经历得以相当完整地被重建，反之，由于 Б. Л. 莫德扎列夫斯基和 А. А. 西韦尔斯没能使用许多履历表，因此 1925 年版本中有关他们的信息非常贫乏且零散。

在这本新手册中，秘密社团中大量人物的信息得到了补充和明确。例如，以前述 А. Г. 涅别宁的生平介绍为例。前一版关于他在 1825 年之前的生活信息，仅限于指出他晋升上校的时间，以及他在 1821 年指挥第 32 轻骑兵团。俄国国家军事历史档案馆与俄罗斯联邦国家档案馆中发现的履历表[②]使我们得以追溯这个卓越人物的生

---

① Мачульский Е. Н. Указ. соч. С. 348；Фруменков Г. Г., Волынская В. А. Декабристы на Севере. Архангельск, 1986. С. 165.
② РГВИА. Ф. 1. Оп. 1. Д. 12595. Л. 6-15；ГА РФ. Ф. 109. 1 эксп. 1826 г. Д. 61. Ч. 187. Л. 29-38.

活全貌。我们确定了 А. Г. 涅别宁是十二月党人中为数不多的非贵族出身的知识分子。他的履历表中记载，他是"尉官之子"。因此，他的父亲不是世袭贵族，但因服兵役而获得了贵族身份，而 А. Г. 涅别宁本人在他父亲获得贵族身份之前就已经出生。因此，这位未来十二月党人的成长环境得以明确。1798 年 3 月，不满 16 岁的 А. Г. 涅别宁（之前错误的出生日期是 1787 年，我们根据登记册中的记录纠正为 1782 年 11 月 30 日①）作为士官入伍。他的履历表使我们有可能追踪这位因英勇被授予勋章和金剑的十二月党人军旅生涯的所有阶段。

在人物生平介绍中，从履历表中提取的有关社会地位的信息，完全按照资料来源中的措辞给出："来自某某省的贵族。"然而，这并不是表明十二月党人出生的省份，而只是表明他被列入这个省份的贵族名册中。

关于宗教信仰的信息，是从履历表或十二月党人本人供词中获取的。众所周知，在 1917 年革命前的俄国，有关民族属性的信息是没有任何记录的。因此，关于宗教信仰的信息是唯一有可能据之（但有相当大的保留条件）判断十二月党人的民族属性的资料。由于他们中大多数人是东正教徒，因此只有其他宗教信仰属性才在介绍中被特别指出。有关成长经历的信息，主要是来自上述十二月党人对专门的问询清单的回答。正是这些资料与履历表中的信息，为研究和阐明这一关键问题提供了可靠的基础，使我们能够充分揭示秘密社团成员的先进信念开始形成的环境。

---

① Фруменков Г. Г., Волынская В. А. Указ. соч. 这里还列出了 А. Г. 涅别宁父母及其家庭的详细信息。

　　与这部分的其他信息相比，有关十二月党人财产情况的信息没有那么全面、准确。显然，就这类信息本身的特点来说，它不会得到广泛的宣扬。如果政府本身没有关注这个方面，那么判断十二月党人生活的这方面状况非常困难。1826 年 7 月，奉尼古拉一世谕旨，侦讯委员会开始搜集有关国家罪犯"直系亲属的状况与家庭情况"的信息。关于信息搜集的函询被发送到了所有省份。在收到的复函的基础上编成《关于被最高刑事法院判为国家罪犯者的直系亲属的状况与家庭情况的报告》，这是一份相当庞大的文件，被保存于俄罗斯联邦国家档案馆，并且于 1926 年由 C. H. 切尔诺夫出版了其中一部分。①

　　应该指出的是，这次所搜集的信息完整性还远远不够。地方政府根本没有报告一部分十二月党人（例如冯·德·布里根）的情况。所提交的关于一些十二月党人的报告也是明显不完整的。让我们以尼日哥罗德省省长关于 M. П. 别斯图热夫-留明家族财产状况的报告为例说明这一点。他列举了 M. П. 别斯图热夫-留明家族在尼日哥罗德省各县的财产，并给出了他们的农奴的数量，但他没有提到这个十二月党人的母亲名下位于莫斯科省兹韦尼戈罗德县新尼科尔斯科村的织布厂，该工厂年产值 15000 卢布。② 可以理解的是，尼日哥罗德省省长可能也不知道贵族在外省拥有什么，但莫斯科军事总督 Д. B. 戈利岑也没有就此向侦讯委员会报告，尽管他通知委员会，别斯图热夫家族在尼日哥罗德省的庄园已经被抵押给了监护委员会。③

---

①　ГА РФ. Ф. 48. Оп. 1. Д. 315；Красный архив. М. , Л. , 1926. Т. 2（15）.

②　Мачульский Е. Н. Указ. соч. С. 349–350.

③　Красный архив. Т. 2（15）. С. 170–171, 200–201.

E. 谢普金娜①在两篇文章中专门研究了十二月党人的财产状况问题，其依据的是对俄国各省地图集、地图的经济注解以及参政院贵族铨叙司的档案。C. Я. 格森根据 1824~1825 年出版的《参政院通告》补充了 E. 谢普金娜第二篇文章中的数据，在此基础上形成的画面富有深意，值得特别分析。我们在此仅指出，尽管在第一批俄国革命者中也有一些人是拥有成千上万农奴的大地主（可参见关于 C. Г. 沃尔孔斯基、M. Ф. 奥尔洛夫、M. A. 冯维津和 И. A. 冯维津兄弟的生平介绍），但他们中的大多数人还是小地主，或没有土地的贵族。

关于国家罪犯的"处境和直系亲属状况"的档案还包含了关于十二月党人的父母、妻子、孩子、兄弟姐妹的重要信息，这些也被用来补充 Б. Л. 莫德扎列夫斯基和 A. A. 西韦尔斯对十二月党人生平的介绍。

最后，这一部分还包含了关于十二月党人参加各种文学、历史和其他社团的信息。1925 年版的编者非常有选择性地对此进行了介绍。现在，由于新文献的出现，我们得以了解一些新情况。例如，我们可以明确指出十二月党人中所有参与"阿尔扎马斯"或俄国文学爱好者自由协会的人员，② 以及十二月党人参与共济会组织的情况。③

---

① Щепкина Е. Помещичье хозяйство декабристов. Дворянские гнезда Каховских, Повало - Швейковских, Якушкины, Вишневских// Былое. 1925. № 3 (10)；Она же. Извлечение из материалов о помещичьем хозяйстве декабристов // Декабристы и их время. М., 1932. Т. 2.
② Базанов В. Г. Ученая республика. М., Л., 1964.
③ Bakounine T. Répertoire biographique des franc - macons russe (XVIII et XIX siécles). Paris, 1967.

3. 对于秘密社团成员，介绍其加入秘密社团的情况以及加入的时间，参加参政院广场起义、切尔尼戈夫军团起义与立陶宛先锋营行动的情况；对于其他人，介绍其在本作品的文献部分被提及的原因

Б. Л. 莫德扎列夫斯基和 А. А. 西韦尔斯在撰写人物生平介绍时，并不总是会说明某个十二月党人是哪个秘密社团的成员。显然，这意味着，读者要从他们发表的 А. Д. 博罗夫科夫的《前预谋罪秘密社团成员索引》中获得这些信息。然而，就像我们在编写新手册的过程中发现的那样，《前预谋犯罪秘密社团成员索引》中这方面资料不仅极其不完整，而且往往根本不正确。在十二月党人起义 100 周年之后出现的大量十二月党人研究文献已经有力证明了这一点。关于十二月党人秘密社团的人员构成问题，在 М. В. 涅奇金娜的概括性专著《十二月党人运动》以及她为《十二月党人起义·资料汇编》系列各卷文献所写的"序言"中得到了最充分的研究。最近，列宁格勒研究人员 В. А. 普希金娜出版了一份关于十二月党人组织发展的图表，列出了它们成员的名字。① 虽然这部作品不乏一些事实性错误，但总体而言，它清晰地描述了十二月党人秘密社团的广泛发展及其最初的人员构成情况。不过，应该特别强调的是，确定某个人是否为秘密社团成员是最困难的任务之一。首先，在十二月党人秘密组织的活动中，并不总是一贯遵守所规定的接纳新会员的程序。一个十二月党人只要参加了几次会议，就可以被认为是社团的成员。这些规则的模糊性为各种解释留下了空间。因此，只有十二月党人自己承认他属于秘密社团才能明确解决这个

---

① Пушкина В. А. Схема（и комментарий к ней）развития декабристских и связанных с ними организацией // Общественная мысль в России XIX века. Л. , 1986.

问题。

对于那些在审讯期间能够证明自己与十二月党人运动无关的人员的情况，处理起来要困难得多。这方面最有说服力的例子是 A. C. 格里鲍耶多夫的问题。关于他的思想立场、他与十二月党人运动的关系以及他的秘密社团成员身份的争论在学界已经持续了几十年。A. C. 格里鲍耶多夫本人坚决否认自己属于北方协会，侦讯人员相信了这一点，将其无罪释放。M. B. 涅奇金娜在其两部作品中都对这个问题进行了研究。①

在比较和分析与 A. C. 格里鲍耶多夫参加北方协会有关的一系列供词后，M. B. 涅奇金娜得出结论，A. C. 格里鲍耶多夫被 K. Ф. 雷列耶夫介绍进入北方协会。

让我们简单说明一下 M. B. 涅奇金娜使用的论据。北方杜马两名成员 E. П. 奥勃林斯基和 C. П. 特鲁别茨柯依在受审时供认，K. Ф. 雷列耶夫说，A. C. 格里鲍耶多夫是北方协会成员。K. Ф. 雷列耶夫先是否认 A. C. 格里鲍耶多夫加入协会的事实，但在第二次审讯中他承认，A. C. 格里鲍耶多夫知道这个协会，但"没有完全入会"。冯·德·布里根和 H. H. 奥尔日茨基的供词使 K. Ф. 雷列耶夫的"没有完全入会"的说法的真实性存疑，K. Ф. 雷列耶夫曾向他们通报了 A. C. 格里鲍耶多夫入会的情况，但只字未提他是属于什么特殊的"没有完全入会"的情况。因此，在审讯期间，这两位十二月党人都毫无保留地将 A. C. 格里鲍耶多夫列为社团成员。因此，我们可以认为，关于 A. C. 格里鲍耶多夫"没有完

---

① Нечкина М. В. Следственное дело А. С. Грибоедова. М., 1978；Она же. Грибоедов и декабристы. М., 1977.

全入会"的说法是 К. Ф. 雷列耶夫在受审期间萌生的，是出于对他的才能的爱惜和保护。А. А. 别斯图热夫在审讯中直接说明了这一点（К. Ф. 雷列耶夫"爱惜这样的人才"）。

然而，М. В. 涅奇金娜的论据并没有被所有研究人员接受，许多作品对她的结论提出了异议。① 在这种情况以及其他类似情况下，本手册并没有列出学术讨论参与者的结论，而只是根据手册撰写原则，列出从文献中获得的事实。关于 А. С. 格里鲍耶多夫，本手册中写道："根据一些十二月党人（Е. П. 奥勃林斯基、С. П. 特鲁别茨柯依、К. Ф. 雷列耶夫、冯·德·布里根、Н. Н. 奥尔日茨基）的供词，他是北方协会的成员。他本人坚决否认这一点。"本手册中进一步指出："皇帝命令对他无罪释放，提升一级官职，作为补偿发放一年俸禄。"

本部分的绝大多数新信息属于更准确的说明和补充。这里有一个关于几位十二月党人的例子。А. С. 甘格布洛夫、Н. Н. 德普雷拉多维奇、А. С. 戈罗让斯基、И. Ю. 波利瓦诺夫等，尽管在圣彼得堡生活和活动，但是他们在 1925 年版中被认为是南方协会成员。编者应该向读者说明，他们是如何身在圣彼得堡，没有在南方服役，却能参加南方协会的。

上面列出的几位十二月党人确实是南方协会正式成员。П. И. 佩斯捷利于 1823 年位于圣彼得堡，他希望在首都建立一个南方协会的支部，于是将他们吸纳入社团。然而，无论是 А. С. 戈罗让斯基还是 А. С. 甘格布洛夫，或者是其他近卫重骑兵，都没有

---

① 关于这个问题，Н. К. 比科萨诺夫一直强烈反对 М. В. 涅奇金娜。参见他的作品《〈聪明误〉的创作历史》（Подгот. текста и коммент. А. Л. Гришунина. М., 1971）。

参加南方协会的任何活动，相反，他们积极参加了北方协会的工作。因此，根据最新的研究，① 本手册使用了更符合历史事实的另一种表述："他们是南方协会圣彼得堡支部成员，参加了北方协会的活动。"

我们再列举一个对十二月党人 В. Л. 达维多夫和 Ф. Б. 沃尔夫的生平介绍进行补充的典型例子。正如 М. В. 涅奇金娜在《十二月党人起义·资料汇编》系列文献第12卷侦讯档案的出版"序言"中所表明的那样，这些档案证明，他们还在幸福协会的队伍中就开始了革命活动，在南方协会中只是继续进行革命活动。Б. Л. 莫德扎列夫斯基和 А. А. 西韦尔斯追随 А. Д. 博罗夫科夫，只指出 В. Л. 达维多夫和 Ф. Б. 沃尔夫是南方协会成员。类似的例子还有不少。例如，对于 Ф. Н. 格林卡，以前的版本并没有说明他还是救国协会成员，而对于 И. Н. 戈尔斯特金，并没有说明除了是幸福协会成员，他还是实践协会的成员，实践协会是一个由 И. И. 普辛于1824年在莫斯科成立的秘密组织。1925年版的编者也并不知道，在近卫军海军存在着一个独立的秘密组织。正如列宁格勒研究人员 А. Б. 舍新所指出的那样，这个组织甚至有自己的章程，但没有被侦讯人员发现。自然，本手册中列出了这个组织的所有成员。

4. 逮捕和监禁

人物生平介绍第四部分包含了关于十二月党人被捕、被移交给侦讯委员会以及被囚禁在要塞的信息。对这一部分的所有更正和补

---

① Семенова А. В. Кавалергарды члены тайного общества в день 14 декабря 1825 года // История СССР. 1979. № 1.

充都得益于 Б. C. 普希金的精心工作。① 这位研究者根据十二月党人被捕的专门档案，以及对侦讯委员会公文的全面研究，对这一系列问题的档案材料进行了详尽总结，并在总结中注明了资料来源。因此，编者在这部分中没有指出更正和补充的资料来源，让感兴趣的读者自行去参考 Б. C. 普希金的作品。

5. 判决与随后的生活（对被判有罪的十二月党人，介绍最高刑事法院的判决或者影响十二月党人命运的其他决定、其特征、其在服苦役和流放期间的生活、其被赦免后的生活或 1825 年后的其他生活道路；对没有受到惩罚的十二月党人，介绍其去世和安葬的地点）

在第五部分，情况是同样的，几乎所有人员的生平介绍都被修正和补充。

在 1925 年版中这部分信息最为完整。原因是 Б. Л. 莫德扎列夫斯基和 A. A. 西韦尔斯能够使用自 1826 年以来第三厅对十二月党人生活和行为进行监督的档案这样重要的史料。② 因此，他们能够精确地重建十二月党人在东西伯利亚与西伯利亚各个地区迁移的历史，并确定他们在定居点的工作种类，无论是教育当地居民还是进行耕作、贸易或者包税活动，并确定他们的物质状况等。但 Б. Л. 莫德扎列夫斯基和 A. A. 西韦尔斯在他们编撰的《指南》中对已知的资料只是简短地总结。例如，对于所有被流放服苦役的十二月党人，编者只限于提供简短的信息："进入涅尔琴斯克矿区"并指明日期。今天，在人们不仅对十二月党人的革命活动，而且对

---

① 　Пушкин Б. С. Арест декабристов // Декабристы и их время. М. , 1932. Т. 2.
② 　ГА РФ. Ф. 109. 1эксп. 1826 г. Д. 61. Ч. 1–234.

他们在西伯利亚的生活非常感兴趣的时期，已经不能仅局限于这种简短的阐述。"涅尔琴斯克矿区"这个综合概念本身几乎没有说明十二月党人在西伯利亚广泛区域中服苦役的实际位置。让我们用一个例子来说明这个一般性表述背后的真实情况。

在被判决有罪的十二月党人中，1826 年 6 月被第一批送往西伯利亚的有 E. П. 奥勃林斯基、A. 3. 穆拉维约夫、A. И. 雅库波维奇和 B. Л. 达维多夫。8 月 27 日，他们抵达伊尔库茨克。让我们追溯其中一个人——B. Л. 达维多夫在涅尔琴斯克服苦役的进一步行程。几天后，他被送到亚历山大罗夫工厂，一个多月后，即 10 月 6 日，他被送回伊尔库茨克，10 月 8 日，他从那里被送往布拉戈达特斯基矿。直到 10 月 26 日，B. Л. 达维多夫才到达布拉戈达特斯基矿，在那里度过了近一年的时光。1827 年 9 月 20 日，他和同志们一起被从这个矿区送到赤塔，根据最高当局的命令，所有被流放到西伯利亚服苦役的十二月党人都被集中在那里。B. Л. 达维多夫于 1826 年 6 月在圣彼得堡踏上服苦役这条艰苦沉重的道路，最后，在 1827 年 9 月 29 日到达赤塔监狱后，才停止流放迁徙之路，这在以前的生平介绍中都没有提及。此外，Б. Л. 莫德扎列夫斯基和 A. A. 西韦尔斯仅限于提及到达涅尔琴斯克矿区，没有在任何人物的生平介绍中指出十二月党人住在彼得罗夫工厂。

在本手册中，依照第三厅档案中保存的官方材料，指出了每一位十二月党人在服苦役和流放期间准确位置的信息。

除了监督档案之外，其他一些官方文件也是有关对十二月党人的惩罚措施、他们在西伯利亚停留期间以及他们未来生活的重要资料：第一军和第二军主要营地以及立陶宛独立军团的军事法庭的判决书、西伯利亚政府的报告、履历表、奏章等。根据这些资料进行的补充和修正，主要涉及那些侦讯和审判不是在圣彼得堡进行的十二月党人。在这方面一个典型的例子是对"军人之友"协会成员、立陶宛先锋营行动组织者之一 А. И. 韦格林的生平介绍。例如，通过 Н. К. 奥尔洛娃在俄国国家军事历史档案馆中发现的材料，我们得以对 А. И. 韦格林的信息进行大量补充。侦讯档案资料显示，最初 А. И. 韦格林被军事法庭判处剥夺贵族身份、官阶并处以死刑，后来经核准，死刑被改为服苦役十年。1827 年 5 月 20 日立陶宛军团指挥官奥扎罗夫斯基的报告，使我们得以确定执行判决的地点和日期，而东西伯利亚总督拉文斯基和涅尔琴斯克矿区司令列帕尔斯基的报告，使我们可以确定他出发服苦役的时间以及到达赤塔监狱的日期。这些文件还表明，"军人之友"协会成员是"被押解"徒步前往西伯利亚的；А. И. 韦格林的 1842 年的履历表使我们有可能重建他在高加索地区的服役过程。

人物生平介绍这部分的一个重要补充，是其中加入了十二月党人的"特征"。我们在档案搜索过程中发现，在被送往西伯利亚之前，第三厅根据当时的规定为每个十二月党人制作了文字肖像。第三厅的档案中保存有汇总文件，其中描述了 86 个十二月党人的外貌。① 本手册刊载这些描述，除了纯粹的历史兴趣，重要的是创造一个完整的十二月党人肖像画廊。

在这部分中，引用十二月党人的信件和回忆录主要是为了重建他们在 1856 年大赦后生活的关键节点，当时的官方资料信息变得断断续续且内容贫乏。

---

① ГА РФ. Ф. 109. 1 эксп. 1826 г. Д. 61. Л. 6–74 об.；РГВИА. Ф. 36. Оп. 4/847. Д. 389. Св. 23.

本手册特别注意仔细核对十二月党人安葬地点的信息。问题是，斗转星移，许多坟墓已被毁坏。例如，在 19 世纪末，十二月党人甘格布洛夫的坟墓已经消失。直到 1925 年，经过地方志学家的努力，他的墓碑才被在乌克兰博戈达罗夫卡村重新找到。① 在苏联时期，由于西伯利亚河流上建造了巨大的水坝，一些十二月党人安葬的村庄被洪水淹没。在伊尔库茨克水电站建设期间，A. 3. 穆拉维约夫、A. И. 鲍里索夫和 П. И. 鲍里索夫兄弟生活和去世时所在的大拉兹沃特村和小拉兹沃特村被淹没在伊尔库茨克海底。在村庄被淹没之前，A. 3. 穆拉维约夫的遗骨被转移到伊尔库茨克，安葬在立希金斯基公墓。遗憾的是，鲍里索夫兄弟的坟墓没有被找到。

最后，值得一提的是，本手册中一些地名的拼写变化。Б. Л. 莫德扎列夫斯基和 A. A. 西韦尔斯只是简单地复制了俄国官员赋予乡村的名称，官员们把西伯利亚风格的名称改写成俄国中部风格的名称。其结果是，在 1925 年版本中，乌里克村被称为乌里科夫斯基村、曼祖尔卡被改名为曼祖尔斯科耶、日尔基诺被改名为日尔金斯科耶等。在本手册中，十二月党人居住地的确切名称被完全恢复。

6. 家庭（妻子、子女、兄弟姐妹）

第六部分集中了十二月党人亲属的信息，大约三分之二的人物生平介绍被补充或修正。

包含 1825 年之前十二月党人亲属的完整信息的基础史料，是

---

① Звезда（г. Днепропетровск）. 1926. 11 мая；Пролетарская правда（г. Киев）. 1926. 14 мая.

前文已经提到的侦讯委员会关于国家罪犯的"处境和直系亲属状况"的档案。我们补充 1925 年版中的人物生平介绍的大部分信息正是出自这里。

　　弄清楚有关 1825 年以后十二月党人建立的家庭的问题比较困难。在监督档案中，关于西伯利亚时期十二月党人的妻子和子女的材料极其不完整且零散。可以用来追溯有关真相的基础史料是信件和回忆录。这里举几个例子。如果不是前文提到的十二月党人 Н. Ф. 利索夫斯基写给十二月党人 И. Б. 阿弗拉莫夫的兄弟 А. Б. 阿弗拉莫夫的那封信（由 Е. Е. 雅库什金于 1926 年出版），人们可能还不知道，И. Б. 阿弗拉莫夫在西伯利亚有一个妻子——一个普通的哥萨克女人，还有三个孩子。孩子们在父亲去世后，由父亲的战友 Н. Ф. 利索夫斯基抚养。① 我们从 Н. И. 罗列尔给 М. М. 纳雷什金和冯·德·布里根的信中，才得知关于 Н. И. 罗列尔的妻子、他的孩子和私生子的信息，后者出生在西伯利亚，由他的兄弟 Д. И. 罗列尔抚养。② М. М. 波格丹诺娃的专著对十二月党人在西伯利亚家庭的研究做出了相当大的贡献。③

　　确定十二月党人亲属关系的一个重要史料是有关贵族身份登记的档案。通过申请进入图拉省贵族家谱录的呈文，我们才知道，十二月党人，М. А. 博迪斯科有六个孩子，其中最大的孩子米哈伊尔生于 1849 年，最小的孩子安德烈生于 1863 年。④

---

①　Декабристы на поселении. С. 111–113.

②　Лорер Н. И. Записки декабриста. Иркутск, 1984. С. 353, 355, 362, 365.

③　Богданова М. М. Жены декабристов сибирячки // В сердцах отечества сынов. Иркутск, 1975. С. 242–262.

④　Гос. архив Тульской обл. Ф. 39. Оп. 2. Д. 265. Л. 25–27 об. (сообщено В. И. Крутиковым).

7. 指明审讯档案存放地或发表情况，以及监督档案的存放地

本部分所做的更正和补充，反映了过去几十年来十二月党人侦讯档案的出版情况。因此，在本手册的许多人物生平介绍中，不是如 1925 年版那样标出侦讯档案的档案代码，而是标出《十二月党人起义·资料汇编》系列文献的卷数与页数。本手册中列出的档案代码也根据其现在的形式标注。

对于没有建立单独侦讯档案的十二月党人，在生平介绍中指出了提及他们的侦讯委员会档案。

最后，应该指出的是，所有生平介绍中援引的所谓监督档案，在内容完整性和信息价值上有很大的不同：其中一些包含了有关 1825 年后相应人员生活的完整而丰富的文献资料，而另一些只是对此简要介绍。

* * *

最后，让我们用若干例子来阐述本手册中向读者提供"新发现的"十二月党人名单部分的撰写原则。通过伏尔加格勒研究人员 С. Л. 穆欣娜的努力，幸福协会成员 С. Д. 涅恰耶夫的名字进入了对十二月党人的研究中。[①] 在侦讯期间，没有一个十二月党人把他列入秘密社团成员。然而，我们还是发现他参与了十二月党人运动。事实是，在侦讯工作接近尾声时，政府要求所有在职官员提供未参加秘密社团的保证书。图拉中学高级教师、八等文官 Д. И. 阿利比茨基也提交了类似的保证书。Д. И. 阿利比茨基在其中坦率地

---

① Мухина С. Л. Безвестные декабристы (П. Д. Черевин, С. Д. Нечаев) // Исторические записки. М., 1975. Т. 96.

承认，1819 年他属于幸福协会，被 С. Д. 涅恰耶夫介绍入会："我在此声明，我曾短暂地参与过幸福协会，在当时的图拉中学校长、九等文官 С. Д. 涅恰耶夫的介绍下，我于 1819 年初成为协会成员。"从第三厅档案中发现的莫斯科宪兵团第二区区长 А. А. 沃尔科夫的密报（他受 А. Х. 本肯道夫之托收集有关 С. Д. 涅恰耶夫的"全部资料"）来看，除了 Д. И. 阿利比茨基，С. Д. 涅恰耶夫还试图吸收图拉省邮政局局长巴巴耶夫加入秘密社团。即使是这些极少的信息也能让人了解，С. Д. 涅恰耶夫在图拉开展了积极活动，为社团招募新成员。

将波尔塔瓦军团军官 С. П. 特鲁索夫和 Е. Н. 托洛茨基列入联合斯拉夫人协会成员名单的依据，是著名的 И. И. 戈尔巴乔夫的《报告》。其中明确指出，С. П. 特鲁索夫和 Е. Н. 托洛茨基是被 Я. А. 德拉戈马诺夫介绍进入社团的，但因为军团很快转移到波布鲁伊斯克要塞，他们没能积极参加社团活动。1826 年初，他们在那里得知切尔尼戈夫军团起义，并试图组织士兵行动来支援起义。这一尝试以失败告终，С. П. 特鲁索夫和 Е. Н. 托洛茨基被逮捕，由军事法庭审判，并被判处死刑，经核准后改为服永久苦役。[1]

一些人在十二月党人的供词中被提到是秘密社团成员，但是这并没有引起侦讯人员的注意，他们也没有在 А. Д. 博罗夫科夫的《前预谋犯罪秘密社团成员索引》中被提及。例如，Н. В. 巴萨尔金提到的 В. Х. 赫利斯季阿尼。[2] 本手册的这一部分也包括关于他们的生平介绍。

---

① Горбачевский И. И. Записки, письма. М., 1963.
② Восстание декабристов. Т. XII. С. 284.

在十二月党人的研究著作中，有可能找到其他一些人也属于十二月党人的说法。然而，只要这种说法没有详细和全面的分析支持，相信它们就为时过早。因而本手册中没有包含这些人的名字，例如，被 A. A. 布雷格曼和 E. П. 费多塞耶夫指出是幸福协会成员的第 32 轻骑兵团军官克雷若夫和塔乌舍夫①——在我们看来，他们公布的资料不能证明这一点。

《十二月党人传略》出版的科学辅助工作由 C. B. 米罗年科和 Л. C. 诺沃谢洛娃-秋尔西娜完成。

参与《十二月党人传略》中人物生平介绍撰写工作的有：历史学副博士 C. B. 日托米尔斯卡娅（救国协会成员）、俄国国家军事历史档案馆高级研究员、历史学副博士 H. K. 奥尔洛娃（"军人之友"协会成员和立陶宛先锋营行动参与者）、历史学副博士 C. B. 杜明（整理俄罗斯联邦国家档案馆部分档案材料，撰写关于波兰秘密社团活动家 K. 克尼亚热维奇、C. 克里扎诺夫斯基、П. И. 莫辛斯基、Г. 奥利扎尔、A. 霍德科维奇、A. 雅布洛诺夫斯基，以及 A. A. 克留科夫和 H. A. 克留科夫、A. H. 穆拉维约夫、A. M. 伊思列尼耶夫、A. A. 拉钦斯基、Ю. K. 留布林斯基的生平介绍）。

约有 100 人回应了 M. B. 涅奇金娜院士在刊物上的呼吁，并为新的《十二月党人传略》寄来了他们自己的材料和建议。在手册编写过程中使用了下列人员提供的信息：Г. П. 阿加波夫（第聂伯罗彼得罗夫斯克）、Г. A. 博罗津（舒雅）、C. M. 博尔舍夫斯卡娅（克拉斯诺亚尔斯克边疆区索斯诺沃博尔斯克）、A. П. 布兰诺夫

---

① Раевский В. Ф. Материалы о жизни и революционной деятельности. Т. 1. Материалы о революционной деятельности и судебном процессе. Иркутск, 1980. C. 15, 381.

（安加尔斯克）、Б. М. 维滕贝格（列宁格勒）、А. А. 格里戈罗夫（科斯特罗马）、И. Е. 多姆布罗夫斯基（莫斯科）、Б. И. 埃罗普金（列宁格勒）、Н. В. 杰夫曼（莫斯科）、Г. П. 伊格纳季耶娃（列宁格勒）、В. А. 卡扎奇科夫（莫斯科）、Б. Н. 卡尔索诺夫（库尔干）、Р. А. 基列耶娃（莫斯科）、М. С. 康欣（弗拉基米尔）、Н. С. 科尔季科夫（顿河畔罗斯托夫）、В. И. 克鲁季科夫（图拉）、Г. А. 库金诺夫（莫斯科），库尔甘诺夫（苏兹达尔）、Н. Е. 拉列金娜（克拉斯诺亚尔斯克）、Я. 列昂季耶夫（莫斯科）、Г. Г. 利西辛纳（列宁格勒）、Л. С. 玛戈妮娜（马加丹）、Л. Е. 玛伊斯特洛夫（莫斯科）、Н. П. 马特哈诺娃（新西伯利亚）、М. С. 米哈伊洛娃（高尔基）、Г. М. 莫罗佐娃（卡卢加）、Е. П. 慕斯季斯拉夫斯卡（莫斯科）、А. К. 纳雷什金（莫斯科）、Г. А. 涅维列夫（列宁格勒）、Т. Ю. 尼基季纳（列宁格勒）、О. В. 波波夫（莫斯科）、Д. В. 拉茨（莫斯科）、Г. Е. 萨莫伊洛夫（莫斯科）、А. В. 塞梅诺娃（莫斯科）、З. Ю. 斯滕格林（莫斯科）、О. С. 塔尔斯卡娅（巴尔瑙尔）、Э. Э. 蒂托夫（马加丹）、З. Ю. 蒂汉托夫斯卡娅（列宁格勒）、Г. Г. 弗鲁缅科夫（阿尔汉格尔斯克）、Ю. И. 切尔诺夫（莫斯科）、В. А. 奇维利欣（莫斯科）、А. Б. 谢欣（列宁格勒）、В. Ф. 舒宾（列宁格勒）。

　　为本手册撰写和查找资料提供了重要帮助的有：А. А. 西韦尔斯的女儿 Т. А. 阿克萨科娃和继女 О. Б. 布雷迪希纳、К. П. 鲍加耶夫斯卡娅、О. В. 雷科娃、С. А. 雅尼娜、苏联十月革命中央国家档案馆经理处及其工作人员（现为俄罗斯联邦国家档案馆；档案馆馆长 Б. И. 卡普特洛夫以及 З. И. 佩列古多娃、Л. И. 丘丘尼克、Н. Е. 阿库尔基纳等），以及苏联科学院（现为俄罗斯科学院）俄国文学研究院的工作人员 C. C. 格列奇什金、Г. Г. 波利亚科娃、В. П. 斯捷潘诺夫。

苏联科学院斯拉夫学与巴尔干学研究所（现为俄罗斯科学院斯拉夫学研究所）的工作人员、历史学博士 В. А. 迪亚科夫和 Л. П. 彼得罗夫斯基承担了阅读手册的手稿并做出评语的任务，他们提出了宝贵的建议、意见和补充。

苏联科学院苏联历史研究所（现为俄罗斯科学院俄罗斯历史研究所）针对本手册开展集体讨论，专家广泛参与讨论，极大地促进了本手册的编写工作。

对于所有为《十二月党人传略》的出版做出贡献的人，我致以深深的感谢。

1817年"莫斯科密谋"与十二月党人意识形态形成[①]

十二月党人首个秘密社团"救国协会"于 1817 年秋天在莫斯科召开的会议，后来被称为"莫斯科密谋"，不止一次成为被详尽研究的对象[②]。这一点并不奇怪。要知道恰恰是这次先在 А. Н. 穆拉维约夫的房间，随后在 М. А. 冯维津的房间召开的会议中，最先提出了关于在俄国改革实践道路的步骤问题，萌发了将刺杀沙皇作为推翻专制制度和消灭农奴制的必要条件的思想。自然，学术界极为精心地复原了这些事件的实际情形，还原了引发暗杀亚历山大一世提议的情境。

---

① Революционеры и либералы России. М. : Наука, 1990. С. 239–250.
② М. В. 涅奇金娜在其专著《十二月党人运动》中最为详尽地探讨了这个问题（М., 1955. Т. 1. С. 175–179）。

但是，吸引研究人员主要目光的不是"莫斯科密谋"的具体原因，这一点人们似乎早已炳若观火。人们主要研究的是暗杀沙皇的意图及其在十二月党人意识形态发展过程中的意义。然而，是什么引发秘密社团成员在 1817 年秋展开热烈讨论，这个问题仍然存在疑团。深入研究这个问题不仅可以提供新的事实材料，而且可以对十二月党人意识形态形成过程有更为准确的理解。

为了更清晰地认识问题的实质，有必要先概述文献中所厘清的"莫斯科密谋"以前的历史事件。亚历山大一世和他的侍从武官、救国协会成员 П. П. 洛普欣公爵，即帝国第一高官国务会议主席和大臣委员会主席 П. B. 洛普欣公爵之子的谈话，成为事件的起因。沙皇在这次谈话中所表达的想法是如此不同凡响，以致 П. П. 洛普欣立即把沙皇的想法告知了 C. П. 特鲁别茨柯依，后者同样认为有必要把亚历山大一世的想法写信告诉当时在莫斯科的近卫军中自己的战友。来自 C. П. 特鲁别茨柯依的消息，也成为这次"密谋"形成的动因。遗憾的是，C. П. 特鲁别茨柯依的信件没能被保存下来，其内容只能根据十二月党人在接受审讯时的供词以及他们的回忆录来判断。

亚历山大一世对 П. П. 洛普欣说了些什么？根据较通行的说法，沙皇向 П. П. 洛普欣说他打算把乌克兰和白俄罗斯的部分土地并入波兰，恢复波兰 1772 年的边界。这些计划侮辱了十二月党人的爱国主义情感，他们本就一直指责皇帝完全无视国家利益，这一事件使他们对皇帝的愤怒爆发。

有关亚历山大一世与 П. П. 洛普欣的谈话以及 C. П. 特鲁别茨柯依信件内容的这种说法，"莫斯科阴谋"最活跃的参与者之一 И. Д. 雅库什金表述得最为清楚。他在被捕后 1826 年 1 月 9 日接受第一次讯问时向 B. B. 列瓦绍夫将军供认："在 1817 年，许多成员收到了消息，波兰省份将被并入波兰王国。除了这一点之外，他们还相信，国家不能有比在亚历山大一世统治下更为糟糕的局面了，这些促使我决定暗杀他。"①

И. Д. 雅库什金在 1826 年 2 月 13 日发给侦讯委员会的问询清单的回复中，更详细地阐述了他对 С. П. 特鲁别茨柯依信件内容的回忆。他首先说明，尽管他已尽力而为，仍不能准确地记得信件的内容。И. Д. 雅库什金写道："总之，如果我没有记错的话，信件中包括这样的信息，似乎先帝要赐予波兰宪法，建立独立的立陶宛军团，把波兰-俄罗斯省份并入波兰王国，努力以此赢得波兰人民对自己的感情，以便在俄国建立军屯出现反抗压迫等危急情况时，使他们成为自己可靠的支柱，等等。"И. Д. 雅库什金总结道："我写下了我所记得的上述信件的内容，我，也可能记错了。"②

显然，正是对 С. П. 特鲁别茨柯依信件内容的这种记忆，深深留在了 И. Д. 雅库什金的脑海里，30 年之后，他在自己的回忆录中重复了这些内容，只是补充了一些细节："А. Н. 穆拉维约夫给我们读了刚刚收到的 С. П. 特鲁别茨柯依的来信，信中告知我们所有人关于圣彼得堡的传言：第一，国王钟情波兰，这一点众所周知……第二，他敌视俄国，这一点从 1815 年之后他在俄国的所有作为中可以看出；第三，他打算使一些土地脱离俄国，将其并入波兰，而这一点有可能发生；第四，他敌视和鄙视俄国，拟将自己的首都迁到华沙。"③

---

① Восстание декабристов. Т. Ⅲ. С. 42.

② Восстание декабристов. Т. Ⅲ. С. 52.

③ Якушкин И. Д. Записки, статьи, письма. М., 1951. С. 16–17.

“莫斯科密谋”的其他参与者在受审期间，对这一事件的起因的供认与此类似。① 例如，对于“什么原因使你们产生这种可怕的想法”这样直白的问题，М. А. 冯维津回答说，这是因为从 С. П. 特鲁别茨柯依那里听到消息，“似乎要将我们的波兰省份让给波兰王国”②。

史学界在阐明“莫斯科密谋”的产生和直接原因时，通常引用这些资料。但是，这些资料并不是事件参与者供词的全部。

我们首先要指出，不可思议的是，事件主角之一 С. П. 特鲁别茨柯依的回忆录未在研究者的关注视野之内。在很多年以后写的回忆录中，他专门描述了这一事件，相当详细地转达了他当时所知的亚历山大一世与 П. П. 洛普欣公爵的谈话内容。С. П. 特鲁别茨柯依回忆说：“自圣彼得堡临行前一刻，君主告诉他（П. П. 洛普欣公爵——作者注），自己一直希望解放农民，把农民从对地主的依附状态中解放出来，针对公爵所说的执行困境，以及将要遇到贵族的对抗，君主说：‘如果贵族起来反对，那么我就带自己的全家到华沙去，在那里颁布法令。’”С. П. 特鲁别茨柯依继续道：“当这些话传到当时在莫斯科的一些社团成员那里时，他们的第一反应是，这样的行动将使俄国陷入骇人听闻的无政府状态，一位成员非常震惊地表示，如果君主使自己成为国家的这种敌人，那么他认为自己有勇气义无反顾，奋不顾身。”③С. П. 特鲁别茨柯依本人的证

---

① Восстание декабристов. Т. Ⅲ. С. 19; Т. Ⅳ. С. 277.

② Там же. Т. Ⅲ. С. 73.

③ Трубецкой С. П. Записки // Трубецкой С. П. Материалы о жизни и революционной деятельности. Серия «Полярная звезда». Документы и материалы. Иркутск, 1983. Т. 1. С. 223.

明应该被看成权威的：因为十二月党人恰恰是从他那里了解到亚历山大一世的计划。但是，如上所述，С. П. 特鲁别茨柯依的信件本身没有被保留下来，而一些十二月党人并不是这样转述他信件的内容。因此，对 С. П. 特鲁别茨柯依回忆的可靠性需要进一步研究。

仔细研究侦讯材料表明，还是在侦讯委员会工作期间，一些人的供词中有关沙皇与 П. П. 洛普欣公爵谈话内容的阐述，就与 С. П. 特鲁别茨柯依的回忆吻合。我们对此稍做详细分析。1826 年 1 月 8 日，Н. М. 穆拉维约夫向侦查员提交了《社团进程历史评论》。侦讯委员会最初恰恰是从这份文件中获得了关于 1817 年秋季救国协会事件的详细信息。Н. М. 穆拉维约夫写道："当时，С. П. 特鲁别茨柯依公爵从圣彼得堡给 И. Д. 雅库什金发来一封信，在信中通知他，君主决定使波兰省份脱离俄国，知道这种举动在执行时必然将遇到对抗，于是将带全家去华沙，在那里颁布关于农奴和农民自由的诏书。届时人民将拿起武器反抗贵族，在这种普遍的暴动时期波兰省份将会被并入新的王国。"①

侦讯工作中出现了极其微妙的局面。Н. М. 穆拉维约夫的供词直接证明，十二月党人决定杀死亚历山大一世的主要原因，不仅是爱国情怀被侮辱，同时也是想防止血腥内乱，如果沙皇因为贵族的抵抗被迫离开前往华沙，在那里颁布解放农民的诏书，那么非常有可能爆发这样的血腥内乱。侦讯委员会接下来的动作表明，Н. М. 穆拉维约夫提到亚历山大一世这样的意图，触及了最高统治者十分纠结的问题。这份《社团进程历史评论》在侦讯委员会

---

① Восстание декабристов. Т. I. С. 306.

1826 年 1 月 9 日会议上被宣读，① 1 月 10 日，就围绕"莫斯科密谋"对 С. П. 特鲁别茨柯依进行了专门审讯。审讯结束之后，发给他一份根据《社团进程历史评论》编写的问询清单，其中写道，"有人直接指证，你在 1817 年，在皇室位于莫斯科期间，从圣彼得堡给在莫斯科的谢苗诺夫军团近卫军供职的 И. Д. 雅库什金写信，说先皇当时打算把俄罗斯-波兰省份并入波兰王国"。侦讯委员会要求С. П. 特鲁别茨柯依给出"明确的供词"，他从谁那里知道了这些计划，为什么把这些计划通知给莫斯科，秘密社团曾经决定做些什么，哪些人参加了秘密社团的会议，等等。

引人注目的一点是，按照通常的做法，某份供词在被作为审讯的理由时，会在问询清单中完整地复述出来，这次则与常规程序不同，问询清单中提到的供词被有意简化。侦讯人员显然不想告诉 С. П. 特鲁别茨柯依 Н. М. 穆拉维约夫的说法，即亚历山大一世准备以何种方式实现他的愿望。然而，侦讯委员会恰恰是试图向 С. П. 特鲁别茨柯依核实 Н. М. 穆拉维约夫这份供词的真实性，问询清单中极端谨慎地对问题进行了字斟句酌的推敲："在这封信里是否还提及了他所臆想的皇帝的其他意图，以及实现上述并入计划的措施？"显然，"臆想的"一词是后来被加入这个问题的表述之中的。问询清单的作者显然明白原来的措辞中没有这个限定语，就意味着间接承认了先帝意图的真实性，于是赶忙纠正了自己的疏忽。

С. П. 特鲁别茨柯依承认，这封信中确实提到亚历山大一世欲将俄国西部地区并入波兰王国的计划，他说，他"所写的这些"是从

_____

① Восстание декабристов. Т. XVI. С. 53.

П. П. 洛普欣那里听到的，并证实了一些其他情况。但对侦讯人员最感兴趣的问题，即使用委婉措辞提出的问题，他则支吾地回答说："我确实记不得了，我是否提到了我所臆想出来的君主某些其他意图。"①

С. П. 特鲁别茨柯依模棱两可的回复不能让侦查员满意，或许，也不能让尼古拉一世满意，众所周知，他不仅密切关注十二月党人的供词，而且指挥着侦讯委员会的活动。1 月 11 日发给 С. П. 特鲁别茨柯依一份新的问询清单，要求这名十二月党人对 1 月 10 日 "不确定" 的回答做出 "补充解释"："您在 1817 年 9 月或 10 月写给 И. Д. 雅库什金（用您的话讲是写给 С. И. 穆拉维约夫-阿波斯托波）的信中，还提到了先帝的什么意图？"意识到这一次仅仅要求做出 "补充解释" 将是徒劳无益的，侦讯人员不得不在问询清单中明确阐述了他们想得到 С. П. 特鲁别茨柯依肯定或者是否定答复的那种说法。问询清单中写道："委员会了解，您写道：君主知道把俄罗斯-波兰省份并入波兰王国会引起贵族的不满，于是决定与整个皇室家庭一起去华沙去，并在那里颁布如上所说的并入计划，以在出现贵族反对的情况下，用自己臆造的被迫离开俄国的说法，激起农民对地主的反抗，以此迫使贵族同意将波兰省份脱离俄国。"②

乍一看来，侦查人员对问题的这种措辞似乎只是转述了 Н. М. 穆拉维约夫的供词。在供词和问询清单中都提到了亚历山大一世意图扩大波兰王国的边界，在这两处，都把可能由沙皇倡议引发的农民起义作为实现这个意图最为极端的、孤注一掷的手段。但是，仔细阅读这两处的

---

① Восстание декабристов. Т. I. С. 48—49.
② Там же. С. 51.

文本，会发现两者之间存在惊人的矛盾之处。H. M. 穆拉维约夫指出，亚历山大一世似乎想用"关于农奴和农民自由"的诏书来引发反抗贵族的武装斗争，而侦讯委员会指出的是，因为贵族对抗沙皇的亲波兰计划，沙皇被迫离开祖国，以此来引发农民的起义。

最为令人诧异的是，侦讯委员会对问询清单中这种说法一无所知。为确定委员会获得这种说法的信息来源，我们精心研究了十二月党人的审讯档案以及其他材料，但与之相关的任何努力，都没有取得积极的成果。侦讯委员会没有掌握任何书面证据，可以证明在未能保留下来的 C. П. 特鲁别茨柯依的信件中，他通知了同伴们亚历山大一世意图"以臆造的被迫"前往波兰，从而引发农民起义达到自己的目的。这时侦讯委员会掌握的只有 H. M. 穆拉维约夫的《社团进程历史评论》。

我们只能猜测，是谁，出于什么样的目的，才推出了如此不寻常的一种说法。或许这是某个十二月党人在委员会的口头审讯时的供词，但在书面回答中没有重复口头供词。或许这是某个侦讯委员会成员，甚至是尼古拉一世本人提出的，要知道，他对于亚历山大一世关于西部省份的设想及着手解决农民问题的意图，可能比十二月党人知道得更多。

无论如何，当 C. П. 特鲁别茨柯依收到包含如此偏离事实真相的问题时，他坚决地回答："不，无论是在这封信中，还是在其他时间写的任何信件中，我从来没有写过，皇帝想和整个皇室一起去华沙，以便在贵族出现对抗行动时，以自己臆造的被迫离开俄国来激怒农民反抗地主，并以此强迫地主同意波兰省份脱离俄国。"[1]

---

[1]　Восстание декабристов. Т. I. С. 51–52.

现在，让我们转向 П. П. 洛普欣公爵本人的供词。他没有留下回忆录，但在 С. П. 特鲁别茨柯依的供词为侦讯委员会所知之后，他在 1826 年 1 月接受审讯时的供词被保留下来。这个供词记录是由尼古拉一世指派审讯公爵的 В. В. 列瓦绍夫将军所做的。下文引用与我们研究问题直接有关的全部记录。这位十二月党人指出："在社团成员的会议上，我从来没有提到过有关波兰省份要从俄国分离出去的传闻，但有一天我对 С. П. 特鲁别茨柯依说，我对立陶宛军队与俄国军队脱离，以及在任命这些省份的官员时只启用当地人感到奇怪，这些事件在公众中还少有人知晓，我在猜测原因时，认为可能是要把波兰省份并入波兰王国。而他从我的这些话中得到了什么结论，他着手做了哪些事，我都不知道。"①

只要浏览一下这些供词，就一目了然，П. П. 洛普欣的话是多么言不由衷并且小心谨慎。即使不了解事情的状况，仅是阅读这些文字，读者也可能会联想到，П. П. 洛普欣与 С. П. 特鲁别茨柯依交谈时，不可能只是由于对政府的一些指令感到奇怪，并且试图用"可能是要把波兰省份并入波兰王国"来进行解释，而是实实在在转述了自己与沙皇的谈话。显而易见，П. П. 洛普欣想尽可能减少向 В. В. 列瓦绍夫交代的内容，以扭转案件局势，使自己不会因为泄露明显属于机密的与沙皇谈话的内容而受到指责。这也合乎情理，毕竟从侦讯一开始 П. П. 洛普欣就选择了这样的行为路线。起初，他甚至否认自己属于秘密社团。П. П. 洛普欣向沙皇陛下本

① ГА РФ. Ф. 48. Оп. 1. Д. 235. Л. 1 об. — 2.

人声明这一点，对直接的指控予以坚定的否认。① 后来，当面对明显事实无法抵赖时，П. П. 洛普欣才无奈地承认，他写道，他参加秘密社团的活动，只是因为与 H. M. 穆拉维约夫相识，并与他交流一些"过于自由的想法"。最后，当侦讯委员会掌握了他在秘密社团五年间活动的详细证据之时，他才被迫在很多事情上向 B. B. 列瓦绍夫坦白交代。当然，他只在许多事情上坦白，绝对不是在所有事情上坦白。他的这种战术与绝大多数十二月党人别无二致：可以讲述，但讲述的内容要尽量避免超出所提问题的范围。因为 B. B. 列瓦绍夫只问了他关于西部省份脱离俄国的事，П. П. 洛普欣自然会对亚历山大一世关于农民事务的意图避而不谈。②

接下来，侦讯委员会对"莫斯科密谋"的琐碎细节进行详细且深入的调查，审讯这次密谋的参加者，多次让他们当面对质，侦讯行动再也没有指向引发这次密谋的原因，而将重点集中在揭露所有参与者上，尤其是要找出自荐去刺杀沙皇的人的名单。

很久以后，侦讯人员才重新回到"莫斯科密谋"的原因这个问题上来。1826 年 4 月，П. И. 佩斯捷利有一天被问及这个问题。众所周知，他没有参加 1817 年秋天秘密社团的会议，在给他的问询清单中写道："С. П. 特鲁别茨柯依公爵的信件成为这个阴谋的借口，他以及其他人供认，他向莫斯科的成员提供了关于波兰省份要

---

① П. П. 洛普欣在自己给侦讯委员会的信中写道："当陛下屈尊询问我，我是否属于任何一个秘密社团时，我会回答'没有'，因为我对此问心无愧。"（Там же. Л. 4. Подлинник на франц, яз. ）

② 在关于 1826 年 1 月 11 日委员会会议的奏章中只提出，С. П. 特鲁别茨柯依从 П. П. 洛普欣公爵那里听说，"波兰各省要从俄国分离出去"。正是因为这些话，尼古拉一世下达了旨意："由 B. B. 列瓦绍夫将军进行问询。"（Восстание декабристов. Т. XVI. С. 239）

从俄国分离、使农民摆脱束缚获得自由的虚假信息。"必须指出，这种措辞并不确切，因为如上所述，C. П. 特鲁别茨柯依的供词中对有关给予农民自由的事只字未提。① П. И. 佩斯捷利回答说，他从来没有从任何人那里听说过，波兰省份将从俄国分离，他驳斥了取消农奴制的传言可能导致了这场密谋的推论，因为"使农民从农奴状态下解放出来是社团的宗旨之一"，并解释说，他从当时在莫斯科的成员，包括从 H. M. 穆拉维约夫那里听到的关于这一阴谋的原因，是所收到的"关于诺夫哥罗德军屯事件"的消息。П. И. 佩斯捷利在结尾处强调："我自己不在莫斯科，我说的一切，都是我道听途说的。"②

这样，在 П. И. 佩斯捷利的供词中提到了刺杀沙皇的新动机，即此事与波兰问题没有任何联系。П. И. 佩斯捷利这一信息很可能来源于莫斯科会议的参加者 M. И. 穆拉维约夫-阿波斯托尔。他在侦讯中供认："A. H. 穆拉维约夫建议利用诺夫哥罗德反对军屯暴动的时机。"③ 我们不去详细追求为什么 M. И. 穆拉维约夫-阿波

---

① 神奇的是，侦讯委员会如此确信，恰恰是 C. П. 特鲁别茨柯依，而不是 H. M. 穆拉维约夫，在供词中提到亚历山大一世将颁布自由农民诏书的计划。在十二月党人关于 П. П. 洛普欣的供词汇编中，再次体现了这一点，按照规定程序，在案件侦查完成时要撰写这样的汇编。这里提到 C. П. 特鲁别茨柯依的供词时说："他还说，自己在 1817 年给莫斯科的 A. H. 穆拉维约夫写信……信件中他提到 П. П. 洛普欣公爵的话，似乎白俄罗斯省份要返还给波兰，君主和整个皇室要动身到华沙，从那里宣布给予农民自由，由此会爆发农民反对自己主人的起义，后者将会灭亡。"(ΓA РФ. Ф. 48. Оп. 1. Д. 235. Л. 6) 耐人寻味的是，汇编中摘录的十二月党人关于 П. П. 洛普欣的所有供词都指明了来源侦讯案卷及页码出处，只有 C. H. 特鲁别茨柯依的这份供词除外。

② Восстание декабристов. T. IV. C. 140, 154.

③ Там же. T. IX. C. 252.

斯托尔所记住的是这样一种动机，我们只是指出，重新回到这个问题时，侦讯委员会仍然相当模糊地转达了其所掌握的信息。

因此，尽管 C. П. 特鲁别茨柯依当时在自己的供词中逃避了他后来在回忆录中清晰阐明的事件，但是侦讯资料已包含对他后来在回忆录中阐述的说法的一个确凿证明——H. M. 穆拉维约夫的《社团进程历史评论》。H. M. 穆拉维约夫并非受到 C. П. 特鲁别茨柯依的影响，在后者的回忆录出现前很多年，他就已经指出，1817年秋天，亚历山大一世曾有意向颁布"关于农奴和农民自由"的诏书。H. M. 穆拉维约夫认为这个意向是沙皇在实现他亲波兰计划方面迈出的策略步伐。相反，C. П. 特鲁别茨柯依在他的回忆录中，则把这个意向看成亚历山大一世完全独立的一个计划，对波兰事务并未提及丝毫。这种避而不提乍看起来令人茫然不解，然而，仔细看看 C. П. 特鲁别茨柯依回忆录的文本，这个困惑就会迎刃而解。C. П. 特鲁别茨柯依把有关沙皇与 П. П. 洛普欣的谈话，放置在他对其所知的亚历山大一世在农民问题上的行动进行整体研究的背景之下。显然，C. П. 特鲁别茨柯依认为沙皇根本未把解放农民问题与将西部省份并入波兰一事联系在一起，他当时只是论述第一个问题，根本没有涉及第二个问题。

最后我们需要补充一点，我们还找到一个充分的证据，可以证明 C. П. 特鲁别茨柯依回忆的可靠性。H. K. 希利杰尔档案中一些文件包含对 E. И. 雅库什金讲述的记录。这些记录是这位历史学家1897年在雅罗斯拉夫尔所做的。他是十二月党人 И. Д. 雅库什金之子，以坚持研究俄国秘密社团的历史而闻名。很多十二月党人回忆录，包括他父亲回忆录的出现应该归功于他的倡议。E. И. 雅库什金本人也是知识渊博。虽然暮年时期他已经记不清楚许多事件发生的日期，但对事情的实质他却依然朗若列眉。在 H. K. 希利杰尔所记录的 E. И. 雅库什金的讲述中，他概括总结了许多从十二月党人那里搜集到的信息。下面是他关于我们所研究的这起事件的说法："1819 年，И. Д. 雅库什金自告奋勇去暗杀沙皇。当时有传言说，亚历山大一世将要远去华沙，从那里颁布关于'改革'的诏书。十二月党人深信，'在这之后将出现对地主的普遍屠杀'。为了避免这种情况，他们决定杀死亚历山大一世。'他（亚历山大一世）要是在俄国永远也不敢颁布这样的诏书。'"①

事件是如何进一步发展的？当时聚集在 A. H. 穆拉维约夫房间的秘密社团成员一致通过了暗杀似乎是背叛了国家利益的沙皇的决定，但这个决定又迅速被放弃，正如这个决定出现的那样迅速且意外。第二天，聚集到 M. A. 冯维津家中的十二月党人的讨论"与昨天的论调已经完全相反"②。所有的人都异口同声地劝说 И. Д. 雅库什金放弃暗杀亚历山大一世的想法。生病的 C. И. 穆拉维约夫-阿波斯托波委托兄弟 M. И. 穆拉维约夫-阿波斯托波带来一封信，如他在审讯中所供认的，他"在信中提出停止计划的行动，证明达成目标的资金不足"③。

亚历山大一世的政治宣言所引发的"莫斯科密谋"是当时社会斗争中的一个关键时刻。这个密谋对亚历山大一世而言并非秘密。④ 对这个在志同道合者的狭小圈子中提出后又被搁浅的暗杀沙

---

① OP PHБ. Ф. 859（H. K. Шильдера）. K. 38. № 15. Л. 16.
② Якушкин И. Д. Указ. соч. C. 18.
③ Восстание декабристов. T. IV. C. 256.
④ См. Об этом: Мироненко C. В. Самодержавие и реформы. Политическая борьба в России в начале XIX в. M., Л., 1946. C. 41.

皇的想法，亚历山大一世在下一年即 1818 年初即已经知晓。可以证明这一点的是他的兄弟、未来的沙皇尼古拉一世的权威证明。19 世纪 40 年代末尼古拉一世在阅读 M. A. 科尔夫关于 1825 年 11~12 月事件书籍的手稿时，在空白处做了一些批注，对书中关于事件的一些描述做了说明，包括亚历山大一世何时知道秘密社团存在的问题。尼古拉一世写道："通过一些证据，我推测，1818 年在莫斯科主显节之后，沙皇就知道了 Н. Д. 雅库什金谋杀沙皇的意图和号召。"①

很难判断，亚历山大一世在多大程度上清楚"莫斯科密谋"的曲折情节。但是，显然他清楚贵族们的怨声载道，以致在 1817 年，与 1801 年一样，再次出现了以暴力消灭沙皇的想法。这不能不影响到他的政策。

在秘密社团的生活中，"莫斯科密谋"成了一个重要的里程碑。暗杀沙皇的想法似乎从天而至，又转瞬即逝，以及意识到人数不多的、封闭的秘密组织"资金不足"——所有这一切促使社团成员明白必须对救国协会的基础进行改革，要扩展协会的基础，逐渐赢得社会舆论，制定更为全面的新纲领。但另外一点也很重要。在 1817 年秋季事件中，我们看到救国协会成员实质上第一次对血腥农民起义、对人民参与决定自己的命运所表达出的明确态度。尽管十二月党人共同坚定地反对农奴制，但这种废除农奴制的方法对他们来说是坚决不能接受的。

---

① Междуцарствие 1825 года и восстание декабристов в переписке и мемуарах членов царской семьи. М., Л., 1946. С. 41.

П. И. 佩斯捷利与《俄罗斯法典》创作①

19 世纪前二十五年是俄国历史上的一个特殊时期。正是在那个时期，政府和社会中都出现了一种信念，而且这种信念逐渐增强，那就是不仅需要改革现有制度，而且需要从根本上改变它。当然，这反映了当时世界的整体进程。在政治和经济思想方面，在欧洲和美国占主导并被普遍接受的观点是自由劳动比强制劳动更有优势，立宪制政府比君主制政府更有优势。当时所说的"时代精神"传到了俄国，促使俄国社会先进分子谴责奴隶制和专制主义，向往着把农民从农奴制中解放出来，用君主立宪制或共和国来取代专制制度。十二月党人 П. И. 佩斯捷利在描述当时的社会状况时，认为 19 世纪的"显著特征"是"以革命思想为标志。从欧洲的一端到另一端，从葡萄牙到俄国的所有国家，甚至是英国和土耳其这两个对立的国家，到处看到的都是同样的现象，甚至是整个美国都呈现同样的景象"。

政府和社会都试图改变现状。但他们走向了不同的道路。政府准备改革，制定宪政草案和解放农民计划；社会支持和推动政府的改革抱负，并对其施加压力，然后，当政府放弃改革方针，明显转向右倾时，社会制定了自己的改革方案，团结反政府力量，与政府斗争，最终于 1825 年 12 月在帝国首都圣彼得堡发动起义，以及 1826 年 1 月在乌克兰切尔尼戈夫军团发动起义。

---

① 本文原刊发于 1993 年出版的《俄罗斯法典》（Павел Пестель. «Русская Правда», М. : Прогресс-Академия，1993. На рус. и итал. яз. С. 53-83）。

　　然而，不应忘记的是，当时参与变革斗争的社会阶层范围特别狭小。在国家机构或军队中任职的绝大多数贵族，以及在俄国广大地区拥有数百万农民的多数地主，都坚决反对对国家社会和政治秩序进行任何重大变革。"在上层"，亚历山大一世本人和他的一小群（屈指可数）最亲密的朋友谋求改革，帝国的大臣等高级政要不希望进行任何改革。"在下层"，持进步思想者数量略多。尽管如此，在1812年卫国战争与国外远征后俄国出现的秘密社团，在其总共存在的十年间（1816~1825年）参与者数量只有寥寥几百人。在俄国这样一个庞大的帝国范围内，这些人数又算得了什么呢！

　　19世纪初的俄国改革运动，显然是一场上层性质的运动，而且众所周知，并没有取得现实性的结果：亚历山大一世承诺的宪法仍然只是一个承诺，十二月党人起义失败了。然而这场运动本身及其引发的事件是俄国历史上的一个重要里程碑，在很大程度上影响了其未来的命运。

　　革新的追求强烈地感染了俄国社会思想界，特别是在1812年卫国战争之后。十二月党人 М. И. 穆拉维约夫-阿波斯托尔在谈到他自己和他的战友时的说法鞭辟入里："我们是1812年之子。"作为拿破仑的战胜者、使文明世界摆脱暴政的解放者，年轻的俄国军官目睹了西欧的文明，回到家乡后，痛苦万分地面对农民毫无权利、近乎奴隶般的地位，以及专制制度的野蛮统治，而政府似乎并不打算做出改变。

　　当时俄国形成了神奇的局面。政府在酝酿改革，却向社会保密。从1816年起，在亚历山大一世的倡议下，政府制定了逐步解放农奴的方案，甚至还成立了秘密委员会来讨论这个问题，而这些被严格保密。1818~1820年在华沙，在 Н. Н. 诺沃西利采夫的领导下俄国宪法方案以及颁布宪法的宣言都已经被起草完成，而这也从未被公开。在现实生活中，一切原封不动。

为了实现皇帝为自己设定的那些目标，不再对皇帝抱有希望的贵族中最活跃的部分开始结成社团——自然，这些社团是瞒着当局秘密存在的。专制政府没有想到要为自己的改革愿望寻求社会的支持，而是指望依靠自己的力量，相信可以通过官僚机构来实施改革。社会先进部分现在只指望自己。因此，出现了第一批秘密组织——救国协会，然后是幸福协会。社团成员大多是近卫军军官。而其中首屈一指的无疑是 П. И. 佩斯捷利。

П. И. 佩斯捷利的父亲是 18 世纪末 19 世纪初一位重要国家官员，令人敬畏的西伯利亚总督 И. Б. 佩斯捷利，他因在其治理时期西伯利亚的贪污腐败现象达到顶峰而臭名昭著，П. И. 佩斯捷利自年轻时起就以独立的性格和自由的思维方式而与众不同。

在家里接受启蒙教育后，12 岁时他被送到德累斯顿的外祖母——著名的德国作家克罗克那里，在外祖母家里，他学习了最优秀的教授的课程。1810 年回到俄国后，他立即进入当时俄国最好的军事学校之一——贵族子弟军官学校高级班学习。那时他就已经充分体现了其非凡的个性和独立的判断力。校长克林格对他的毕业评语是："贵族子弟军官学校学生 П. И. 佩斯捷利在校期间，多次因为批评这个军团的秩序而引人注目，他很容易接受自由主义的思想。例如，在探讨陛下涂圣油仪式的意义时，他得出农奴制不公正，希望人人平等的见解。"

亲自参与贵族子弟军官学校期末考试的亚历山大一世对 П. И. 佩斯捷利的渊博知识印象深刻，甚至在他得到这样的毕业评语后仍把他列为毕业生第一名（与 В. Ф. 阿德勒伯格一起，后者后来成为十二月党人案件侦讯委员会的主要人物之一，并在很长一段时间内担任皇室大臣）。

П. И. 佩斯捷利本人在受审期间以罕见的坦诚完整讲述了他的政治观点的形成。连同他现存的著作和其他十二月党人的供词证明，使我们能够清晰地追踪他的思想演变。

П. И. 佩斯捷利把书籍的影响和对政治科学的偏爱置于影响他精神发展因素的首位。法国启蒙思想家边沁、贝卡利亚、德斯蒂·德·特拉西的作品对他影响最大。十二月党人 Н. И. 洛列尔在1824年与已在南方的 П. И. 佩斯捷利结识，他回忆说，П. И. 佩斯捷利在第二军的房间内，"书架"摆满了整个房间。"这些都是政治、经济和一般学术性著作，还有阐述各种宪法的著作，" Н. И. 洛列尔写道，"我简直不知道，这个人一生中有什么书没有读过，他能读多种外文书。"

谈到俄国的制度，П. И. 佩斯捷利，正如他自己所写的那样，他试图"判断政治学规则是否在俄国管理制度中得到了遵守"。起初，他思考的并不是最高权力，而只是中央各部门、地方政府和此类对象。毕竟，俄国现实给了人们足够多的理由进行批判性思考。顺理成章地，П. И. 佩斯捷利把目光转向了最令人触目惊心的祸根，即农奴的状态。他在受审时的供词中写道："我还把我的思想和注意力转移到了人民的外境上，农民的受奴役状态一直使我义愤填膺。"他对农奴制的憎恨与他对"贵族特权"的厌恶结合在一起，这一点后来在他的《俄罗斯法典》中被清晰、明确地体现出来。但是，П. И. 佩斯捷利思考的自然进程逐渐使他得出这样的结论：俄国的不幸不仅仅源于国家制度个别部分的失败，而且在于国家制度基本原则。就在那时，他的"内心开始出现了对政府的怨言"。在反思法国大革命时，他总结说，尽管出现复辟，但"在革命中做出的许多根本性的决定……它们被认为是很好的，都被保留下来"。这使他相信革命对法国发展的有利影响，并产生了这样的想法："革命显然不像人们说的那样糟糕，相反，甚至可以说，它是极为有益的。"可证明这一观点的是他的话语："那些没有发生过革命的国家，仍然没有这样一些优势和制度。"在 П. И. 佩斯捷利的认识中，逐渐将目标和实现目标的手段融合起来："……在我的头脑中几乎同时产生了立宪和革命的思想。立宪的思想完全是君主立宪的，而革命的思想则是非常微弱和模糊的。渐渐地，前者变得更加明确和清晰，后者变得更加强烈。阅读政治书籍强化和发展了我的所有这些观点、想法和概念。"

我们暂且放下 П. И. 佩斯捷利关于其观点形成的自白，且应提及，他的这些观点不是在一个哲学家的安静办公室里形成的，而是在激烈的军事战斗中形成的，这位年轻的自由思想家在军事战斗中度过了几年时光，然后是在彼得堡和米塔瓦，最后是在南方的图尔钦担任军官。

从贵族子弟军官学校毕业后，年轻的 П. И. 佩斯捷利立即成为立陶宛军团第二掷弹兵连射击排排长，参加与拿破仑军队的激烈战斗。1812 年 8 月 26 日，他参加了著名的博罗季诺战役，受了重伤，被授予刻有"奖励勇敢"题词的金质短剑。1813 年，П. И. 佩斯捷利被任命为第二军总司令维特根尼施泰因伯爵的副官。在这个职位上，他参加了所有的国外远征，并与他的长官一起进入了战败的巴黎。他受到嘉奖，荣获五枚勋章。司令对自己的副官赞誉有加："他适合所有职务：让他指挥军队，或者让他做任何大臣，他在任何位置都将熠熠生辉。"所有熟悉 П. И. 佩斯捷利的人都对他赞誉有加。请读者相信我的话：在同时代人的眼里，他不仅是一个非凡的人，而且是一个杰出的人物，也许是一个天才。如果他没有选择与当局对抗的道路，没有为强行改变俄国的制度而献身，他无疑会成为专制俄国的一个重要活动家。命运却做了另外的决定。

1816 年秋，П. И. 佩斯捷利加入刚刚成立的秘密社团——救国协会。就这样，他开始走上了通向 1826 年 7 月 13 日彼得保罗要塞冠刑架的绞刑架的道路。对他来说，别无他路，所以他不仅加入了秘密社团，而且还成为可能是其最积极的成员、思想家和领导人。圣彼得堡出现的秘密社团最初只有 6 名成员。它的人数逐渐增加，但仍然只有寥寥数人：它的成员从未超过 30 人。神奇的是，П. И. 佩斯捷利被 М. Н. 诺维科夫介绍加入救国协会，后者是 18 世纪俄国著名启蒙思想家 Н. И. 诺维科夫的外甥，十二月党人第一个宪法草案的作者。这个草案没有被保存下来，但我们已经得知，它是主张共和的宪法。

П. И. 佩斯捷利，当时任近卫军重骑兵团中尉，23 岁。几乎在同一时间，1817 年 2 月，他成为共济会"三德分会"的成员。然而，共济会似乎并没有对他产生任何重大影响。令他印象深刻的是共济会的外在表现，它的仪式，而不是共济会的教义本质。

从在秘密社团活动之初，П. И. 佩斯捷利就以运动理论家的身份为人所知，寻求制定其宗旨和"规则"。他是《救国协会章程》的主要作者之一。这个章程没有被保存下来，但是，根据各种证据可以推测，其主要目的是宣布在俄国建立君主立宪制形式的代议制政府，并废除农奴制。实现这些目标的手段——在君主王位交接时社团成员发动公开起义。

　　然而，П. И. 佩斯捷利在圣彼得堡秘密社团的活动是短暂的。1817 年，他和维特根尼施泰因一同去米塔瓦军队任职。我们对 П. И. 佩斯捷利在那里的生活知之甚少。只知道，在这段时间里，他接收了 4 名新成员加入社团。此外，他还研究纯粹的军事问题，并写了几部关于这一主题的专门著述。但他在 1817~1819 年的主要事务是撰写《论国家管理札记》，离开圣彼得堡和莫斯科（当时几乎所有秘密社团成员都在那里）后，П. И. 佩斯捷利把精力集中在解决理论问题上。

　　而这时秘密社团中发生了重要事件。1818 年初，救国协会被一个新的秘密社团所取代，它的新任务是——赢得社会舆论。П. И. 佩斯捷利无疑知道这一点，但他不能参加因这些事件展开的争论。《绿皮书》即幸福协会的章程，也是在没有他的参与下撰写的。而他正在撰写《论国家管理札记》。

　　根据 П. И. 佩斯捷利的想法，这个札记应该由三部分组成，并包含关于国家制度和民事法律的所有主要问题概要。但他只写了前两部分。而且其中只有第二部分被保存下来并问世。我们很难从书的一角窥探全貌，但我们仍然可以肯定地说，在创作这本札记的时候，П. И. 佩斯捷利是君主立宪制的支持者。而这与他自己在接受审讯时的说法完全一致。然而，在保留下来的文本中，关于宪法的说法相当含蓄："法律主要分为两类。第一类关于制度和组织，第二类关于行动秩序与范围。在公民社会第一类法律是国家宪章或宪法。"这部作品中经常提及君主，在 П. И. 佩斯捷利所描述的国家制度中君主的重要地位也显而易见。很难说，П. И. 佩斯捷利在他《论国家管理札记》中没有保存下来的部分是否论述了农奴制的问题。保存下来的第二部分的主题是：诉讼程序、国家安全和军事改革。

这个札记，特别是其中详细论述军队制度的章节，一个有趣的特点是作者想从文本中删除那些在俄语中变得很普遍的外来术语，而用他自己发明的俄语术语来代替。在他编写的词目表中，"дивизия"（师）一词被"воерод"取代，"артиллерия"（火炮）一词被"огнемет"取代，在关于国家制度的章节中，"министр"（大臣）一词被"государственная глава"取代，"республика"（共和国）一词被"общедержавие"取代。

1818年底，П. И. 佩斯捷利被调到位于图尔钦的第二军司令部，他立即着手在那里组织幸福协会地方分会。正是在那里，在十几个志同道合者中间，П. И. 佩斯捷利彻底改变了他对俄国未来期望的看法——他成为一名共和主义者。在他那个时代的俄国社会运动中，П. И. 佩斯捷利的共和主义观点卓尔不群。他的同时代人中没有一个人像他那样坚定地渴望建立共和国。П. И. 佩斯捷利后来写道："我从君主立宪主义转到共和主义的思维方式，主要是受以下现象和思想的影响。法国德斯蒂·德·特拉西的作品对我产生了深刻的影响……所有报纸和政治著作都那样热烈地赞扬美国生活越来越幸福，把它的生活越来越幸福归因于它的国家制度，对我来说，这就是共和政体优越的最明显证据。"П. И. 佩斯捷利还提到了希腊和罗马的历史以及大诺夫哥罗德的历史对他思想的影响，它们的历史"也建立在共和主义思想上，最后还有现代法国和英国历史的影响"。

1820年初，在幸福协会于圣彼得堡召开的会议上，П. И. 佩斯捷利的新共和主义观点得到了生动的体现。当时幸福协会活动的主要特征之一，是关于社团运动目标和行动方式的理论争论。参加会议的人数不少于14人。来自图尔钦的 П. И. 佩斯捷利发表了主题演讲，他应大家的要求阐述了"君主制和共和制的所有优缺点"。会议讨论和预设的投票是为了确定幸福协会的纲要。П. И. 佩斯捷利的报告，正如那次会议的所有与会者一致证明的那样，为共和政体的优点辩护。在长期辩论中，成员表达了各种各样的意见，结果是 Н. И. 屠格涅夫说出名言："总统，事不宜迟！"①

我们看到，在1820年初，无论是在 П. И. 佩斯捷利的生活中，还是在运动本身，都发生了一个非常重要的事件：共和主义信念被第一次公开表达，也被第一次得到公开支持。然而，这种支持是不稳定的：П. И. 佩斯捷利的观点只被他在南方的同伴们所认同，而那些后来在圣彼得堡组成下一个秘密社团北方协会的参与者，则最终成为君主立宪制的支持者。

在接下来的两年里，幸福协会社团成员主要忙于社团重组工作。1821年举行的秘密社团莫斯科代表大会宣布其正式解散。这种做法的主要目的之一，是希望摆脱 П. И. 佩斯捷利和他的支持者，他们的激进观点是北方社团大多数领导人所不能接受的。然而，没有出席大会的 П. И. 佩斯捷利并不同意大会的决定，而是继续在南方开展幸福协会的活动。

沉寂了一段时间的理论辩论在1822年重新开始。这一年1月，仍然在南方开展活动的秘密社团的5名成员于交易博览会期间在基辅会面。在那里，他们再次商定不遵循1821年莫斯科代表大会关于解散社团的决议，并选举 П. И. 佩斯捷利和 А. П. 尤什涅夫斯基为领导人。在基辅集会的成员一致通过，社团的主要目标是在俄

---

① 原文为法语："Le president sans phrases！"

国建立共和政体。他们还谈到制定一个宪法方案的必要性。П. И. 佩斯捷利在这次会议上概述了其基本原则。正如 С. И. 穆拉维约夫-阿波斯托尔在审讯中所供认的那样，其中提到过渡时期的临时最高政府的独裁统治。然而，这些显然只是笼统的想法，因为大家决定对宪法方案再研究一年，在下一次交易博览会期间再对它进行讨论。

П. И. 佩斯捷利起草自己的宪法方案的工作，无疑是受到 Н. М. 穆拉维约夫在同一方向上的活动的推动。到 1822 年底，Н. М. 穆拉维约夫已经最终完成了他的宪法方案。П. И. 佩斯捷利和他的追随者们及时看到这个方案，并对方案"不满"，将其退回给作者。应该指出的是，П. И. 佩斯捷利反对的不是构成该方案基础的君主立宪制原则（我们很难赞成 М. В. 涅奇金娜关于 Н. М. 穆拉维约夫当时存在某种"共和"想法的假设，并用此来解释 П. И. 佩斯捷利没有反对其基本原则的原因），而是联邦制国家原则与担任公职的财产资格太高，在 П. И. 佩斯捷利看来，这将导致"可怕的资产贵族"的出现。

遗憾的是，由于资料匮乏，我们无法追踪 П. И. 佩斯捷利制定自己的宪法方案——《俄罗斯法典》的工作阶段，从而也无法追踪其基本原则的形成阶段。可以推测的是，直到 1823 年初，宪法方案的文本还没有完成。无论如何，当 П. И. 佩斯捷利在受审时谈到 1823 年 1 月在基辅例行交易博览会期间举行的十二月党人的会议时，他只说到了对"宪法计划"的讨论。他写道，"在 1822 年以及 1823 年，讨论了共和政体，同时我也报告了我的想法和我的宪法计划。"与前一年一样，参加讨论的人不多。与 1822 年参会人员相比，只增加了年轻而热情的 М. П. 别斯图热夫-留明。这一次，与会者也是完全一致地赞同 П. И. 佩斯捷利提出的所有改造俄国的原则。П. И. 佩斯捷利做的是口头报告——这是一个重要的证据，证明还没有成文的宪法方案，并不像 Н. М. 穆拉维约夫的方案那样已经完成并且被南方协会否决。据 М. П. 别斯图热夫-留明说，П. И. 佩斯捷利在他自己的报告中，"依次提出了宪法的主要条款，并就此征求了与会人员的意见"。

十二月党人在受审中的供词使我们能够大体上重建 П. И. 佩斯捷利在他自己的报告中所阐述的，并相应地将其列入未来宪法方案中的那些原则。首先，共和政体的问题再次被提出。П. И. 佩斯捷利问道："我们是否同意在俄国实行共和政体？"М. П. 别斯图热夫-留明供认，"我们说是的"。然后讨论了人民代表的选举问题——他们应该是由直接选举还是间接选举产生的，再然后讨论了选举资格的问题。В. Л. 达维多夫供认，П. И. 佩斯捷利还谈到向农民分配土地的问题。大家一致同意"保留占主导地位的宗教"（М. П. 别斯图热夫-留明）。但 П. И. 佩斯捷利报告的许多方面仍然不清楚。从十二月党人的供词中（我们没有其他史料），我们甚至无法了解，П. И. 佩斯捷利是主张直接选举还是多级选举，以及他是否支持财产资格的想法。然而，这有可能证明他在报告中只是提出了问题，但没有提出解决方式。

不能不提的是，会议参与者对刺杀沙皇的问题给予了关注，认为这是实现既定目标的可能手段。П. И. 佩斯捷利坚定地支持，不仅要"消灭"皇帝，而且要消灭他的整个家族，这样就不可能让他的继承人再登上王位。围绕这个问题出现了争议，但大多数人还是选择支持 П. И. 佩斯捷利。会议还讨论了夺取政权的方式——在首都采取军事行动。

　　1823 年 1 月的基辅会议是 П．И．佩斯捷利的宪法方案制定工作中的一个重要里程碑。正是在基辅会议之后，他显然觉得自己已经准备好把他已经成形的想法化为文字。很难说出这个确切时间以及他为此花费了多长时间。众所周知，他写了两份草案，其中任何一份都没有完成。然而，可以确定的是，与 М．В．涅奇金娜提出的且成为通行的观点相反，这两份草案似乎都不可能在 1823 年和基辅会议之前完成。我们再次强调，所有十二月党人的供词都只提到了南方协会领导人的口头报告，而对 П．И．佩斯捷利是否有某个完成的手稿只字未提。А．П．尤什涅夫斯基的供词尤其证实了这一点，他写道："随后仅根据 П．И．佩斯捷利的一些口头报告，这个方案就获得了批准，因为当时这个方案还没有被制定出来，社团成员中几乎没有人读过这个方案，而仅根据 П．И．佩斯捷利的话来判断，我记得，他把草案给我读时亲口告诉我，草案还没有完成。"

　　顺便说一下，根据 М．В．涅奇金娜自己提到的另一种情况也可以得出类似的结论。1823 年 2 月，П．И．佩斯捷利给圣彼得堡的 Н．М．穆拉维约夫寄出 С．И．穆拉维约夫-阿波斯托尔对他宪法的"长篇"分析，而且还寄出了他的"笔记本"，其中载有刚刚讨论过的 П．И．佩斯捷利宪法方案的基本原则。但是，如果方案的文本本身已完成，哪怕是处于草稿状态，还有必要把口头报告的介绍寄给自己秘密社团的同事吗？当然没有必要。

　　1824 年初，П．И．佩斯捷利获准休长假，从南方来到圣彼得堡。同年 3 月，在这里，秘密社团成员在几次会议上讨论了他们未来活动的前景，包括俄国未来体制问题。撇开这些讨论的细节不谈，我们只是指出，即使在那个时候，П．И．佩斯捷利也没能把《俄罗斯法典》的文本提交给他的同伴们来评判——它很可能还没有准备好（与 H. M. 穆拉维约夫的宪法方案不同，它在十二月党人中被反复讨论，作者根据战友们对其文本的书面意见，对自己的作品进行修改）。很能说明问题的是，在1824年圣彼得堡会议上，没有一个与会者提到曾经读过 П. И. 佩斯捷利的任何书面文本。就像1822年和1823年一样，事件仅限于南方协会的领导人的口头发言。П. И. 佩斯捷利再次被委托提交一份书面文本。E. П. 奥勃林斯基就此供认道："关于宪法，决定由 П. И. 佩斯捷利上校以书面形式提交，供我们研究和决定是否采用；南方协会关于计划发起决定性行动的方式的书面方案也是如此。"无法想象，如果已经存在被南方协会成员赞同的完成文本，会上还会做出这样的决定。

显然，到1824年初，П. И. 佩斯捷利还没有完成《俄罗斯法典》的文稿；他在圣彼得堡会议后才开始这项工作。至关重要的是，对 П. И. 佩斯捷利创作《俄罗斯法典》过程的这种理解，与他自己的供词完全一致。谈到1824年自己在圣彼得堡停留，П. И. 佩斯捷利在1826年1月13日写道："《俄罗斯法典》在那时还没有开始撰写，从那时起我才打算完成它。"

因此《俄罗斯法典》是 П. И. 佩斯捷利在1824年编撰的（在苏联历史学中这一观点由 Б. E. 瑟罗耶奇科夫斯基在1954年首次提出）。著名的十二月党人运动研究者 M. B. 涅奇金娜、C. H. 切尔诺夫以及 A. A. 波克罗夫斯基持有不同意见，他们为 П. И. 佩斯捷利手稿的文本学研究做出了很大贡献。他们认为，《俄罗斯法典》第一个版本在1822～1823年就已经存在，其文本在南方协会领导人的大会上被讨论。在他们看来，1824年，П. И. 佩斯捷利致力于第二个版本的工作，与第一个版本一样，第二个版本仍然没有被最终完成。

事实上，对于《俄罗斯法典》手稿本身的撰写历史来说，它在
1822~1823年是否已经存在，或者当时只有个别部分粗略的草稿，
并不那么重要。这些争议只有在十二月党人运动历史的总体背景下
才有意义。正是从这个角度而言，南方协会纲领的书面文本出现的
时间问题才变得至关重要。一个秘密社团的几个重要成员在两三年
内若干次聚会，口头讨论他们运动的目标，这是一回事。如果他们
讨论的是完成的意识形态文件，批准它们作为运动纲领时，事情的
性质就迥然不同了。这表明秘密社团的发展达到另一种水平。然
而，所有这些都是专门研究的课题，我们言止于此，下面向读者简
单介绍《俄罗斯法典》现存手稿中的内容。

首先有必要指出，《俄罗斯法典》的文本从未被最终完成——
我们面对的是一部未完成的著作。П. И. 佩斯捷利本人在1826年1
月13日回答审讯问题时，详细描述了他本人对《俄罗斯法典》的
看法：“第一章关于国家的疆界及行政区划：国家领土划分为州，
州划分为区或省，区划分为县，县划分为乡，并确定了乡的作用和
构成。第二章关于俄国居民，将他们分为本土的俄罗斯民族和被统
治的与被吞并的部族，并指出了将所有这些不同的组成部分团结统
一的方法，以使得俄国所有居民一段时间过后成为真正统一的人
民。第三章关于国家现有的不同等级，指出了每个等级的权利、优
点和缺点，并揭出对每个等级应采取的措施和行动，以便将所有等
级合并为一个统一的公民等级。第四章关于人民的政治或社会地
位、公民的权利、法律面前人人平等，以及选举大会中的代表选举
程序。第五章关于人民的公民或个人地位，即所谓的民事私法中最
重要的规则和条例，涉及人身、财产和公民之间的相互关系。第六
章关于最高政权，将分成两部分撰写：一部分按实行君主立宪制来

写，另一部分按实行共和制来写，以便可在两者之中择其一纳入最终完成的著作中。第七章关于乡、县、区和州的政府机构的设置，以及介绍各部委的总体设立情况，证明应该有十个部委，不能多，也不能少。第八章关于国家内部和对外安全管理部门，即司法、警察、外交以及陆军和海军，但这里要特别谈到这些政府部门中的每个主要部门。第九章关于民生管理部门，即财政、国民经济或内部事务、教育系统、宗教事务和一般事务，同样也要特别谈到这些政府部门中的每个重要部门。第十章关于编纂一部国家总法典的委托书，并提出最重要的规则，或者可以说是这部完整的国家总法典的目录。"

在接下来的回答中，П. И. 佩斯捷利明确了计划中的哪些部分他已经完成："第一、第二和第三章的大部分已经完成；第四和第五章只写了草稿；最后五章只写了各个片段。关于财政和国民经济的条款将由 С. И. 穆拉维约夫－阿波斯托尔撰写。"П. И. 佩斯捷利的这部分供词得到了保存下来的《俄罗斯法典》手稿（现在缺少的只是他所提及的未写章节的草稿）的充分证实。他的讲述与《俄罗斯法典》第二个版本中"导言"第 13 条的文本几乎吻合。П. И. 佩斯捷利关于《俄罗斯法典》中由他撰写部分的框架的供词更加可信，这些供词是在侦讯委员会尚未找到这部手稿时做出的，而且 П. И. 佩斯捷利可能希望，这部手稿根本不会被找到（一个多月后手稿才被从地下挖出并交付给侦讯委员会）。

П. И. 佩斯捷利只来得及对《俄罗斯法典》的前三章创作了第二个版本。第三章的一部分以及第四章和第五章仍然是未被修订的第一个版本（"被初步写成"）。关于《俄罗斯法典》存在两个版本的结论是由 С. Н. 切尔诺夫和 А. А. 波克罗夫斯基在出版《俄罗斯法典》时做出的。那些对他们论据的细节感兴趣的读者，我们推荐参阅《十二月党人起义·资料汇编》系列第 7 卷［里面有《俄罗斯法典》（莫斯科，1958 年）］中的文本学文章。在创作第二版本时，П. И. 佩斯捷利销毁了被修订章节的原始文本。在这种情况下，我们无法详细追踪他对第一版文本的修改。然而，很明显，修订工作是朝着使方案激进化的方向发展。对照第一个版本和第二个版本都被保存下来的第三章中有关国家农民的片段，就可以看出这一点。在第二个版本中，正如读者很容易确定的那样，10~15 年的过渡期消失，按照第一个版本，在这段过渡期国家农民没有获得完全的个人自由，继续对占有他们的国家负有实质性的义务。

遗憾的是，П. И. 佩斯捷利没有完成《俄罗斯法典》的最后五章。尤其令人痛心的是，我们没有第六章，在这一章中，П. И. 佩斯捷利计划描述新俄国的政治体制。显然，那里提出共和制的可能性更大。П. И. 佩斯捷利在上述引用的供词中说，在这一章中，他打算同时描述共和制和君主立宪制，这可以用南方协会领袖在受审期间行为的纯粹心理特征来解释。然而，也并不排除П. И. 佩斯捷利准备接受北方协会成员的建议，并在革命后赋予制宪会议决定政府形式的权力，为此他在《俄罗斯法典》上阐述两种方案。

《俄罗斯法典》的宗旨本身也表明了这一设想。本质上，这并不是一个纯粹的宪法草案。这是一部复杂的政治和社会经济论著，它同时完成了完全不同的任务。一方面，它应该为运动提供一个整体上的理论纲领；另一方面，它追求相当实用的目的，作为给过渡时期临时革命政府的"委托书"。

П. И. 佩斯捷利在《俄罗斯法典》第二个版本的"导言"中写

道："由于俄国应该有一份保证，即临时最高政府的行动将被明确为了俄国利益和尽可能地完善其各方面状况，所以有必要以给最高政府的委托书的形式颁布《俄罗斯法典》。"他将宪法称为"法典"，其中包含"只是确定国家未来秩序的明确或积极的法律法规"，并强调这一"庞大而艰难的"事业需要一个过渡期。《俄罗斯法典》本身就是这样一份文件，它明确"国家接下来发生的所有变化，应该被摧毁和推翻的所有方面，最后是，应该作为建设新国家秩序和撰写新国家法典的稳定指导方针的基本规则和主要原则"。

但是，不管 П. И. 佩斯捷利是否打算仅仅将共和制列入这些"基本规则"，还是在其中加入君主立宪制的替代版本，他本人都是一个坚定的共和主义者。П. И. 佩斯捷利于 1825 年向 М. П. 别斯图热夫-留明口述《俄罗斯法典》的摘要，让他记录下来，将其命名为《宪法·国家约法》，体现了他在这个问题上的立场。他在其中说："国家由人民和政府组成。"政府分为最高权力机关和国家行政机构；不包括君主。根据这个方案，行政权属于由人民选举的五名成员组成的国家杜马；立法权属于人民维彻。

在 П. И. 佩斯捷利完成的《俄罗斯法典》第二个版本的各章节中，农业方案占据了中心位置。它的基础和最激进的方面不仅是立即废除农奴制，而且是分给农民土地。根据 П. И. 佩斯捷利的方案，土地是民众幸福的基础，是其不可剥夺的财产。然而，他提议将所有土地分为两部分：一部分是公有的，不能被买卖，在农民中无偿分配；另一部分作为私有财产分配，其使用已经具有资产阶级经营方式的所有特征。尽管这些提议对于 19 世纪前二十五年的俄国现实而言完全是乌托邦式的，但不能否认，П. И. 佩斯捷利是最早要求国家保证每个公民能够拥有一块足以维持其生计的土地的俄国思想家之一。

现在让我们思考一下，在十二月党人运动的那十年里，俄国出现的其他宪法方案与 П. И. 佩斯捷利的提议有何不同。

我们应指出，其中第一份是在华沙起草的，于 1820 年完成的政府宪法方案。在这份方案中，所有欧洲宪法的基本原则——人民主权——被皇帝主权所取代，皇帝被认为是所有权力的来源、行政权力的首脑和立法倡议权的唯一所有者。农奴制问题，以及因此将农奴纳入有行为能力公民的问题被完全忽视。然而，这份方案规定了创立两院制议会，皇帝颁布任何法律需要经过议会通过，宪法还规定了普遍的公民自由：言论自由、出版自由、宗教自由、私人财产权、法律面前人人平等、人身不可侵犯。如果这个草案得以实施，俄国宪法无疑是当时最保守的宪法之一。不过，这仍然是一个非常现实的宪法方案，如果其得以实施，那么国家会确立君主立宪制，而不再是专制君主制。

秘密社团成员在看到最高政权明显拒绝实施这个方案后，才转向军事革命计划和制定自己的未来俄国改革方案。与 П. И. 佩斯捷利制定的宪法方案不同的另一种宪法方案，是北方协会的领导人之一 Н. М. 穆拉维约夫制定的宪法方案。

Н. М. 穆拉维约夫的宪法方案也设想将俄国转变为一个君主立宪制国家。但它宣布人民是最高权力的来源，而皇帝只是行政权力的首脑，是"俄国国家最高官员"。立法权被移交给两院制议会，即人民维彻。人民被赋予了宪政国家传统的所有公民自由。其第 16 条规定："农奴制和奴隶制将被废除。被禁锢到俄国土地上的奴隶会成为自由人。"然而，与《俄罗斯法典》不同的是，Н. М. 穆拉维约夫的方案保留了地主的土地财产。地主只有为农民提供宅基地和每户 2 俄亩可耕地的义务。选举权也不是普遍的。

总结这个简短的比较，我们不能不承认，П. И. 佩斯捷利在《俄罗斯法典》中阐述的关于俄国未来改革的观点，是他那个时代俄国宪政思想所达到的激进主义的顶峰。

1825年12月14日起义可能避免[①]

我们能想象没有十二月党人起义的俄国历史吗？没有参政院广场上起义军团的方阵，没有 П. Г. 卡霍夫斯基的枪声和 М. А. 米洛拉多维奇的致命伤，没有标志着在国家中心血腥镇压军事暴动的霰弹？至关重要的是，没有起义对俄国社会的进一步发展所产生的至今仍能感受到的那种深刻影响？这很难，不是吗？从本质上讲，那将会是全然不同的历史。

然而，如果冷静而公正地全面分析当时的情况，就会发现，1825 年 12 月 14 日的起义和随后切尔尼戈夫军团的起义，根本不像通常认为的那样不可避免。如果不是 1825 年底一些特殊情况罕见地交织在一起，把一些完全不同的事件和现象联系起来，那么起义就根本不会发生。而且不仅是在那一刻，而是在任何时间起义都不会发生。

我首先要说明：十二月党人运动的合理性是毋庸置疑的。秘密社团的十年历史表明，它们的出现是由 19 世纪初俄国现实的客观矛盾所造成的。它们的成员为自己设定了激进的任务——把国家从农奴制的桎梏和无限专制的暴政中解放出来。而谈及另外一点，试

---

① Отечественная история. 2002. № 3. C. 57-66.

图通过军事政变夺取国家权力的做法本身，这更像是一个历史的偶然。

让我们分析一下最终导致圣彼得堡参政院广场起义，然后是导致南部第二军起义的事件。

其中第一个事件是亚历山大一世的突然离世，没有人有理由期待或能预见到这一点。如果他至少再活两三个星期，不用说更长的时间了，秘密社团的大部分成员都会被逮捕，当然，这就会完全排除起义的可能性。①

历史学家长期收集和分析的一些事实，已经广为人知。1825 年夏天，亚历山大一世收到了乌克兰第三枪骑兵团士官 И. В. 谢尔伍德关于南方广泛存在反政府阴谋的告发书。1825 年 7 月 17 日，这个告密者被传召到圣彼得堡，同一天，皇帝召他觐见。亚历山大一世问道，这个阴谋有多大，是否容易揭发。И. В. 谢尔伍德回答说，"根据军官整体上（特别是第二军）的精神和谈话，这个阴谋的传播范围应当很广"，他得到消息，他的熟人 Ф. Ф. 瓦德科夫斯基也参与其中。正如接下来事件所表明的那样，И. В. 谢尔伍德所说的完全正确。Ф. Ф. 瓦德科夫斯基的确是南方协会最活跃的成员之一，而协会本身在第二军中也特别普及。

但这种讲述并没有让亚历山大一世觉得足够可信，他命令 И. В. 谢尔伍德继续寻找秘密社团存在的确凿证据。根据御批的计划，И. В. 谢尔伍德选择了 Ф. Ф. 瓦德科夫斯基作为他的主要活动对象之一："我建议从涅热斯基骑兵团的 Ф. Ф. 瓦德科夫斯基少尉

---

① См. , например: Шильдер Н. К. Император Александр I, его жизнь и царствование. В 4–х т. СПб. , 1898. Т. 4; Федоров В. А. «Своей судьбой гордимся мы…». М. , 1988; Сахаров А. Н. Александр I. М. , 1998.

开始——据我所知，他参加了这个社团——观察他的所有行动。"在得到一年的假期和 1000 卢布的费用后，И. В. 谢尔伍德出发了。1825 年 9 月 19 日，他在库尔斯克见到了 Φ. Φ. 瓦德科夫斯基，并告诉他，"休假一年，只是为了从事有利于社会的活动"。Φ. Φ. 瓦德科夫斯基十分欣喜，"他们的事业，超出了预期，进行得非常顺利"，并谈到消灭整个皇室家族的必要性。

И. В. 谢尔伍德将他从 Φ. Φ. 瓦德科夫斯基那里听到的消息上报 А. А. 阿拉克切耶夫，而后者奏呈亚历山大一世。当时皇帝离开了圣彼得堡，长期在俄国各地巡游，1825 年 9 月 1 日才在塔甘罗格得到了这份报告。10 月 11 日，他把收到的文件寄给了总参谋长 И. И. 季比奇，然而，后者对这些文件持怀疑态度，向他保证所有这些报告都是"幻想""无稽之谈"。但亚历山大一世回答他："您错了。И. В. 谢尔伍德说的是实话，我比您更知人善察。"亚历山大一世的自信很容易解释：那时他手中还有一份告发书，证实了军队中存在一个巨大的阴谋。А. К. 博什尼亚克，南方军屯指挥官 И. О. 维特将军的间谍，得以渗透到一个秘密社团。在 1825 年 8 月，И. О. 维特上呈亚历山大一世一份关于此事的告发书，10 月 19 日，他在塔甘罗格受到了亚历山大一世的接见。根据资料判断，他向皇帝报告，阴谋几乎席卷了整个军队。后来，И. И. 季比奇写信给尼古拉一世，И. О. 维特报告说，秘密社团力量"大大增强"，"第 18 步兵师特别受到这种精神的感染，维亚特卡步兵团团长 П. И. 佩斯捷利在其中起着主导作用"。在"最活跃"的成员中，И. О. 维特提到了 М. Φ. 奥尔洛夫、В. Л. 达维多夫、Н. А. 克留科夫、В. Н. 利哈列夫、Н. М. 穆拉维约夫、Н. А. 别斯图热夫、К. Φ. 雷列耶夫。

亚历山大一世去世后，在整理他的文件时发现了一张他亲笔写的便条，既没有收件人也没有日期。上面写道："传言说，一种致命的自由思想或自由主义精神已经传开或者至少已经在部队中蔓延；在两支军队和一些军团中，都有一些秘密社团和俱乐部，它们有大量的秘密传教士来发展他们的队伍。有叶罗莫洛夫、拉耶夫斯基、基谢廖夫、米赫、奥尔洛夫、古里耶夫伯爵、斯托雷平，以及许多其他将军、上校和团级指挥官。此外还有很大一部分不同军衔的军官。"

这张便条刚被发现，人们就开始调查，它是写给谁的，以及为什么写的。1826 年 3 月 18 日，在对十二月党人案件进行紧锣密鼓的侦讯之时，它被送给华沙的康斯坦丁大公。后者退回了这张便条，并于 3 月 26 日写信给 И. И. 季比奇："虽然先帝经常与我谈论类似的情况，但我不知道这张便条，我相信，它不是给 А. А. 阿拉克切耶夫伯爵，就是给 А. Н. 戈利岑公爵的。"①

至今，亚历山大一世的这张便条，就如同 1826 年对尼古拉一世及其周围的人而言那样，仍然是一个谜团。只有一点很明显，这是皇帝在收到最初的告密后的思考结果。这张便条很可能是在与 И. О. 维特的谈话后写的。

1825 年 11 月 10 日，亚历山大一世终于决定采取行动。他不再犹豫了：需要采取果断的措施。И. И. 季比奇奉命以购买马匹为借口，将哥萨克近卫军团上校 С. С. 尼古拉耶夫派往哈尔科夫，以便在那里逮捕 Ф. Ф. 瓦德科夫斯基及其同伙。И. И. 季比奇交给 С. С. 尼古拉耶夫一封写给 И. В. 谢尔伍德的信，其中要求后者

---

① OP РНБ. Ф. 859 (Н. К. Шильдера). К. 25. No 20.

"指出"逮捕"阴谋家"的方法。但 С. С. 尼古拉耶夫决定，仅凭 И. В. 谢尔伍德的口头证据还不足以进行逮捕，必须有实物罪证。直到 12 月初，才获得实物罪证。在 И. В. 谢尔伍德的推动下，Ф. Ф. 瓦德科夫斯基给 П. И. 佩斯捷利写了一封长信，在信中他坦率地谈到了秘密社团的计划和活动。信中还提到了许多十二月党人的名字：С. П. 特鲁别茨柯依、А. П. 巴里亚津斯基、М. И. 穆拉维约夫-阿波斯托尔和 С. И. 穆拉维约夫-阿波斯托尔，甚至还有这时已经脱离协会的 П. Х. 格拉贝和 М. Ф. 奥尔洛夫。Ф. Ф. 瓦德科夫斯基委托 И. В. 谢尔伍德转交这封信。1825年 12 月 8 日，С. С. 尼古拉耶夫带着这封信回到了塔甘罗格，以便接受进一步的指示。

但是在他离开期间，情况发生了突变。11 月 19 日，亚历山大一世去世。12 月 1 日，塔甘罗格又收到一份告发书，其来自与 П. И. 佩斯捷利关系密切的南方协会成员，维亚特卡步兵团上尉 А. И. 迈勃罗达。信中列出了 46 名十二月党人的名字，包括所有南方协会的领导人和许多北方协会的成员。在所有这三份告发书中，都称南方协会的领导人是维亚特卡步兵团团长 П. И. 佩斯捷利。

毫无疑问，甚至皇帝的去世也不能再阻止逮捕行动，特别是由于第一个逮捕命令是由亚历山大一世本人在 11 月 10 日发出的。12 月 5 日，А. И. 切尔内舍夫将军带着 И.И. 季比奇的命令离开塔甘罗格去逮捕 П.И. 佩斯捷利，这次逮捕行动发生在 12 月 13 日的图尔钦。而在 12 月 11 日，Ф. Ф. 瓦德科夫斯基在库尔斯克被捕。应该指出的是，所有这些都发生在 12 月 14 日参政院广场起义之前。

让我们阐述一下最初的结论。在起义前几周，最高当局已经知道，在国家北部和南部存在着秘密社团。有几十个十二月党人运动参与者的名字被举报。假如再多一点时间，再多一些成员被逮捕，就会导致运动被粉碎。但一个荒诞的偶然事件——皇帝在远离首都的地方去世干扰了拘捕。正是这一点给了十二月党人唯一的机会，让他们公开宣扬自己改变俄国历史进程的主张。

秘密社团早就想到了公开起义，"通过军队发动革命"来实现神圣的目标。但在1825年底，他们的成员认为自己还没有为此做好准备。北方协会和南方协会的大会定于1826年召开，会议将讨论两个运动中心之间出现的分歧，以及联合行动的条件。1825年末的事件也清晰地证明，十二月党人此时没有准备好采取决定性的行动。

亚历山大一世的意外去世导致了复杂的局面。皇帝没有子女，根据保罗一世颁布的皇位继承法，理应由已故皇帝的大弟弟皇储康斯坦丁继承王位。因此，整个俄国起初都在向新皇帝康斯坦丁宣誓。然而人们突然发现，康斯坦丁并不想继位，亚历山大一世在1823年起草了秘密文件，将俄国王位传给了二弟尼古拉，但这些文件并没有被宣布。这是导致十二月党人起义的第二个决定性因素。

尽管十二月党人曾多次讨论过利用皇位交接时发动公开起义的可能性，但（向康斯坦丁）第一次宣誓在没有任何复杂的情况下进行。在康斯坦丁拒绝继位后，新的宣誓仪式被指定于1825年12月14日在首都举行。如果没有出现这种情况，那么很可能，这个出现皇位交接的机会将不会被十二月党人利用。仅仅是理论上的设想还不足以采取实际行动，需要有特殊的条件。正是在短暂的空位期内——从向康斯坦丁大公的第一次宣誓到向尼古拉大公的新宣誓期间（共17天：从11月27日至12月13日）出现了这样的条件。十二月党人完全清楚所出现情况的特殊性，意识到不利用这些条件就等于放弃社团的目标。

但是，这种奇怪的情况是如何产生的呢？是什么导致了俄国历史上一场前所未有的王朝危机，即不是为争夺王位而是为放弃王位而斗争？又是什么导致了几乎以罗曼诺夫被推翻而告终的危机呢？为什么亚历山大一世生前没有宣布将王位转让给尼古拉大公的文件，因而没有使其获得法律效力？为了回答这些问题，我们需要在一定程度上回溯，并触及相当微妙的事件：亚历山大一世意图退位与康斯坦丁不愿意继位的问题。

亚历山大一世在他年轻时就认为王冠是难以承受的重负，希望摆脱由他的出身本身决定的成为俄国皇帝的命运。他写给他最亲密的人——他的瑞士导师拉加尔普和他最亲密的朋友 B. Π. 科丘别伊伯爵的信件中都提出这一点。1796年5月10日，他在给 B. Π. 科丘别伊的信中说："总之，我亲爱的朋友，我自感生来不宜占据今天的位置，特别不宜登上有朝一日非我莫属的高位。我已经发誓将采用某种方式放弃高位……我的计划是，一旦放弃这个举步维艰的位置（我现在还不能确定决定何时放弃），就同我的妻子到莱茵河畔去定居，作为一个普通人，我的生活会恬静、安定，我将以与友人往来和研究自然为一生的乐事。"在另一封信中，他感慨于叶卡捷琳娜二世的宠臣 Π. 祖博夫的行为的影响，他强调："我们的事务处于难以想象的糟糕状况，腐败肆虐，混乱不堪，秩序全无，而帝国只是在寻求扩大其边界。"亚历山大问道："在这种情况下，仅凭一个人能治理好国家吗，更遑论能消除国家中根深蒂固的滥用权力现象吗？"他立即自问自答："这不仅是像我这样天赋普通的人所

不能做到的，即使是天才也力所不及。"① 他唯一的出路是放弃等
待他的王位。

在保罗一世登基后，亚历山大一世也没有放弃自己不做沙皇的
想法。然而，这一想法已经有了不同的表现。亚历山大一世父亲统
治的第一年使他相信，他的职责首先是努力实现国家的立宪改革，
然后才是卸下沙皇权力的负担。他于 1797 年 9 月 27 日写信给拉加
尔普，"如果有一天轮到我来统治"，"我将不再打算离开祖国，而
是要努力给予我的国家自由，从而防止它再度沦为疯子手中的玩
物……当然，有必要尝试逐步建立人民代表制，如果管理得当，将
颁布自由的宪法，有了宪法，我也就不会继续享有绝对权力。那
时，若是上苍保佑一切顺遂，我将退居某个偏僻所在，愉快而满足
地欣赏祖国的繁荣昌盛"。②

现在让我们回顾一下多年前，亚历山大一世最辉煌的年代，他
是拿破仑的战胜者、欧洲的解放者、一个庞大帝国的无限统治者。
尽管他取得了辉煌的成就并闻名于世，但正是在这些年里，亚历山
大一世再次考虑放弃王位。这方面最重要的证明是康斯坦丁皇储的
回忆录。康斯坦丁大公本人没有写回忆录，但经常与周围的人分享
自己的回忆。在 1829 年，А. И. 米哈伊洛夫斯基-达尼列夫斯基根
据尼古拉一世统治时期的重要政治家、曾一度担任亚历山大一世侍
从将官的 П. Д. 基谢廖夫的话记录了这样一些片段。下面引用
А. И. 米哈伊洛夫斯基-达尼列夫斯基这份重要记录的全部内容。

---

① Корф М. А. Восшествие на престол императора Николая I. СПб., 1857.
С. 32–33（Приложение）; Шильдер Н. К. Указ, соч. СПб., 1897. Т. 1.
С. 114.

② Шильдер Н. К. Указ. соч. Т. 1. С. 163–164.

1829 年 7 月 10 日，他在日记中写道："晚上散步时，我见到了 П. Д. 基谢廖夫将军，我们和他谈起了宫廷，这是他听说的一些情况：'1819 年，沙皇亚历山大从华沙返回，由皇位第一继承人一路护送到莫斯科。后者亲自向 П. Д. 基谢廖夫讲述了以下内容，我以对话的形式记录于此。

亚历山大：我应该告诉你，兄弟，我想逊位，我已经累了，无力担负治国的重任。我预先将此事告诉你，是为了让你考虑届时你应如何行事。

康斯坦丁：那么我将向您索要您的第二近侍的位置，我将为您服务，如果需要，我将为您擦靴子。如果我现在就这样做，那将被认为是卑鄙的，但是，当您不在王位上——我会证明我对您作为我的恩人的忠诚。听了这些话，君主热情地吻了我，皇储补充说——就像在我们生活的四十五年里他从未吻过我一样。

亚历山大：逊位时机来到之时，我会让你知道，而你要把自己的想法写给母亲。'

因此，我在 1817 年的日记中提出的关于皇帝退位的猜想是正确的。皇帝想在退位前颁布新的民法和刑法典以及一些基本法，他打算以此来结束他的统治。"①

在这份记录中，最后一句话特别引人注目，即在退位之前亚历山大一世想公布"新的民法和刑法典以及一些基本法"。在 19 世纪 10 年代末 20 年代初，有关新刑法和民法典的制定工作确实紧张进行，然而没有取得任何积极成果。所制定的法典草案经国务会议讨

---

① ОР РНБ. Ф. 488（А. И. Михайловского-Данилевского）. № 25. Л. 47–48；ср.：Шильдер Н. К. Указ. соч. Т. 4. С. 146（пер. с франц.）.

论后，就被无限期推迟。但是，在"以及一些基本法"这样相当模糊的字眼之下隐藏的是什么呢？消息灵通人士不难猜到这一点。正是 1819 年秋天，在皇帝离开后的华沙，Н. Н. 诺沃西利采夫办公室积极制定俄国宪法方案。亚历山大一世数次与 Н. Н. 诺沃西利采夫讨论俄国宪法方案的原则，在离开之前批准了其基础原则。同样在 1819 年，一些官员在 Д. А. 古里耶夫伯爵的领导下，按亚历山大一世的命令制定解放农奴的方案。当时，亚历山大一世认为颁布宪法和废除农奴制是完全现实的事业。① 正是在这时，皇帝和皇位继承人之间发生了如此引人注目的谈话。我们不应忘记皇帝在 1797 年写给拉加尔普的信，信中说他打算在成功赐予俄国人民宪政制度后退位。我们很难否认，宪法草案的成功制定和皇帝明确说出他退位的意图两者之间密切相关。

在这种情形下，人们可以清晰地捕捉到亚历山大一世 1797 年的计划。然而，这时还出现了一个支持亚历山大一世退位的新论据——那就是治国重任造成的持续疲劳。据 А. И. 米哈伊洛夫斯基-达尼列夫斯基证明，亚历山大一世早在 1817 年就首次谈到了这点，即只有感觉自己体力充沛的情况下才能统治这样一个庞大的国家。应该说，多年来，А. И. 米哈伊洛夫斯基-达尼列夫斯基作为皇帝的副官多年来陪同他在国外征战，并多次在俄国和欧洲旅行。А. И. 米哈伊洛夫斯基-达尼列夫斯基说，有一天午餐时，谈到包括君主在内的各种人的职责，亚历山大一世说，统治者"只要他的体力允许，就应该留在他的位置上"。亚历山大一世开玩笑说，简

---

① См. : Мироненко С. В. Самодержавие и реформы：Политическая борьба в России в начале XIX в. М. , 1989.

而言之，"只要他能骑上马就可以了"。A. И. 米哈伊洛夫斯基-达尼列夫斯基继续说："在说这些话时，君主的嘴角出现了一个表情丰富的微笑，他继续说：'至于我，我现在感觉很好，但在十年或十五年后，当我 50 岁时，那么……'"这些话让 A. И. 米哈伊洛夫斯基-达尼列夫斯基思索，亚历山大一世是否"心中有了放弃王位的想法"①。

前文提到的康斯坦丁大公的讲述，并未直接流传下来，但它得到了皇室其他成员的书面证据的证实。尼古拉一世和他的妻子亚历山德拉·费多罗夫娜都回忆起 1819 年夏天他们与亚历山大一世的另一次谈话，那是在皇帝向康斯坦丁说了上述话语之后的几个月后，当时由尼古拉大公指挥的近卫旅参加在红村的大演习。亚历山大一世出席了这次演习。在与尼古拉大公共进午餐时，当时除了大公夫妇外餐桌旁没有其他人，他告诉他们，他打算退位。而由于他的兄弟康斯坦丁大公也拒绝执政，尼古拉大公将成为继承人。1825 年，在皇位空位期间，亚历山德拉·费多罗夫娜在她的日记中回忆起这次谈话。根据她的叙述，亚历山大一世当时说："弟弟康斯坦丁从来不关心王位，现在，他比以往任何时候更坚决地要求正式放弃王位，并把自己的权利转交给他的弟弟尼古拉大公和他的后裔。至于我，我决定放弃自己的职责，远离尘嚣。……欧洲比以往任何时候都更需要年富力强、意志坚强的君主，我已经不再是曾经的我，我认为自己现在的职责就是及时离开。"②

尼古拉一世在他的回忆录中更详细地提到了 1819 年的谈话，这

---

① Русская старина. 1897. № 6. С. 473（пер. с франц.）.

② Императрица Александра Федоровна в своих воспоминаниях // Русская старина. 1896. № 10. С. 53（пер. с франц.）.

些回忆录是他在 19 世纪三四十年代为自己孩子的几次聚会而写的。据他讲，亚历山大一世当时说："'他感到自己日益衰弱，在我们这个时代，君主除了具有其他品质外，还需要体力和健康来承担持续的高强度工作；他很快就会失去必要的力量，无法按照他所设想的那样尽心履行他担负的职责，因此他决心在他认为时机成熟的时候放弃治国的权力，因为他认为这也是他的职责。他多次与他的兄弟康斯坦丁大公谈到这方面，后者与他年龄接近，家庭状况也相同，而且康斯坦丁大公对这一职务有天然的厌恶，坚决不希望由他继承王位。并且，他们两人都在我们身上看到了上帝的恩赐——恩赐给我们的儿子。因此，我们应该事先知道，我们背负治国的使命。'我们如遭雷击。在泪水中，在对这个可怕的意外消息的啜泣中，我们都沉默了！"对于尼古拉大公所有反对的理由——强调他自己没有能力治理这样一个庞大的国家，亚历山大一世给他的兄弟尼古拉大公举了自己的例子。他接手了一个"完全荒败"的国家，但设法修复和改善了许多，因此尼古拉"会发现一切都井然有序，他只需要将之保持下去"①。

因此，毫无疑问，在 1819 年夏秋之间，皇室不仅在讨论将王位继承权从康斯坦丁大公转交尼古拉大公的问题，也在讨论亚历山大一世退位的可能性。

事件接下来是如何发展的？在 1820 年，康斯坦丁大公正式解除了与大公夫人安娜·费多罗夫娜的婚姻关系，后者于 1801 年就离开俄国，再也没有回来。几个月后，他宣布与波兰女伯爵乔安

---

① Междуцарствие 1825 года и восстание декабристов в переписке и мемуарах членов царской семьи. М., Л., 1926. С. 13–14.

娜·格鲁琴斯卡缔结了新的婚姻。皇储的新妻子不属于任何一个统治皇族，根据现行法律，除了公爵夫人的头衔外，没有获得任何特权。然而，康斯坦丁大公缔结新的婚姻，并没有像其他学者经常写的那样，失去对俄国王位的权利，只有他在新的婚姻中出生的孩子才会被剥夺皇位继承权。

在接下来的两年里，皇位继承的问题再没有被提出。直到1822年初，当时住在圣彼得堡的康斯坦丁大公才做出最后决定。在有皇太后玛丽娅·费多罗夫娜（亚历山大、康斯坦丁、尼古拉和米哈伊尔的母亲）参与的多次讨论后，在1822年1月的某一天，亚历山大一世对他兄弟的强烈的要求做出让步。他决定，康斯坦丁将以书面形式向皇帝提出将王位转让给另一位继承人的请求。1822年1月14日，康斯坦丁交给他哥哥一封信，信中写道："我感到自己既没有才能，也没有力量，更没有精神，永远也不配登上出身赋予我权力享有的那种高位，所以我斗胆请求陛下把这个权力转交给继我之后享有这个权力的人，从而使我们的国家长治久安。"两周后，亚历山大一世亲笔回复康斯坦丁大公，宣布他和母亲都同意康斯坦丁大公放弃皇位继承权。然而，新继承人的名字并没有被指出，这一点值得注意。同样值得关注的是，在对国家命运如此重要的信件交流之后，亚历山大一世在整整一年半的时间里没有采取任何措施在法律上确认康斯坦丁大公放弃王位的声明，使之具有法律效力。

直到1823年8月，他才最终起草了一份宣言，宣布尼古拉大公为俄国王位继承人。宣言由莫斯科菲拉列特大主教起草，由皇帝修改，被誊写后装在一个信封里密封送到莫斯科，保存在圣母升天大教堂装有主要国家法令的匣子里。宣言的副本也被装进信封里密封，并被送到国务会议、圣主教公会和参政院保存起来。从宣言中可以看出，指定新继承人是为了应对皇帝突然去世的情况。其中没有任何暗示亚历山大一世自己放弃的可能性。① 从亚历山大一世自己在信封上的手写题词也可以看出这一点。例如，在给国务会议的信封上，他写道："保存在国务会议，直到我提出要求，或在我去世的情况下，在特别会议上采取任何其他行动之前公布。"但这个宣言从未被颁布，因此没有获得法律效力。这一点在 1825 年 11 月的事件中得到了证实。

因此，这件事虽已完成，但绝对保密。除了亚历山大一世、康斯坦丁大公和皇太后玛丽娅·费多罗夫娜之外，只有三个人知道这份宣言的存在：A. A. 阿拉克切耶夫、A. H. 戈利岑（他抄写了发给国务会议、圣主教公会和参政院的副本）和菲拉列特大主教。这种隐秘性也成为引发 1825 年 12 月 14 日起义的因素。如果亚历山大一世公布了这些秘密文件，在 1823 年就公布沙皇的宣言，那么后来就不可能出现宣誓两次的事实。多年后，十二月党人 A.E. 罗津在其回忆录中提到了这一点："军队……如果亚历山大一世的意愿被通过合法的程序传达给他们，他们会平静地宣誓效忠尼古拉一世。"②

为什么亚历山大一世没有这样做呢？难道他不明白，使宣言保密，将威胁到任何君主制的基本原则——权力从一个专制者转到另一个专制者的合法性？显然，这是不可能的。那么问题在哪儿呢？我们将大胆提出一个假设，尽管很难有事实资料来证实它。

到了 1822 年，皇帝终于埋藏了对俄国进行宪政改革的想法。

---

① Корф М. А. Указ. соч. С. 25-28.
② Розен А. Е. Записки декабриста. Иркутск, 1984. С. 119.

但他无法放弃他几乎一生都在追求的东西。正是在这个时期，他的计划接二连三地破产，他开始意识到自己的设想无法实现，陷入严重的思想危机，沉溺于神秘主义，皇帝不得不解决王位继承问题。宣言中无条件地指定尼古拉大公为继承人，此宣言的公布，对亚历山大一世来说，意味着他自己最终承认，他在立宪的同时退位的梦想永远结束了。这在心理上是很难承受的。因此，亚历山大一世对康斯坦丁大公的坚持做出让步，他为王位继承权从一个兄弟转给另一个兄弟的法律文件准备了一切必要的东西，但他没有勇气给这份文件以正式效力，给自己留下了还可以有另一种选择的假象。在现实中，沙皇的优柔寡断不仅导致他放弃根本性的改革，而且还为近卫军的武装起义创造了特殊条件。

亚历山大一世于1825年11月19日（俄历）在塔甘罗格去世。而在圣彼得堡，11月25日，在收到亚历山大一世生命垂危、无望挽救的消息后，尼古拉大公赶到冬宫找他母亲，并第一次从她那里明确知道，有一个正式宣言宣布将王位从康斯坦丁大公转交给他。对于随后发生的事件，按照尼古拉一世后来下旨发布的官方说法，尼古拉一世本人是对康斯坦丁大公宣誓的发起者。事实上并非如此。康斯坦丁大公前副官 Ф. П. 奥波奇宁是一个消息灵通人士，他向十二月党人 С. П. 特鲁别茨柯依讲述了随后发生的事件。根据他的说法，尼古拉一世在从他母亲那里得知将王位转交给他的宣言的存在后，向圣彼得堡军事总督 M. A. 米洛拉多维奇伯爵宣布了他对王位的继承权以及他即位的打算。但"M. A. 米洛拉多维奇伯爵断然回答，尼古拉大公无论如何不能也不应该指望在兄长亚历山大去世后继承他的王位，因为按照帝国的法律，不允许根据遗嘱来继承王位。此外，亚历山大一世的遗嘱只有一些人知晓，人民并不知晓；康斯坦丁放弃皇位的声明并没有被公开；如果亚历山大一世想让尼古拉大公在他去世后继承他的王位，应该在他生前诏示自己的意愿，并诏示康斯坦丁同意这一点，否则人民和军队都不会理解康斯坦丁的自动退位，随之会把您的即位归结为叛国，尤其是君主本人和第一皇位继承人都不在首都的情况下。最后，近卫军在这种状况下将会坚决拒绝向尼古拉大公宣誓效忠，那么不可避免的后果就是暴动。会谈一直持续到凌晨两点。尼古拉大公一直在证明他的继承权，但 M. A. 米洛拉多维奇伯爵不想承认并拒绝协助"[1]。从这一刻起，M. A. 米洛拉多维奇就成了皇位空位期的主要人物之一。

尼古拉大公痛苦地等待着，最终，1825 年 11 月 27 日早晨一位信使带来了亚历山大一世的死讯。此时，尼古拉大公和他的母亲及妻子正在冬宫的大教堂里。尼古拉一世后来写道："前门是玻璃的，我们商定，如果从塔甘罗格来的信使到达，男仆将透过门给我一个信号。午饭后刚刚开始祈祷，男仆格林姆就给我打了个手势。我悄悄地走了出去，在以前的藏书室里，也就是普鲁士国王的房间里，我找到了 M. A. 米洛拉多维奇伯爵；据他的脸色我已经猜到，致命的消息已经到来。他对我说：'一切都结束了，勇敢点，做个榜样。'他牵着我的胳膊，就这样我们到达了骑兵房后面的通道。在那里，我倒在一张椅子上——我浑身瘫软无力。"[2]

接下来一切都按照 M. A. 米洛拉多维奇的意愿进行。尼古拉大

---

① Трубецкой С. П. Записки // Трубецкой С. П. Материалы о жизни и революционной деятельности. Иркутск, 1983. Т. 1. С. 313–314 .

② Междуцарствие 1825 года и восстание декабристов в переписке и мемуарах членов царской семьи. С. 38.

公向新皇帝康斯坦丁宣誓，М. А. 米洛拉多维奇和在场的将军们也跟着宣誓。随后，尼古拉大公立即命令内宫和主宫卫队宣誓，近卫军团参谋长 А. И. 涅伊德加尔特派人去了亚历山大·涅夫斯基修道院，А. Л. 沃伊诺夫将军领导的近卫军将官们聚集在那里，为皇帝的健康祈祷。

很快，各地的军团开始向康斯坦丁大公宣誓。惊讶的同时代人注意到宣誓秩序明显不合理：不是由民政部门，而是由军队先宣誓。已故皇帝的遗嘱在圣彼得堡的保管人 А. Н. 戈利岑公爵，在宣誓时正好在修道院。听到亚历山大一世的死讯，他急忙赶到皇宫。尼古拉一世回忆说，"他因悲伤而发狂，不能自已，加上宫里传来所有人都宣誓效忠康斯坦丁大公的消息，他开始训斥我，为什么我宣誓效忠自己的兄长，自己去误导别人，并向我重复了我已从我母亲那里听到的话，要求我服从我并不知晓的先皇的意愿；我完全拒绝了这个不合理的要求，我们就和公爵分开了。我对他的干涉非常不满，他同样对我的坚持不满。"①

在部队首先宣誓后，需要组织政府机构，首先是国务会议宣誓。由于宣言的副本之一恰恰是被保存在国务会议，所以在让国务委员宣誓时，王位继承问题必然会表现得特别尖锐。

下午两点后，国务会议召开会议。А. Н. 戈利岑通告了亚历山大一世保存在这里的遗嘱。部分国务委员并不倾向于遵照已故皇帝的遗嘱，这可能会导致他们与在世的君主发生冲突。司法大臣 Д. И. 洛巴诺夫-罗斯托夫斯基公爵和 А. С. 希什科夫将军提议不要拆封，而是去向康斯坦丁宣誓。但多数国务委员决定不这

---

① Там же. С. 39.

样做，于是装有宣言的匣子被拿来了。大家只是在等待 M. A. 米洛拉多维奇。但后者出现在国务会议时，他表示不愿意听到宣言被宣读。他说，"我荣幸地通知国务会议，尼古拉大公已同意向其兄长康斯坦丁皇帝宣誓效忠。我，军事总督和部队已经向陛下宣誓。因此，我建议国务委员先生们首先要宣誓，然后再做应当做的事！"

然而，大多数国务委员还是坚持要听取亚历山大一世的宣言以及康斯坦丁大公的信件。文件被宣读后，国务委员的处境变得非常复杂。如果他们决定执行先帝的遗嘱，他们就会与将军们、近卫军们以及与合法的继承人对立，后者也可能会放弃其之前的决定。国务委员还是希望邀请尼古拉大公到国务会议来。去接他的 M. A. 米洛拉多维奇回来后说，尼古拉大公认为自己不是国务委员，自己无权出席会议。于是国务会议请求 M. A. 米洛拉多维奇向尼古拉大公申请允许其本人出席全体会议。

面色苍白、局促不安的尼古拉大公，根据国务秘书 A. H. 奥列宁的见证，对国务委员们说："先生们，我请求你们，我敦促你们，为了国家的和平，立即效仿我和军队，宣誓效忠康斯坦丁皇帝。我不会接受任何其他提议，也不会听取任何其他意见。"据 A. H. 奥列宁说，尼古拉一世立即向国务委员们郑重声明，他知道宣言的内容和皇储放弃王位继承权的信。

于是国务会议决定，不打开保存在参政院的装有遗嘱的公函，也不让参政员知道遗嘱的内容。国务会议向康斯坦丁宣誓。① 很快参政院也宣誓。

---

① Корф М. А. Указ. соч. С. 59.

四年后，尼古拉一世在一次私人谈话中告诉康斯坦丁大公："在我所处的那种环境中，我别无选择。"①

因此，在收到亚历山大一世去世消息的第一天，就出现了两种力量的尖锐冲突：一方是那些试图维护法治，哪怕是维护绝对君主制的法律规范的人；另一方是由前任皇帝完全无视法律而提名的王位候选者。尼古拉一世根据宣言宣布了他有权继承王位，但作为军事总督的 M. A. 米洛拉多维奇手中握有决定性的军事力量，他尖锐地反对这一点，实际上迫使尼古拉一世让步，并率先向康斯坦丁大公宣誓，承认他为皇帝。随后部队立即宣誓。应该指出的是，国务会议的宣誓是在既成事实的情况下进行的。然而，正如我们所看到的，它在进行时遇到了严重的困难。国务委员只有在确信尼古拉无视其已故兄长的意愿向康斯坦丁大公宣誓时，才效仿他进行宣誓，从那一刻起，康斯坦丁皇帝的统治正式开始（尽管事后官方同样承认尼古拉一世的统治始于亚历山大一世的死亡）。

然而，康斯坦丁本人并不承认宣誓。他依然坚定地拒绝统治国家。

让我们想一想！如果亚历山大一世宣布康斯坦丁大公放弃皇位，如果他宣布尼古拉大公为他的合法继承人，那么根本就不会出现关于应该由谁统治的争议，也就不会有对康斯坦丁的宣誓，不会有皇位空缺期，不会有王朝危机——总之，就不会出现这一切复杂而令人诧异的情况，从而使十二月党人起义成为可能。

另一个情况也不容忽视。十二月党人成功地将起义军团带入广

---

① Там же. С. 101.

场，在很大程度上是由于康斯坦丁大公不在首都。他的缺席是由许多情况造成的。对于使王位的正式继承人留在华沙的原因，历史上仍然没有达成共识。显然，有一件事是肯定的：如果康斯坦丁大公12月14日在圣彼得堡，就会发生完全不同的事情。

因此，由一连串不可思议的偶然组成的链条，其在任何一个时刻都可能断掉，但正是这些偶然导致了1825年12月14日起义的发生：出现了实施十二月党人设想的政治和社会改革计划的独特机会。充分意识到这一点，1825年12月12日，И. И.普辛在给莫斯科的信中说："机会千载难逢——如果我们什么都不做，我们就是名副其实的混蛋。"①

人们很难认真对待这样的说法，即亚历山大一世的突然去世扰乱了事件的正常进程，干扰了十二月党人，否则他们的行动会更加考虑周详，在原定于1826年夏天举行的联合大会之后，他们的力量也会壮大。但是，我希望读者清楚，这一切不会发生：大多数十二月党人很快就会身陷囹圄。

我们特别强调，在十二月党人被逮捕、受审、接受判决和被流放到西伯利亚之后，俄国没有再出现类似的秘密社团：解放运动采取了其他的形式，就其思想方向而言与十二月党人有很大不同。虽然运动的动机——消除农奴制和无限君主专制没有改变，但再没有人提起（至少在19世纪）通过发动军事政变来改变政治和社会制度。

法国大革命，即使它没在1789年爆发，也迟早会爆发。它是不可避免的。然而，十二月党人起义，如果不是在1825年12月为

---

① Пущин И. И. Сочинения и письма. М., 1999. Т. 1. С. 80.

它创造了一个完全特殊的机会，那么它将一直是一个计划、一个梦想。这就是十二月党人革命起义与同时代其他国家革命事件的根本区别。

但是，对十二月党人运动本身的原因和特殊性的分析，已经属于另一项研究的任务。

图书在版编目（CIP）数据

亚历山大一世与十二月党人：19世纪初俄国道路的
选择／（俄罗斯）谢尔盖·弗拉基米罗维奇·米罗年科著；
许金秋，祝畅译.--北京：社会科学文献出版社，
2024.6

（俄国史译丛）

ISBN 978-7-5228-3574-7

Ⅰ.①亚⋯　Ⅱ.①谢⋯　②许⋯　③祝⋯　Ⅲ.①俄罗斯
-历史-19世纪　Ⅳ.①K512

中国国家版本馆 CIP 数据核字（2024）第 081235 号

俄国史译丛
亚历山大一世与十二月党人：19世纪初俄国道路的选择

著　　者／［俄］谢尔盖·弗拉基米罗维奇·米罗年科
译　　者／许金秋　祝　畅

出 版 人／冀祥德
责任编辑／贾立平
责任印制／王京美

出　　版／社会科学文献出版社（010）59367226
　　　　　　地址：北京市北三环中路甲29号院华龙大厦　邮编：100029
　　　　　　网址：www.ssap.com.cn
发　　行／社会科学文献出版社（010）59367028
印　　装／三河市东方印刷有限公司

规　　格／开　本：787mm×1092mm　1/16
　　　　　　印　张：23.25　字　数：276千字
版　　次／2024年6月第1版　2024年6月第1次印刷
书　　号／ISBN 978-7-5228-3574-7
著作权合同
登 记 号　／图字01-2024-0676号
定　　价／98.00元

读者服务电话：4008918866